שבתי
משיח יי

Sabbatai Zwi, 1669

Weinernte in Rischon Le Zion, Palästina, um 1925

Zeitungskiosk in Berlin, Juni 1935

Blick in die Judengasse in Frankfurt, um 1860

Bertha Pappenheim, 1889

David Friedländer, um 1810

Paul Ehrlich in seinem Arbeitszimmer, um 1910

Geschichten einer Ausstellung

Zwei Jahrtausende deutsch-jüdische Geschichte

Jüdisches Museum Berlin
Zwei Jahrtausende Deutsch-Jüdische Geschichte

Inhalt

Grußwort

Das Jüdische Museum Berlin öffnet die Tore zu einer Reise durch zwei Jahrtausende deutsch-jüdischer Geschichte. Wie die Architektur dieses neuen Museums ist auch sein Inhalt einzigartig.

Anfang des 21. Jahrhunderts finden in Deutschland wichtige Veränderungen statt, darunter auch die Entwicklung zu einer unbestritten etablierten Position, die jüdische Gemeinden in der Öffentlichkeit einnehmen. Viele nichtjüdische Deutsche lernen jedoch Juden und Judentum nur im Geschichtsunterricht kennen, wo sie mit diesem Thema in erster Linie im Zusammenhang mit der Verfolgung und Vernichtung durch die Nationalsozialisten konfrontiert werden. Die Geschichte der Juden in Deutschland besteht jedoch aus weit mehr: Wir schauen auf Jahrhunderte einer wechselvollen Geschichte, die reich ist an Aufbrüchen und Fortschritt, aber auch an katastrophalen Entwicklungen.

Die Dauerausstellung des Jüdischen Museums Berlin schärft den Blick auf diese bis heute unsere Gesellschaft prägende Geschichte. Anders als die meisten jüdischen Museen, die den historischen

Verlauf und die Wirkungsgeschichte der Religion getrennt darstellen, verwebt diese Ausstellung die Stränge der Religions- und Geistesgeschichte mit den historischen, kulturellen und gesellschaftlichen Prozessen der deutschen Geschichte. An diesem Konzept wird deutlich, dass das, was wir als „deutsche" Kultur verstehen – ein Begriff, der auf Geographie, Sprache und gemeinsamen kulturellen Werten basiert –, schon immer eine Verquickung und gegenseitige Befruchtung verschiedener Strömungen und Einflüsse war und heute, unter veränderten Voraussetzungen, immer noch ist. Der bedeutende Beitrag, den Juden zum Entstehen dieser Kultur geleistet haben, wird in diesem Museum lebendig. Ein nationales Museum für deutsch-jüdische Geschichte in der Hauptstadt Berlin wird uns als wichtige Orientierung auf der Suche nach einem deutschen Selbstverständnis dienen und die Fragen beantworten helfen, die unsere Gesellschaft heute beschäftigen.

Seit seinem Antritt als Direktor des Jüdischen Museums Berlin im Jahre 1998 weist Michael Blumenthal entschieden darauf hin, dass es sich bei diesem Museum nicht nur um ein wichtiges päda-

gogisches und didaktisches, sondern auch um ein
eminent politisches Projekt handelt. Es geht um
konkrete Lernprozesse, die dem Bereich der politischen Bildung zuzuordnen sind: um Respekt und
Anerkennung für Minderheiten, um Toleranz im
eigentlichen Sinne der Anerkennung von Andersheit
als Voraussetzung für Demokratie und eine Kultur,
die zunehmend von Vielfalt geprägt ist. Die Politik
auf Landes- wie auf Bundesebene unterstützt dieses
Museum in seiner Dimension und Aufgabe. Zu
Beginn des Jahres 2001 ist das Jüdische Museum
Berlin als selbstständige Stiftung in die Obhut der
Bundesregierung übergegangen.

Das Jüdische Museum Berlin leistet einen entscheidenden Beitrag zu unserem Geschichtsbewusstsein,
zu unserer nationalen Verantwortung und zur kulturellen Landschaft Deutschlands. Ich wünsche uns
allen spannende Entdeckungen und lebhafte Auseinandersetzungen mit unserer Geschichte und ihren
stofflichen wie persönlichen Zeugnissen.

Staatsminister
Prof. Dr. Julian Nida-Rümelin
Beauftragter der Bundesregierung für Angelegenheiten
der Kultur und der Medien

Willkommen im Jüdischen Museum Berlin

Das Jüdische Museum Berlin ist kein gewöhnliches Museum. Als wichtiger Ort der Erinnerung nimmt es einen herausragenden Platz in Deutschlands Hauptstadt ein. Als nationale Einrichtung, die von der Bundesregierung, dem Land Berlin, allen politischen Parteien und einem breiten Spektrum der Gesellschaft getragen wird, erhält es eine soziopolitische Relevanz, die weit über die zweitausendjährige Geschichte des deutschen Judentums, die es erzählt, hinausgeht. Das Jüdische Museum steht für die Entschlossenheit, sich mit der Vergangenheit auseinander zu setzen und mit Blick auf die gesellschaftlichen Probleme der Gegenwart und der Zukunft aus ihr zu lernen.

Das Museum zeichnet die Höhe- und Tiefpunkte der Beziehungen zwischen Juden und Nichtjuden in Deutschland nach und veranschaulicht, was möglich ist, wenn religiöse, kulturelle oder ethnische Minderheiten ihre ganz eigenen Talente in das nationale Leben einfließen lassen können – und welch bittere Folgen es für alle hat, wenn Vorurteile und Intoleranz die Oberhand gewinnen. Mit seinen Abteilungen – der Sammlung, dem Archiv, seinen Lehr- und Forschungseinrichtungen und dem Rafael Roth Learning Center – und gemeinsam mit dem Leo Baeck Institut möchte das Jüdische Museum Berlin deutsche Geschichte darstellen, jüdische Kultur nahe bringen und gleichzeitig ein Forum für Forschung, Diskussionen und Gedankenaustausch bieten.

Die Bedeutung dieses Unterfangens für die weltweite Herausforderung, in einer globalisierten Welt Toleranz gegenüber Minderheiten und deren Integration ins nationale Leben zu fördern, liegt auf der Hand.

Daniel Libeskinds architektonisches Meisterwerk symbolisiert die zentralen Elemente unseres Anliegens. Dass dieses Haus einen derart zentralen Platz in der deutschen Hauptstadt einnimmt, ist dabei besonders bedeutungsvoll.

Ein jüdisches Museum in Berlin

Bereits in den frühen siebziger Jahren entwickelte eine kleine Gruppe jüdischer und nichtjüdischer Berliner den Gedanken, ein jüdisches Museum in Berlin einzurichten. Dabei ließen sie sich durch zwei Beweggründe leiten. Zwar gab es im Berlin der Nachkriegszeit nur eine sehr kleine jüdische Gemeinde, doch war diese Stadt einst Heimat einer großen Zahl jüdischer Bürger, und die Überlebenden und ihre

Kollegienhaus und Libeskind-Bau

Freunde wollten nicht, dass das Leben und die Errungenschaften der Berliner Juden in Vergessenheit gerieten. Auch wollten sie künftige Generationen von Berlinern daran erinnern, dass die große Geschichte ihrer Stadt vor Hitler ohne die einst vitale jüdische Präsenz nicht verstanden werden kann.

Das ursprüngliche Vorhaben kam nur langsam voran und bot Anlass zu heftigen, oftmals emotionalen Debatten. Sollte es ein Geschichtsmuseum werden oder sich jüdischer Religion und Kultur widmen? Sollte es sich auf Berlin beschränken oder alle deutschen Juden einbeziehen? Würde es eine Abteilung des Stadtmuseums oder eine ganz und gar neue und eigenständige Einrichtung sein? War ein neues Gebäude erforderlich, oder würde das Museum in einem bereits existierenden untergebracht – und wie sollte das gesamte Projekt finanziert werden?

Das heutige Jüdische Museum ist weit über diese anfänglichen Debatten hinausgewachsen. Inzwischen ist die Grenze zwischen den beiden deutschen Staaten gefallen, und Berlin ist wieder die Hauptstadt eines vereinigten Landes. So verwundert es nicht, dass sich das Jüdische Museum bei seiner Eröffnung im Jahr 2001 als eine Einrichtung präsentiert, die sich beträchtlich von der Vorstellung seiner ursprünglichen Planer unterscheidet. Besucher werden nicht etwa in eine Abteilung eines städtischen Museums geführt, sondern erleben eine unabhängige nationale Institution, das größte jüdische Museum Europas, das sich der gesamten Geschichte deutschsprachiger Juden seit der Römerzeit annimmt.

Seine beiden Häuser sind ein architektonischer Schatz mit eigenem symbolischem Stellenwert – der ungewöhnliche Bau des amerikanischen

Architekten Daniel Libeskind und das wunderschöne, barocke ehemalige Kammergericht, mit dem er unterirdisch verbunden ist. Die beiden Gebäude stehen im extremen Gegensatz zueinander und bilden zugleich eine untrennbare Einheit.

Die ersten Jahrzehnte nach dem Krieg waren geprägt vom überwältigenden Trauma der Verfolgung und Vernichtung der europäischen Juden durch deutsche Machthaber. Weder die Generation der Täter und Mitläufer auf deutscher Seite noch die Hand voll jüdischer Überlebender in Deutschland waren imstande, sich miteinander zu verständigen und sich den Schrecken der Vergangenheit zu stellen, deren Tragweite und die möglichen Lehren zu begreifen. Um offen mit dem Geschehenen umzugehen, bedurfte es wahrscheinlich einer neuen Generation von Deutschen, Menschen, die nach 1945 geboren oder zu jung waren, um eine aktive Rolle in Nazideutschland gespielt zu haben, und gleichzeitig einer größeren und gefestigteren jüdischen Präsenz. Die Eröffnung des Jüdischen Museums Berlin inmitten einer sich entwickelnden Gedenklandschaft macht deutlich, dass nun die Zeit dafür gekommen ist. Das Museum ist so das Ergebnis der Bemühungen nachfolgender Generationen in Deutschland, die Vergangenheit zu ergründen, in dem Wissen, dass ohne Erinnerung Zukunft nicht möglich ist.

Ein Museum für alle

Die Dauerausstellung des Museums hat sich zum Ziel gesetzt, die Geschichte des deutschen Judentums in all ihren Facetten zu erzählen, gewissenhaft, doch auf fesselnde und lebendige Weise. Dabei wird das ganze Spektrum moderner Ausstellungstechniken ausgeschöpft. Wir legen Wert auf die historische Genauigkeit der Ausstellungen und im selben Maße darauf, allen Besuchern mit ihren unterschiedlichen Interessen und Erfahrungshorizonten gerecht zu werden. Ein besonderes Augenmerk gilt den vielen jungen Besuchern, die wir zu gewinnen hoffen. Gleichzeitig stehen denjenigen, die tiefer in die Thematik eintauchen wollen, unsere Archive, das interaktive Rafael Roth Learning Center und die Dependance des Archivs des Leo Baeck Instituts New York für weitergehende Forschungen zur Verfügung. Für die Zukunft sind wechselnde Ausstellungen geplant, die sich spezifischen Aspekten deutsch-jüdischer Geschichte eingehender widmen. Ein informatives kulturelles Rahmenprogramm mit Schwerpunkt auf Kunst, Musik, Literatur und jüdischen Bräuchen soll das Interesse und die Kenntnisse der Besucher noch vertiefen.

Eine große Anzahl großzügiger Stifter – deutsche und internationale – hat uns unterstützt. Viele haben uns wertvolle Kunstgegenstände und Erinnerungsstücke zukommen lassen, von denen einige in die Dauerausstellung eingegangen sind. Andere werden in den kommenden Jahren zu sehen sein, wenn die Ausstellung erweitert wird und wechselnde Präsentationen hinzukommen.

Jeder Besucher wird etwas entdecken, das ihn besonders interessiert. Unser Anliegen ist es, alle unsere Besucher in die Erzählung einer bewegenden Geschichte einzubeziehen und zum Nachdenken darüber anzuregen, was diese Geschichte für unsere Zukunft bedeutet.

Das Jüdische Museum Berlin soll ein Museum für alle sein: Jung und Alt, Deutsche und Nichtdeutsche, Juden und Nichtjuden. Während das Museum wächst, sich wandelt und reift, werden seine Ausstellungen und Kulturveranstaltungen, so hoffen wir, dazu beitragen, Kenntnisse zu erweitern und eine friedliche und tolerante Gesellschaft aufzubauen.

W. Michael Blumenthal

*Festmahl im Hause Mosse
Gemälde von Anton von
Werner, 1899*

Die Ausstellungen im Jüdischen Museum Berlin

Mit der Darstellung der Geschichte einer kulturellen Gemeinschaft, der deutschen Juden, im Kontext deutscher Geschichte widmet sich das Jüdische Museum Berlin einem herausfordernden Thema. Das Museum erzählt von einer nachbarschaftlichen Beziehung, von der kulturellen Grenze zwischen Juden und Nichtjuden, und schildert, wie sich diese Grenze öffnete und schloss, wie sie mit der Zeit verschwand und erneut entstand. Es verfolgt die Schritte und den Austausch über die Grenze hinweg sowie die zuweilen verheerenden Reibungen in dieser Beziehung.

Die Geschichte umfasst rund zwei Jahrtausende, von der Ankunft der ersten Juden im alten Germanien bis heute. Sie zeugt von den zahlreichen Errungenschaften der Juden in Deutschland, ebenso jedoch vom fortwährenden Antijudaismus und Antisemitismus, der im Holocaust gipfelte – dem finstersten Kapitel in dieser Beziehung. Mit dem Nationalsozialismus nimmt sich das Museum der Zeit an, in der die deutschen Juden systematisch entrechtet, verfolgt und ermordet wurden. So viel von dem, was in einer Nation Menschlichkeit ausmacht, wurde hier zerstört.

Geschildert werden die Gefahren von Intoleranz und Verblendung. Ein Besuch des Museums ist daher kein leichter Entschluss und kann schnell zugunsten einer weit weniger fordernden und unterhaltsameren Unternehmung verworfen werden.

Vor diesem Hintergrund bemüht sich das Museum, den Besuch zu etwas Besonderem zu machen. Die Konfrontation mit der Geschichte mag aufwühlen, zum Nachdenken anregen und eine Herausforderung darstellen, doch der Besuch wird sich als lohnende und positive Erfahrung erweisen. Das Museum ist ein einladender Ort, ein Ort interessanter und anregender Ausstellungen und Veranstaltungen. Damit die Darstellung an Eindringlichkeit noch gewinnt, kommt neben traditionellen Mitteln moderne interaktive und digitale Ausstellungstechnologie angemessen zum Einsatz. An verschiedenen Bereichen der Präsentation wirken zeitgenössische Künstler mit.

Das Museum möchte etwas bewirken, möchte die Besucher in einer Weise erreichen, die ihr Denken und vielleicht sogar ihr Handeln beeinflusst. Daher wenden wir uns in allererster Linie an die jüngeren Deutschen, also an die Kinder und deren Eltern. Ebenso sind internationale Besucher angesprochen, die alle Informationen auf Deutsch und auf Englisch vorfinden werden.

Um diese Geschichte in ihrer ganzen Fülle präzise darstellen zu können, folgt das Museum einem wissenschaftlichen Anspruch. Alle Projekte und Präsentationen basieren auf fundierten Kenntnissen sowohl der Museumsmitarbeiter als auch der breiteren akademischen Forschung. Die wissenschaftlichen Konzepte sind von einem Beirat

*Bertha Pappenheim
als Glikl, Gemälde von
Leopold Pilichowski,
vor 1925*

führender Historiker an Universitäten in Deutschland und Übersee geprüft und ergänzt worden.

Die Erzählung

Mit seinem narrativen Ansatz präsentiert das Museum eine weitgehend chronologische Erzählung, führt also die Besucher von den frühesten Anfängen bis in die heutige Zeit. So veranschaulicht es das Leben jüdischer Gemeinschaften und Einzelpersonen, ihre Beziehung zu den Nachbarn, ihre Lebensweise, die Entbehrungen und Errungenschaften und den langsamen, beschwerlichen Weg zur Emanzipation und Gleichberechtigung. Das Thema Vorurteile und Verfolgung ist in der Geschichte der Juden in Deutschland durchweg präsent.

Jüdische Geschichte ist eine Geschichte der Wanderungen und Vertreibungen. In der Römerzeit lebten die Juden über weite Teile der damals bekannten Welt verteilt. Als Kaufleute handelten sie mit den für die Zeit üblichen Waren, sie entwickelten große Sprachgewandtheit und besuchten ferne Länder wie Indien und möglicherweise China. Herrschern dienten sie auch als Gesandte.

Wir beginnen unsere Darstellung an dem Punkt, als Juden im Gefolge der römischen Legionen über das Mittelmeer in die germanischen Provinzen kamen. Der ersten urkundlichen Erwähnung zufolge gab es um das Jahr 321 eine organisierte jüdische Gemeinde in Köln. Konstantin der Große, der erste christliche Römische Kaiser, wies in einem Dekret den Stadtrat von Köln an, die Befreiung der Juden von kostspieligen Ehrenämtern aufzuheben.

Über jüdische Niederlassungen im frühen Mittelalter ist praktisch nichts bekannt, doch im zehnten Jahrhundert gab es blühende jüdische Enklaven in Speyer, Mainz, Worms und anderen Städten. Fortan nahmen Juden einen festen Platz im Leben und in der Geschichte Deutschlands ein.

Eine bemerkenswerte Persönlichkeit der jüdischen Gemeinschaft des späten 17. und frühen 18. Jahrhunderts, Glikl bas Juda Leib, hat ihre Memoiren hinterlassen, in denen sie ihr Leben als Händlerin und Geschäftsfrau beschreibt. Andere Schicksale waren härter. Die armen Landjuden und die Bettler litten Not. Vielen war das Recht auf Niederlassung verwehrt, weshalb sie vom Wohlwollen bestehender jüdischer Gemeinden und Familien abhängig waren. Eine kleine Minderheit, die Hofjuden, stieg gesellschaftlich auf. Dank ihrer Erfahrungen mit Handel und Finanzen fanden sie privilegierte Anstellungen an Fürstenhöfen. Die Begünstigungen waren erheblich – ebenso die Risiken, da sie aus unzähligen Gründen in Ungnade fallen konnten.

Der Philosoph Moses Mendelssohn und sein Kreis demonstrierten, dass Juden in Deutschland an ihrer Religion festhalten und gleichzeitig Träger deutscher Kultur sein konnten. Mit diesen Vordenkern der jüdischen Aufklärung begannen die politischen und gesellschaftlichen Emanzipationsbestrebungen, die den jüdischen Gemeinschaften einschneidende äußere wie innere Reformen brachten. Die Ausstellung verfolgt auch das Alltagsleben der Juden in Deutschland – religiöse Bräuche und die sich wandelnden religiösen Ideen, die Erziehung und die Rolle der Familie.

Im 19. Jahrhundert konnten die Juden in Deutschland zuversichtlich auf ihre zunehmenden Bürgerrechte und ihre Position innerhalb der sich entwickelnden bürgerlichen Gesellschaft verweisen. Es war längst noch nicht alles erreicht, doch Juden leisteten bereits einen erheblichen Beitrag zur Entwicklung von Industrie und Wissenschaft, ebenso zu den Künsten und der Bürgergesellschaft. Die „Jüdische Renaissance" war geprägt von einem lebendigen, kreativen kulturellen Leben. Es entstanden neue Visionen, die eine Vielfalt von Identifikationsmöglichkeiten und unterschiedlichen Entwürfen jüdischen Selbstverständnisses boten – wie die gleichzeitigen Utopien einer Rückkehr zu einer authentischen Gemeinde in Osteuropa und der politischen Vision eines unabhängigen jüdischen Staates. In großer Zahl und mit hohen Verlusten beteiligten sich jüdische Bürger an deutschen Kriegseinsätzen.

Doch dieser Fortschritt wurde durch den Nationalsozialismus zunichte gemacht. Von 1933 an waren die deutschen Juden gezwungen, auf die stetig zunehmenden Entrechtungen und Verfolgungen zu reagieren. Viele gingen ins Exil, flohen in viele Länder der Welt. Als 1941 die Deportation der noch Verbliebenen begann, wählten einige den gefährlichen Weg des Untergrunds. Wenige Juden überlebten bis zum Kriegsende, etwa 200 000 deutsche Juden wurden brutal ermordet.

Ein Teil dieser Geschichte von 1933 bis 1945 wird in den Achsen erzählt, den Gängen im Untergeschoss des Gebäudes, durch die die Besucher zu den Ausstellungen gelangen. Der Architekt Daniel Libeskind hat diesen Teil des Gebäudes entworfen, um eine Begegnung mit dem Schicksal der deutschen Juden während dieser zwölf Jahre zu schaffen. Eine Reihe von Räumen vermitteln je eigene Aussagen – die Achse des Holocaust, die in den Holocaust-Turm mündet, die Achse des Exils, die in den Garten des Exils führt, und die Treppen der Kontinuität, die

den Weg zu den oberirdischen Ausstellungsräumen weisen. Hier in den Achsen wird Geschichte anhand der individuellen Geschichten jener Menschen und Familien erzählt, die Opfer dieser Ereignisse wurden.

Am Ende des Zweiten Weltkriegs waren die deutschen Juden versprengt oder vernichtet. Doch gemeinsam mit zurückkehrenden Emigranten und Überlebenden aus Osteuropa begannen die wenigen Verbliebenen, erneut jüdische Gemeinden aufzubauen. Die meisten jedoch betrachteten ihren Aufenthalt im Land der Täter als vorübergehend – ihre Ziele waren Israel, die Vereinigten Staaten und andere Teile der Welt. In den sechziger Jahren begannen dennoch einige, ihre Koffer auszupacken. Nach dem Fall der Mauer suchten auch Flüchtlinge aus den früheren Sowjetrepubliken Anschluss an die wachsenden Gemeinden. Heute zählt die jüdische Gemeinde in Deutschland annähernd 100 000 Mitglieder.

Mit den Ausstellungen des Jüdischen Museums Berlin kann keinesfalls das letzte Wort zur Geschichte der Juden in Deutschland gesprochen werden. Dies ist eine Geschichte im Wandel, die das Museum über die Jahre weiter mitvollziehen wird. Die Darstellung des Schicksals der Juden in Deutschland wird von einer fortlaufenden, lebhaften öffentlichen Diskussion begleitet, und das Jüdische Museum Berlin bietet ein Forum für diese Stimmen. Das Verständnis dieser Geschichte spielt eine entscheidende Rolle im heutigen Selbstverständnis Deutschlands als moderne, demokratische Nation.

Moses Mendelssohn,
Kopie eines Gemäldes
von Anton Graff,
von August Theodor
Kaselowsky, um 1855

Daniel Libeskinds Konzept des Museumsbaus

Das von Daniel Libeskind entworfene Jüdische Museum Berlin gilt als eines der Meisterwerke zeitgenössischer Weltarchitektur und als eigenständiges Kunstwerk. Es verdankt seinen Ruf in erheblichem Maße der Art und Weise, wie Libeskind in seinem preisgekrönten Entwurf emblematische Aussagen, die aus der Geschichte der Juden in Deutschland erwachsen, verknüpft und beseelt hat.

Diese kommen als äußerst subtile Gestaltungselemente zum Ausdruck. Die durchbrochene Form und das industrielle Material, die Zickzacklinien der Fenster und die Linien, die Decken und Böden durchschneiden, der weitläufige Garten und die konzeptionelle Gestaltung des Begriffs „Untergrund" – sie rufen eine Wirkung hervor, die den Besuchern die Geschichte nahe bringt. Das Gebäude wird von einem leeren Raum durchschnitten, dem Void. Mit dem Void erfasst Libeskind symbolisch die Vernichtung der europäischen Juden – das Vakuum, die Leerstellen in der deutschen und europäischen Gesellschaft.

Dies ist einer jener seltenen Orte, an denen Architektur und Inhalte zusammenwirken, indem eins das andere unterstützt und hervorhebt. Wir haben keine herkömmliche Aneinanderreihung

neutraler und gefügiger Ausstellungsräume, das Gebäude bietet vielmehr ein einzigartiges Potential für ein Museum, da eine architektonische Philosophie und eine Ausstellungskonzeption aus derselben Herangehensweise an ein Thema erwachsen.

Diese Herangehensweise spiegelt sich im gesamten Museum wider. Es gibt Bereiche, die wir ‚Libeskindmomente' nennen, in denen die Exponate hinter die Architektur zurücktreten. In den Achsen hat die emotionale Wirkung der unterirdischen Gänge Vorrang, während die Ausstellungen die Architektur diskret begleiten.

Die Voids erwiesen sich als besonders fruchtbarer Boden für eine Zusammenarbeit zwischen Daniel Libeskind, Museumsmitarbeitern und den zeitgenössischen Künstlern Menashe Kadishman und Via Lewandowsky, das architektonische Konzept mit dem Anliegen des Museums zu verschmelzen.

Selbst in den traditionellsten Ausstellungsbereichen rahmen Libeskind-Fenster Teile der Ausstellung ein und bilden Elemente, die von den Gestaltern Würth & Winderoll besonders berücksichtigt wurden.

Würth & Winderoll – die Ausstellungsgestalter

Die historische Dauerausstellung wurde vom Ausstellungsbüro Würth & Winderoll und ihrem Vertragspartner Strand Ausstellungsrealisation GmbH entworfen und umgesetzt. Durch ihre Erfahrung, das hohe Niveau ihrer Gestaltung, ihre Fähigkeit zur engen Zusammenarbeit mit Mitarbeitern des Museums und die erprobte Einbeziehung von Marktforschungsergebnissen hat sich die Gruppe für diese Aufgabe empfohlen. Das Ausstellungsbüro wird von der Designerin Petra Winderoll und dem Projektmanager Klaus Würth geführt, mit Sitz in Seefeld bei München.

Das Büro hat ein beeindruckendes Spektrum von Museumsgestaltungen verwirklicht, beispielsweise das Haus der Geschichte der Bundesrepublik Deutschland in Bonn, das erfolgreiche Geschichtsmuseum, das auf äußerst fesselnde Art und Weise deutsche Nachkriegsgeschichte präsentiert. Würth & Winderoll zeichnen außerdem verantwortlich für die Neustrukturierung des Bayerischen Nationalmuseums in München und des Museums für Kunst und Kulturgeschichte in Dortmund. In 19 Jahren haben sie über 200 Museumsgestaltungen und Realisationsprojekte geleitet.

Sie besitzen die besondere Gabe, Besucher persönlich einzubinden. Sie schaffen magische Momente, in denen Besucher aus der historischen Chronologie heraus von einer aufschlussreichen Information oder einem ausdrucksstarken Exponat angezogen werden. Mit ihrem Gespür für die Bedürfnisse der Besucher sorgen sie bei ihrer Gestaltung für unterschiedliche Tempi, Stimmungen und Verweildauer – ohne je den großen historischen Bogen aus den Augen zu verlieren. Geschickt bieten sie simultane Erlebnisebenen; so mögen Eltern gerade flammende antisemitische Pamphlete in einer Schublade lesen, während ihre Kinder eigene Rundgänge durch das Gebäude erforschen. Die Gestalter haben das Museum mit einer Reihe sorgsam gesetzter Höhepunkte versehen, denen Phasen der Ruhe, Kontemplation und Reflexion folgen.

*gegenüber und oben:
Grafische Entwürfe
für die historische
Dauerausstellung*

Geschichten einer Ausstellung

Wir wünschen unserem Publikum, den Besuchern unserer Ausstellung und den Lesern dieses Buches, eine lebhafte und spannende Auseinandersetzung mit der deutsch-jüdischen Geschichte. Auch auf diesen Seiten erzählen wir Geschichten, die einzelne Protagonisten aus dem großen Panorama hervortreten lassen. Ein wissenschaftlicher Bestandskatalog des Hauses befindet sich in Vorbereitung – die „Geschichten einer Ausstellung" stellen ausgewählte Stimmen und Exponate vor, die Perspektiven auf eine komplexe deutsch-jüdische Geschichte eröffnen.

Ken Gorbey

Zwei Jahrtausende deutsch-jüdische Geschichte

Abschrift eines Erlasses von Kaiser Konstantin
vom 11. Januar 321 (Codex Theodosianus)

„Kinder Israels"

Jüdische Diaspora in Europa

„Allen Behörden erlauben wir durch allgemeines Gesetz, die Juden zur Kurie zu berufen", so der Wortlaut eines Dekrets, das der römische Kaiser Konstantin im Jahre 321 an den Kölner Magistrat sandte. Dieses Dokument, das die Befreiung der Juden von kostspieligen Ehrenämtern aufhob, gilt als das älteste schriftliche Zeugnis einer nunmehr fast 2000-jährigen deutsch-jüdischen Geschichte, als erster Beleg jüdischer Gemeinden in den germanischen Provinzen des Römischen Reiches. Auch in anderen europäischen Regionen, etwa in Spanien und in Italien, gab es zu jener Zeit schon eine Vielzahl jüdischer Siedlungen, deren Bewohner inmitten eines andersgläubigen Umfelds ihre Tradition lebten. Was aber hatte diese Menschen einst bewegt, das ‚Heilige Land', das im Denken und Glauben des Judentums eine so zentrale Rolle einnimmt, zu verlassen und in die Fremde zu ziehen?

Als der Römische Kaiser den „Decurionen in Köln" seine Anweisungen für den Umgang mit *Rabbinern** und Synagogenvorstehern gab, schrieb man nach jüdischem Kalender, der die Schöpfung der Welt auf 3760 vor Christus datiert, bereits das Jahr 4081 und blickte auf wechselvolle Jahrtausende zurück. Zwar hält die biblische, vor allem auf Moses gründende Überlieferung der historischen Überprüfung nicht immer stand, oft verschwimmen die Grenzen zwischen Legende und Wahrheit. Aber ein Rückblick auf diese Geschichte lässt sowohl die kulturellen und religiösen Konstanten als auch die Veränderungen jüdischen Welt- und Selbstverständnisses kenntlich werden.

Das Gelobte Land

Das Schicksal der Juden ist von der Antike an eng mit dem verheißenen Land „Israel" verknüpft, aber gleichzeitig ist die Geschichte des Judentums zu großen Teilen eine Geschichte der *Diaspora*, eines

Chanukka-Lampe Silber, Berlin, 1779

* Die kursiv gesetzten Begriffe werden im Glossar am Ende dieses Buches erläutert.

über alle Weltgegenden verstreuten Lebens als religiöse Minderheit. Nur während einer kurzen Phase, zu Zeiten König Davids um 1000 vor unserer Zeitrechnung, gab es in Palästina ein geeintes Land mit der heiligen Stadt Jerusalem als Zentrum. Die Erinnerung daran nährte über viele Jahrhunderte die Sehnsucht nach ‚Heimkehr', sie wurde zu einem wesentlichen theologischen und gesellschaftlichen Element des Judentums und diente unter anderem als historische Untermauerung für die Gründung des Staates Israel im Jahre 1948.

In Palästina selbst, in der hebräischen Bibel „Kanaan" genannt – das „Land, das von Milch und Honig fließt" –, war und blieb die Heimat der Juden stets umkämpft. „Israel" ist ursprünglich der Name des von Gott erwählten Volkes, dessen Geschichte mit dem „Erzvater" Abraham, seinem Sohn Isaak und dessen Sohn Jakob beginnt. Auf der Suche nach dem Einen Gott „zog Abraham aus dem chaldäischen Ur, ins Land Kanaan zu gehen" (1. Mose 11:31). Was hier als friedliche Landnahme geschildert wird, dürfte in Wahrheit ein komplexer und langwieriger Prozess gewesen sein. Wie die Gruppe um Abraham drängten im 20. Jahrhundert v. u. Z. zahlreiche weitere semitische Wanderer von der syrisch-arabischen Wüste in die fruchtbare kanaanäische Kulturlandschaft und ließen sich zunächst als Bauern und Halbnomaden nieder. Als zwei Menschenalter später eine verheerende Hungersnot ausbrach, flohen Abrahams Nachkommen – Jakob hatte sich in Israel umbenannt, seine zwölf Söhne gelten als Ahnherren der zwölf Stämme Israels – nach Ägypten, wo sie jedoch als unerwünschte Fremdlinge in Knechtschaft gerieten. Langjährige Fronarbeit und Sklaverei ließen sie als Gruppe, als „Volk" zusammenwachsen und gegen Ende des 12. Jahrhunderts gegen die Unterdrückung aufbegehren. Unter der Führung Moses zogen die „Kinder Israels" schließlich aus Ägypten aus und gelangten, wie die *Tora* schreibt, nach langer Wanderschaft durch die Wüste wieder in das ihnen „verheißene" Land.

Es bildeten sich zwei Reichsgebiete, Israel im Norden und Juda im Süden, die jedoch durch interne Auseinandersetzungen und starke äußere Feinde weiterhin bedroht blieben. Erst König David gelang die Einigung beider Landesteile zu einem Königreich. Jerusalem, die „Stadt Davids", wurde zur Hauptstadt des Reiches und bald darauf, unter Davids Sohn Salomon, der den prachtvollen ersten Tempel bauen ließ, auch zu dessen zentralem Heiligtum. Aus dem einst mit den Stämmen wandernden Gott war ein Gott mit festem Wohnsitz geworden.

Diese kurze Blütezeit endete mit dem Tod Salomos (um 926 v. u. Z.). Zehn der zwölf Stämme Israel begehrten gegen Salomos Nachfolger Rehabeam auf und verbanden sich zu einem neuen Königreich Israel im Norden des Landes. Nur die Stämme Juda (Jehuda) und Benjamin hielten weiterhin zum König und gründeten im Süden das Königreich Juda mit Jerusalem als Hauptstadt. Nach einer wechselvollen Geschichte beider Reiche wurde der Norden um 722 v. u. Z. von den Assyrern erobert, die zehn Stämme wurden zersprengt oder gingen unter. Im Südreich Juda hingegen, das sich der assyrischen Fremdherrschaft beugte, herrschte zunächst weiterhin Ruhe und Stabilität, weshalb es fortan nur noch die Abkömmlinge Judas geben sollte: die Juden.

Diaspora

Die Konsolidierung als Volk schritt weiter fort, als die Babylonier um 586 das Land eroberten, den Tempel in Jerusalem zerstörten und einen Großteil der Juden nach Babylonien verschleppten. Weil das „gelobte Land" verloren war, die Exilierten in der Fremde aber ihre eigenen Sitten und Gewohnheiten weitgehend beibehielten, zogen sie sich auf das Geistige und Religiöse zurück, scharten sich um ihre Propheten und Lehrer und entwickelten sich zur Gemeinde. Das Gebet trat an die Stelle der einstigen Opferbräuche, die Einhaltung der religiösen Gebote, *Mizwot*, hielt das „Haus Israel" zusammen und das Schock-Erlebnis der Vertreibung wurde zur zentralen

Chanukka-Leuchter von George Wilhelm Marggraff Silber, Berlin, um 1776

theologischen Metapher. Der Verlust der Heimat, das lehrten die Propheten Jeremias und Hesekiel, war weniger eine Strafe Gottes, sondern vielmehr eine Prüfung ihres Glaubens, verbunden mit dem göttlichen Auftrag, auch unter widrigen Umständen für Recht und Wahrhaftigkeit einzustehen, aber auch die Regeln einer fremden Gesellschaft zu respektieren. „Bewahre deinen Mund vor jeder Sünde und Verfehlung", wird Gott später im *Talmud* zitiert, „und ich werde überall mit dir sein."

Diese Botschaft prägte das jüdische Selbstverständnis in der Diaspora entscheidend. Loyalität gegenüber dem Staat, dessen Einwohner man – unabhängig durch welche Umstände – ist, wird geradezu zu einer religiösen Pflicht. Eine solche Einstellung musste auch das Glaubensleben auf neue Grundlagen stellen. Die Tora wurde nun regelmäßig den Gemeindemitgliedern vorgelesen, erklärt und ausgelegt, wozu es keines Priesters mehr, sondern eines Lehrers, eines Rabbis bedurfte. Und der Rabbi (hebräisch wörtlich: mein Lehrer) wiederum brauchte keinen Tempel, der den Wohnort Gottes symbolisierte, sondern einen Ort der Versammlung, in dem die Gemeinde aktiv am Gottesdienst teilnehmen konnte – eine Entwicklung, in der Bethäuser, *Synagogen* und Liturgien ihren Anfang nahmen.

Als der Perserkönig Kyros Babylonien erobert hatte, gestattete er um 538 den Juden die Rückkehr in ihre alte Heimat. Eine friedlichere Zeit brach an, bis in die hellenistische Zeit konnten die Judäer Selbstverwaltung und Religionsfreiheit bewahren. Erst nach dem Tod Alexanders des Großen im Jahre 323 v. u. Z. geriet das Gebiet Juda erneut unter verschiedene Herrschaften, schließlich wurde es dem Königreich Syrien eingegliedert. Der im Jahre 515 v. u. Z. neu errichtete Tempel wurde geschändet, die jüdische Religion gewaltsam unterdrückt. Dies führte schließlich 167 v. u. Z. zu einem Aufstand der „Frommen", zu den so genannten Makkabäerkriegen unter Führung des Judas Makkabäus, deren glücklicher Ausgang bis heute mit dem *Chanukkafest* gefeiert wird. Die folgenden hundert Jahre, bis das Römische Weltreich seine Herrschaft auf Palästina ausdehnte, erlebte das Land in Unabhängigkeit und Prosperität.

Römische Herrschaft

Von 63 v. u. Z. an übernahmen die Römer die Macht im Lande. Unter den brutalen und bestechlichen Statthaltern Roms, den Prokuratoren, gehörte Pontius Pilatus sicher zu den gefürchtetsten. Mit zunehmender Grausamkeit der Besatzer – Hunderte wurden zum Kreuzestod verurteilt, darunter auch Jesus von Nazareth – wuchsen auch Unruhe und der Wunsch nach Befreiung. Es kam zu bewaffnetem Widerstand, der erst nach vier Jahren, im Jahr 70, durch die römischen Legionen niedergeschlagen wurde: Jerusalem und der zweite Tempel wurden zerstört. Zwar gab es auch in der Folge weitere schwere Aufstände, zuletzt unter Bar Kochba (132 bis 135), doch behielten die Römer die Oberhand. Jerusalem wurde vollends römisch und den Juden bei Todesstrafe verboten, die Stadt je wieder zu betreten. Damit ging der nationale Mittelpunkt des Judentums verloren und die Geschichte Israels als eines Volkes in Palästina zu Ende.

Die älteste bekannte Tora-Rolle aus dem aschkenasischen Raum, um 1300

Die Jüdenstraße am Roten Rathaus in Berlin

Der Nahe Osten blieb nach wie vor ein Sied-
lungsschwerpunkt, doch waren viele Juden im Gefolge der römischen Legionen, freiwillig oder unfrei-
willig, als Sklaven oder als Fernhändler in nahezu
alle Provinzen des Römerreichs gelangt. Sie siedelten
rund um das Mittelmeerbecken, auf dem Balkan,
in Italien, auf der Iberischen Halbinsel und in Gallien
meist entlang der antiken Handelsstraßen. So war
auch am Rhein die Kölner Judengemeinde entstanden.

Kaiser Konstantin, der 321 gesetzliche Regelungen für den Umgang mit den Juden in Köln
schuf, spielte für die weitere Geschichte des Abend-
landes eine entscheidende Rolle. Unter seiner Herrschaft nahm das Christentum, nach langen Jahren
der Christenverfolgung, einen Aufschwung. Er ließ
sich selbst noch auf dem Totenbett taufen, sodass

das Christentum zur Staatsreligion des Römischen
Reiches werden konnte. Mit Konstantin setzte damit
nicht nur die Geschichte der Duldung des Christen-
tums ein, sondern ebenso die Geschichte der engen
Bindung von christlicher Kirche und Staat – und
damit die Geschichte des christlichen wie des jüdischen Mittelalters.

Tradition und Wandel – Die Halacha

Im Judentum steht, im Gegensatz zu anderen Religionen, nicht die Theologie als Nachdenken über das Wesen Gottes und das Jenseits im Mittelpunkt des geistlichen Lebens, sondern die praktische Umsetzung der Mizwot, der Gebote der schriftlichen Tora, im täglichen Leben der jüdischen Gemeinschaft. Die Regeln des Alltags sind festgehalten im jüdischen Religionsgesetz, der *Halacha*. Vom hebräischen Verb für „gehen" abgeleitet, betont „Halacha" nicht die Gesetzlichkeit der Tora als Regelwerk, sondern bezeichnet den Weg, auf dem Gott den Menschen zu einem gelungenen Leben leitet.

Die Lehre

Das jüdische Religionsgesetz wurde in verschiedenen Kodizes gesammelt und systematisiert. Anders als der Begriff suggeriert, handelt es sich bei der Halacha nicht um etwas Statisches und Unveränderliches, sondern um ein flexibles Instrument, das am menschlichen Leben und seinen Bedürfnissen und Veränderungen orientiert ist. Grundlage sind die 613 Ge- und Verbote, die in der Bibel traditionell von den Rabbinern gezählt wurden. In den Lehrhäusern wurden beständig Diskussionen geführt, wie sie im jeweiligen historischen Kontext, an einem bestimmten Ort und zu einer bestimmten Zeit, eingehalten und im Einzelnen umgesetzt werden konnten. Zunächst mündlich tradiert, wurden diese Gespräche der Gelehrten später aufgeschrieben und in systematischen Sammlungen aufbewahrt, von denen die bekanntesten der Jerusalemer (Palästinische) und der Babylonische Talmud sind, die aufgrund ihrer Entstehung „mündliche Lehre" in Ergänzung der Tora genannt werden.

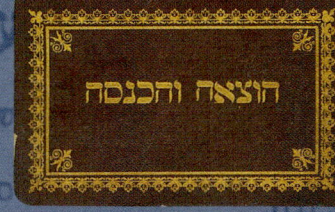

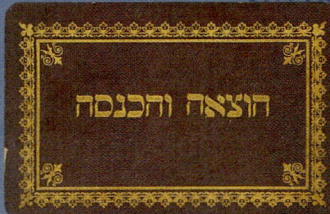

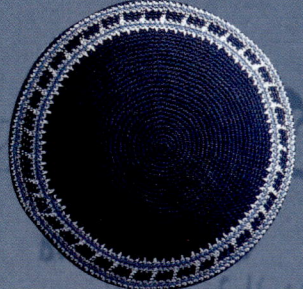

Zeitgenössische Kippot aus den USA und Israel
Hintergrund: Josef Karo, „Schulchan Aruch", Hanau 1627

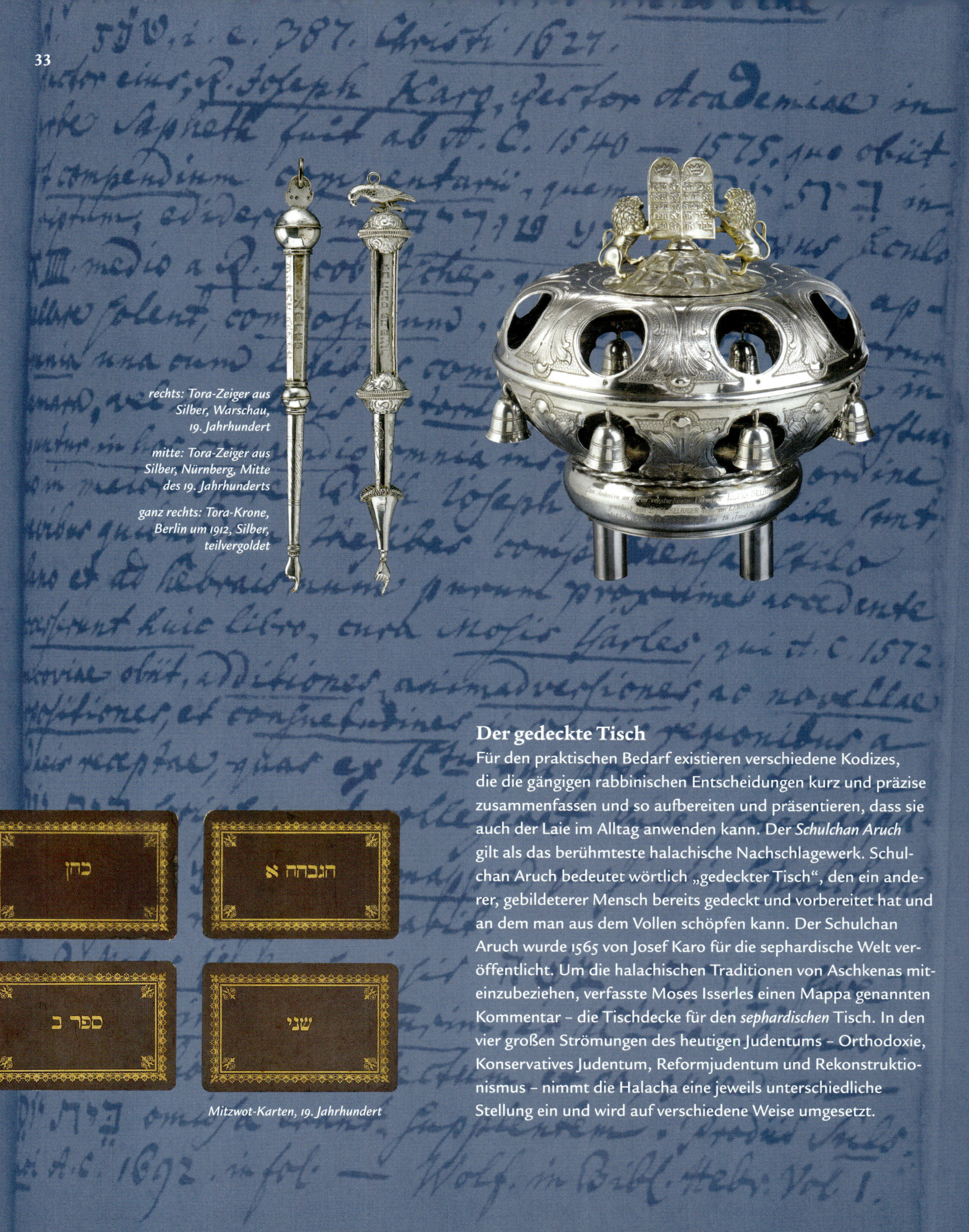

rechts: Tora-Zeiger aus Silber, Warschau, 19. Jahrhundert

mitte: Tora-Zeiger aus Silber, Nürnberg, Mitte des 19. Jahrhunderts

ganz rechts: Tora-Krone, Berlin um 1912, Silber, teilvergoldet

Mitzwot-Karten, 19. Jahrhundert

Der gedeckte Tisch

Für den praktischen Bedarf existieren verschiedene Kodizes, die die gängigen rabbinischen Entscheidungen kurz und präzise zusammenfassen und so aufbereiten und präsentieren, dass sie auch der Laie im Alltag anwenden kann. Der *Schulchan Aruch* gilt als das berühmteste halachische Nachschlagewerk. Schulchan Aruch bedeutet wörtlich „gedeckter Tisch", den ein anderer, gebildeterer Mensch bereits gedeckt und vorbereitet hat und an dem man aus dem Vollen schöpfen kann. Der Schulchan Aruch wurde 1565 von Josef Karo für die sephardische Welt veröffentlicht. Um die halachischen Traditionen von Aschkenas miteinzubeziehen, verfasste Moses Isserles einen Mappa genannten Kommentar – die Tischdecke für den *sephardischen* Tisch. In den vier großen Strömungen des heutigen Judentums – Orthodoxie, Konservatives Judentum, Reformjudentum und Rekonstruktionismus – nimmt die Halacha eine jeweils unterschiedliche Stellung ein und wird auf verschiedene Weise umgesetzt.

Jude beim Studium,
Illumination, um 1470

Die Welt von Aschkenas

Judengemeinden im Mittelalter

Mit dem Übertritt von Kaiser Konstantin zum Christentum veränderten sich die Machtverhältnisse in Europa. Der christliche Klerus trat auf die Bühne der Weltgeschichte; dank innigster Verflechtung mit dem religiös verfassten Staat drängte er in den folgenden Jahrhunderten das Judentum, das in der religiösen Vielfalt des Römischen Reiches einen gleichberechtigten Platz eingenommen hatte, zunehmend in eine politische und rechtliche Außenseiterrolle. Schon wenige Jahre nach Konstantins Tod verschärfte sein Nachfolger Theodosius, der letzte Kaiser des Römischen Reiches, die bestehenden Gesetze.

Das Judentum blieb jedoch weiterhin eine religio licita, eine staatlich zugelassene Religion, die unter dem formalen Schutz des römischen Rechts ausgeübt werden konnte. Trotz der christlichen Symbole, Glocken und Prozessionen, die zunehmend

den öffentlichen Raum beherrschten, wog das Trennende weit weniger schwer als das Verbindende. Unter den Bedingungen des damaligen Lebens begegneten sich Juden und Christen vor allem als Nachbarn, die miteinander Handel trieben, Handwerke ausübten und aufeinander angewiesen waren.

Leben in Aschkenas

Jüdische Fernhändlerfamilien hatten sich entlang der Handelsstraßen am Rhein niedergelassen. Jede Besiedelung war den weltlichen und geistlichen Herrschern willkommen, denn jeder Acker, der bestellt wurde, jedes Haus, das sich mit Leben füllte, jeder Marktflecken, um den herum sich eine Stadt bildete, mehrte ihr Ansehen und bedeutete Fortschritt. Im Vergleich zu anderen Bevölkerungsgruppen verfügten gerade die jüdischen Händler häufig über Kenntnisse und Erfahrungen, die für den Aufbau des Städtewesens und den Ausbau des Handels wichtig waren.

Um das göttliche Gebot des Torastudiums zu erfüllen, lernten jüdische Kinder schon von alters her Hebräisch lesen, während die meisten Christen noch für Jahrhunderte Analphabeten blieben. Die Lektüre des Talmud mit seinen rechtlichen Regelungen zu Streitschlichtung und Gesetzesbruch, Maßen und Gewichten, Schadenersatz, Übervorteilung und Wertminderung, zu Astronomie, Geometrie und Medizin lehrte nicht nur Weltläufigkeit, sondern vermittelte auch wertvolle Kenntnisse für Handel und Gewerbe.

Diese Kenntnisse machten sich die Fürsten gern zunutze. Juden waren als Ärzte ebenso geschätzt wie als Fernhändler und Seefahrer, die im 8. und 9. Jahrhundert eine wichtige Stellung im Mittelmeerhandel einnahmen und die königlichen

Pfalzen und bischöflichen Päläste mit Gewürzen, Juwelen, Parfümen, Purpurkleidern und anderen Luxusgütern belieferten. Auch als Lehrer und Berater wurden ihre Dienste gesucht: Legendär ist die Geschichte des Kaufmanns Isaak aus Narbonne, dem Karl der Große im Jahre 797 eine christliche Gesandtschaft anvertraute, damit er sie als sprach- und wegekundiger Begleiter an den Hof des Kalifen Harun ar-Raschid nach Bagdad führe. Allein Isaak überlebte die Strapazen und kehrte fünf Jahre später nach Aachen zurück, mit einem Elefanten namens Abulabaz als Geschenk des Kalifen.

Unter Karl dem Großen, König der Franken und nach 800 erster Kaiser des Heiligen Römischen Reichs, wurden zahlreiche jüdische Gemeinden gegründet, Handel und Künste erlebten einen Aufschwung. Es war die Zeit des königlichen Judenschutzes: Rechtlich waren Juden Christen in wirtschaftlichen Fragen gleichgestellt. Sie verfügten frei über ihr Eigentum, trieben ungehindert und zollfrei Handel und durften vor Gericht nicht benachteiligt werden. Die jüdische Religion wurde ausdrücklich gebilligt, und Zwangstaufen waren ebenso verboten wie jeder Versuch, Juden an der Ausübung ihrer Religion zu hindern. Diese friedliche, von Prosperität und Aufschwung gekennzeichnete Phase setzte sich bis in die Zeit der Ottonen fort, doch existieren keine Belege für die Kontinuität der Ansiedlung von Juden bis zum 10. Jahrhundert im Deutschen Reich. Im Jahr 965 erwähnt erstmals wieder eine Urkunde Ottos des Großen jüdisches Leben: „Judei et ceteri mercatores", Juden und andere Kaufleute haben das Recht, mit allen Waren frei zu handeln und sie ohne Zollgebühren ins Land zu bringen. Diese Formel veranschaulicht, wie sehr die Begriffe „Juden" und „Kaufleute" zu Synonymen geworden waren. In ihr drückt sich zugleich Respekt aus, eine Referenz an den Beitrag jüdischer Kaufleute, Händler und Gelehrter am wirtschaftlichen und sozialen Aufschwung vor allem der Städte. Denselben Respekt zollte später der Bischof Rüdiger von Speyer, geistlicher und weltlicher Herr der Stadt, als er einräumte, dass erst durch die Ansiedlung von Juden aus einer „villa", aus dem Dorf Speyer, eine Stadt werden könne.

Für die Gesamtheit der jüdischen Siedlungen und Gemeinden, die auf dem Gebiet des heutigen Deutschland und Nordfrankreich entstanden, bürgerte sich der biblische Name Aschkenas ein – Aschkenas war ein Nachkomme des Stammvaters Noah, dessen Namen man mit der Region „Germania" gleichsetzte. Ihre Bewohner, die *Aschkenasim*, unterscheiden sich von den *Sephardim*, die sich im Gefolge des ab dem 7. Jahrhundert westwärts vorstoßenden Islam vor allem in Spanien niederließen. Sepharad ist die biblische Bezeichnung für die Iberische Halbinsel, wo für lange Zeit ein blühendes Zentrum jüdischen Kulturlebens bestand, bis die Juden Ende des 15. Jahrhunderts, nach der christlichen Wiedereroberung und der Inquisition, aus Spanien vertrieben und erneut in alle Himmelsrichtungen – unter anderem nach Marokko, Norditalien, ins Osmanische Reich und ab 1600 in die Niederlande – zerstreut wurden.

rechts und gegenüber:
Jüdische Frau und jüdischer Mann aus Worms,
Illuminationen von Markus zum Lamm, 16. Jahrhundert
Mit der Knoblauchzehe in seiner Hand verweist dieser Jude
auf seine Herkunft aus Worms
Hintergrund: Ostwand der Synagoge von Speyer
aus dem Jahre 1104

Religiöses Leben

Aus den vielen Städten in Aschkenas, in denen sich zwischen dem 10. und 13. Jahrhundert ein reges jüdisches Gemeindeleben entfaltete, ragen die Gemeinden Speyer, Worms und Mainz hervor, die sich zu Zentren des kulturellen und spirituellen Lebens und jüdischer Gelehrsamkeit entwickelten. In diesen Schum-Gemeinden – so benannt nach den hebräischen Anfangsbuchstaben der drei Ortsnamen, die zusammen den hebräischen Begriff für Knoblauch ergeben – wurde der Grundstein gelegt für die bis heute maßgebliche Tradition im aschkenasischen Judentum. Hier, in Worms, stand auch die älteste,

über viele Jahrhunderte genutzte Synagoge Deutschlands. Bei ihrer Zerstörung durch die Nationalsozialisten im Jahre 1938 blieben lediglich Bruchstücke erhalten, darunter die Stiftertafel des Ehepaares Jakob ben David und seiner Frau Rahel aus dem Jahre 1034. (Die Synagoge wurde zwar um 1960 nach alten Plänen wieder aufgebaut, blieb aber bedeutungslos, da es in Worms keine einzige jüdische Familie mehr gab.)

Das Leben in einer mittelalterlichen jüdischen Gemeinde umfasste einen gemeinschaftlichen Backofen zum Warmhalten der Speisen am *Schabbat*, einen Friedhof und oft auch ein „Heck"-Haus, Spital und Herberge für Arme und Durchreisende. Das Tauchbad, *Mikwe*, das oft tief in die Erde gebaut war, diente der rituellen Reinigung und bildete für die Frauen der Gemeinde einen Mittelpunkt. Häufig gab es auch ein Tanzhaus, in dem Musiker zu gesellschaftlichen Ereignissen aufspielten. In der Synagoge jedoch war Musik nicht üblich – hier sollte in Trauer der Zerstörung des Tempels gedacht werden.

Bald entstanden in den Zentren jüdischen Lebens unterschiedliche Liturgien. Rabbiner Jakob ben Moses aus Mainz (1355–1427), genannt MaHaRiL, begann, die sich über Jahrhunderte entwickelten

Erfurter Bibel, um 1343

Bräuche und Traditionen zu sammeln und ihren Ursprung zu dokumentieren: Geht die symbolische Zeremonie, zur Zeit der Hohen Feiertage Sünden in ein fließendes Gewässer zu werfen, auf einen Brauch von Kölner Christen zurück? Wurde die so genannte *Jahrzeit*, das Gedenken eines Verstorbenen ein Jahr nach seinem Tod, von einem christlichen Brauch abgeleitet?

Im Gemeinde- und im Geistesleben jener Zeit sowie für die Gründung und Ausdifferenzierung der aschkenasischen Schule spielte die wohlhabende, aus Norditalien stammende Familie des Kalonymos eine tragende Rolle. Über Generationen repräsentierten Angehörige dieser einflussreichen und weit verzweigten Mainzer Familie die jüdischen Gemeinden nach außen, bildeten deren ökonomisches Rückgrat und sie gründeten bedeutende Talmudschulen, die *Jeschiwot*. Die bedeutendste Jeschiwa in Mainz wurde zur maßgeblichen Instanz für das mitteleuropäische Judentum des 10. und 11. Jahrhunderts. Dort lehrte, vermutlich von der Familie Kalonymos berufen, vom Ende des 10. Jahrhunderts an Rabbi Gerschom ben Jehuda (960 bis 1040). Er beendete die Abhängigkeit der aschkenasischen Rabbiner von den babylonischen und palästinischen Religionsschulen und begründete ihre Eigenständigkeit. Die Nachwelt verlieh ihm daher den Ehrentitel „Meor ha-Gola", Leuchte des Exils. Seine Entscheidungen und

Verordnungen wurden überall in West- und Mitteleuropa als verbindlich anerkannt. In dem Ansatz, die religiösen Grundsätze des Judentums mit den ethisch-sittlichen Erfordernissen eines Lebens in christlicher Umgebung in Übereinstimmung zu bringen, schuf er die bis heute grundlegenden Strukturen für die jüdischen Gemeinden.

Gerschom ben Jehuda wurde zum geistigen Stammvater vieler Gelehrter, zu denen auch der wohl bedeutendste der aschkenasischen Bibel- und Talmudexegeten gehört: Rabbi Salomo ben Isaak aus Troyes (1040 bis 1105), dessen Namen man zur Kurzform Raschi zusammenzog. Seine prägnant formulierten Kommentare zur Tora und zum Talmud trugen zur Verbreitung und Popularisierung des talmudischen Wissens bei. Die religionsgesetzlichen Entscheidungen der mittelalterlichen aschkenasischen Rabbiner fanden im 16. Jahrhundert Eingang in das Regelwerk des Schulchan Aruch, „der gedeckte Tisch".

Ansicht der Stadt Worms aus der Synagoge in Mogilew,
Weissrussland, 18. Jahrhundert
oben links: Jüdische Musiker, Illumination von 1471

Das Gemälde eines unbekannten Künstlers,
„Der Heilige Werner von Oberwesel" von 1711 erinnert
an eine Ritualmordlegende aus dem Jahre 1287

Die Kreuzzüge

Im Werk Raschis klingen auch dunkle Töne an: „Wir haben traurige Erfahrungen im Leiden und sind immer in Gefahr, vernichtet zu werden." Dies war keine Aussage über längst vergangene Ereignisse, sondern über eine sich vor seinen Augen abspielende Katastrophe. Als Kaiser Heinrich IV. den Juden von Worms und Speyer im Jahre 1090 noch einmal umfangreiche Privilegien erteilte, stellte er sie ausdrücklich „als zur kaiserlichen Kammer gehörig" unter seinen Schutz. Das Wohlergehen der Juden beruhte fast ausschließlich auf ihrer Nützlichkeit und war unter anderem abhängig von der Machtbalance zwischen Kaiser und Papst, Fürsten und Stadträten.

Wirtschaftliche Interessen hatten den Verkündigungs- und Missionseifer großer Teile der Geistlichkeit zwar lange Zeit gezügelt, aber den christlich-jüdischen Gegensatz keineswegs aufgelöst.

Als Papst Urban II. im November 1095, am Ende des Konzils von Clermont, Volk und Ritter dazu aufrief, ins Heilige Land zu ziehen, um die muslimischen ‚Ungläubigen' zu vertreiben und die heiligen Stätten wieder in Besitz zu nehmen, brach die lange unterdrückte Feindseligkeit offen hervor: Wenn die Feinde Christi im Heiligen Land zu bekämpfen seien, dann doch wohl erst recht die im eigenen Land – zumal hier reiche Beute zu erwarten war. Religiöser Hass und Habgier gingen in den sich spontan und unorganisiert zusammenfindenden Kreuzfahrerbanden eine mörderische Mischung ein. In Abwesenheit des Kaisers, der sich in Italien aufhielt, und gegen den mehr oder weniger heftigen Widerstand örtlicher Bischöfe und christlicher Mitbürger wurden die jüdischen Siedlungen am Rhein im Laufe des Jahres 1096 überrannt. Hunderte Juden wurden in Speyer, Worms, Mainz, Trier, Metz, Köln, Neuss oder Xanten von den Kreuzfahrern erschlagen oder verbrannt, die Überlebenden vor die Alternative gestellt: Taufe oder Tod. Viele zogen daraufhin den Tod als Märtyrer „zur Heiligung Gottes" vor und töteten die eigenen Kinder, bevor sie sich selbst das Leben nahmen. Das bewegliche Vermögen der Ermordeten wurde unter den Mördern aufgeteilt.

Als Heinrich IV., der die Massaker verurteilte und die Verbrecher zur Rechenschaft zu ziehen androhte, 1097 nach Deutschland zurückkehrte, erneuerte er sofort seine alten Schutzrechte und gestattete allen Zwangsgetauften die Rückkehr zum Judentum. Zwar erholten sich daraufhin die jüdischen Gemeinden zum Teil, doch führte der bis dahin für Europa beispiellose Angriff auf die eigene

Existenz zu einer tiefen Verunsicherung. Das Recht hatte der Wut des Pöbels nicht standhalten können. Eine Folge der *Pogrome* war deshalb eine Dezentralisierung der bisher auf wenige große Städte konzentrierten Juden, die sich nun zunehmend in kleineren Landstädten ansiedelten. Auch eine gewisse Radikalisierung des durch das Martyrium gestärkten Glaubens war zu beobachten. So entstand zu Zeiten der Kreuzzüge eine besondere Form der religiösen Mystik, deren Anhänger als die Chasside Aschkenas, die „Frommen Deutschlands", bezeichnet wurden. Begründer dieser im 12. Jahrhundert einflussreichen Schule war Rabbi Jehuda ben Samuel (um 1170–1217), genannt Juda he-Chassid, wiederum ein Angehöriger der Familie Kalonymos, dessen Frau und zwei Kinder von Kreuzfahrern ermordet worden waren. Als Zeuge und Opfer der Grausamkeiten der Kreuzzüge sah Juda die Weltgeschichte als einen Opfergang, der – bis zur Ankunft des Messias – nur in fester Treue zu Gott beschritten werden kann. Ähnlich wie die spanischen *Kabbalisten*, suchten die „Frommen von Aschkenas" einen emotionalen, persönlichen, innerlichen Kontakt zu Gott und empfahlen hierfür neben einer asketischen gesetzestreuen Lebensführung auch magische Praktiken und Bußübungen. Ihr elitäres Ideal war eine Gemeinde von Heiligen, die den ‚alten' Glauben nicht nur buchstabentreu bewahren, sondern zugleich die geistige, tiefere, verborgene Dimension von Tora und Talmud erkennen. Diese jüdische Mystik hat die religiöse Kultur des Mittelalters stark geprägt.

Das Bedürfnis nach religiöser Versenkung schien mit der zunehmenden Unsicherheit und einer sich verschlechternden Rechtslage zu wachsen. Heinrich IV. stellte die Juden im Mainzer Reichslandfrieden, zweifellos in guter Absicht, als „homines minus potentes", als weniger mächtige Menschen,

> „Wenn es zwei Synagogen in einer Stadt gibt, von denen eine näher und die der Frommen weiter entfernt ist, ist es besser, zu der zu gehen, die weiter weg ist."
>
> JUDA HE-CHASSID

unter seinen besonderen Schutz, entzog ihnen damit aber gleichzeitig das Waffenrecht, was sich langfristig als degradierend auswirkte.

Immer häufiger kam es nun neben der religiös motivierten Polemik auch zu Angriffen auf die wirtschaftliche Grundlage der Juden. Das Pfandleihgeschäft verlor wegen des Aufkommens christlicher Konkurrenz und schriftlicher Schuldscheine – oder weil Papst Eugen III. in einer Bulle schlicht die Zinsen annullierte, die die Kreuzfahrer jüdischen

Angeblicher Hostiendiebstahl aus der Stiftskirche des Zisterzienserklosters Heiligengrabe in Brandenburg Motiv aus einem Bilderzyklus von 1532

Geldverleihern für Kredite hätten zahlen müssen –
zunehmend an Boden. Auf dem von Papst Inno-
zenz III. geleiteten 4. Lateranischen Konzil von 1215,
das das Verhältnis der Christen zu den Juden verbindlich zu regeln beanspruchte, kamen neue iso-
lierende Vorgaben hinzu, die jedoch nicht überall
befolgt wurden. Zum einen wurde nun die Begren-
zung der Zinsen für die Kreditvergabe durch Juden
legitimiert, zum anderen eine Kennzeichnungs-
pflicht verfügt: Juden sollten fortan auf ihrer Kleidung das gelbe Abzeichen der Vogelfreien tragen.

Die kirchlichen Restriktionen sowie Ausschreitungen gegen Juden riefen wiederum die weltliche Macht auf den Plan, die ihre wirtschaftlichen
Interessen verletzt sah. Um seinen Schutzrechten
gegenüber den Juden neuerlich Geltung zu verschaffen und ihre Rechtsunsicherheit zu beenden, führte
Friedrich II. 1236 für sie das Rechtssystem der Kammerknechtschaft ein. Kammerknechtschaft bedeutete zwar einerseits Schutz, andererseits aber Abhängigkeit von der Willkür des Kammerherrn. Wenn es
demjenigen, dessen Kammerknecht sie waren, gefiel,
oder wenn es von wirtschaftlichem Vorteil war,
konnte er das so genannte Judenregal an lokale
Herrscher oder Städte abtreten. Und eine solche
Abtretung erhielt zusätzlichen Reiz, weil die Kammerknechtschaft auch die Einführung einer regel-
mäßigen Kopfsteuer zur Folge hatte.

Der Schwarze Tod

Ab 1348 begann mit der Pest eine neue Schreckens-
zeit. Auf Schiffen von Ratten aus dem Orient einge-
schleppt, raffte der Schwarze Tod über ein Drittel
der Bevölkerung Europas hinweg. Da sich niemand
die Ursache des Sterbens erklären konnte, breiteten
sich Gerüchte und Spekulationen aus, und wie
schon häufig zuvor gerieten die Juden in Verdacht.
Bereits im 13. Jahrhundert waren die Juden vor allem
mit zwei Verleumdungen konfrontiert worden: Zum
einen wurden sie des so genannten Hostienfrevels
beschuldigt – man behauptete, sie würden Hostien
stehlen, durchstoßen und zum Bluten bringen. Zum
anderen klagte man sie des „Ritualmords" an – wo
immer ein Kind auf unerklärliche Weise zu Tode
kam oder verschwand, wurden Juden verdächtigt,
das Blut von Christenkindern zur Herstellung des
ungesäuerten Brotes zum Pessachfest zu benutzen.
Obwohl diese Unterstellungen auch von der Kirche
verurteilt wurden, führten sie nicht selten zu Massa-
kern an der jüdischen Bevölkerung.

Nun, auf dem Höhepunkt der Pestwelle,
wurden die Juden abermals für das Unerklärliche
verantwortlich gemacht: Sie hätten aus religiösem
Hass und aus Rache für das ihnen zugefügte Leid die
Brunnen vergiftet und dadurch die Ausbreitung der
Seuche verursacht. Es kam zu blutigen Ausschreitungen, die sich zur systematischen Verfolgung aus-
wuchsen. Tausende wurden ermordet, Überlebende

Judengemeinden zerstört. Auch wenn nach Abklin-
gen der Pest einige auf das Land Geflohene zurück-
kamen und neue Gemeinden zu gründen begannen,
war die Erfahrung der Massenverfolgung ein tiefer
Einschnitt. Viele Überlebende verließen das Land,
unter anderem nach Norditalien und in die östlichen
Länder Europas. Vor allem in Polen entwickelte sich
daraufhin ein bedeutendes jüdisches Kulturleben.
Die Auswanderer nahmen ihre Sprache, das Jüdisch-
Deutsche oder Westjiddische, die aus mittelhoch-
deutschen Dialekten und hebräischen und aramäi-
schen Elementen bestand, mit. Mit der Zeit entstand
durch die Aufnahme slawischer Lehnwörter das
Ostjiddische – jene Sprache, die bald zur Verkehrs-
sprache in Ostmitteleuropa wurde und bis heute
weiterlebt.

*oben: „Sefer Sinai" (Buch Sinai) von
Abraham ben Baruch. Das spätmittel-
alterliche Manuskript von 1391 ist das
älteste Objekt der Sammlung des Jüdischen Museums Berlin.*

*Hintergrund: Der Grabstein für
„Jona, Sohn des Dan" aus dem Jahre
1244 ist der älteste Beleg für die Judengemeinde in Spandau bei Berlin*

Sab

„Und man tat Buße wie nie zuvor seit der Erschaffung der Welt ... Nachts legten sich die Männer
nackt in den Schnee und wälzten sich darin ... Dann nahmen sie Dornen und Nesseln und geißelten
sich selbst, bis ihre Körper mit Blasen bedeckt waren."

Von diesem ungewöhnlichen Bußeifer, der 1665 die Juden in Europa, Nordafrika und Klein-
asien erfasste, berichtet eindrucksvoll der Notar der aschkenasischen Gemeinde zu Amsterdam,
Leib ben Oser. Nachrichten waren im Herbst des Jahres in allen größeren Städten eingetroffen,
in Palästina habe sich ein Mann namens Sabbatai Zwi zum Messias ausgerufen und eine baldige
Rückkehr ins Gelobte Land angekündigt. Unzählige Juden, arme und reiche, verkauften ihren Besitz
und richteten sich darauf ein, Sabbatai Zwi zu folgen. Umso größer war die Erschütterung, als
der jüdische Messias 1666 zum Islam übertrat.

atai Zwi – der falsche Messias

Der vermeintliche Messias Sabbatai Zwi und sein Prophet Nathan von Gaza, Stiche aus Thomas Coenens „Ydele Verwachtinge der Joden", Amsterdam 1669

Wer war dieser Mann, auf den die jüdische Welt im 17. Jahrhundert all ihre Hoffnungen setzte?

Sabbatai Zwi wurde 1626 in Smyrna, dem heutigen Ismir, geboren. In seiner Kindheit und Jugend studierte er den Talmud und befasste sich mit der mystischen Tradition des Judentums, der Kabbala. Schon bald sammelte sich um Sabbatai ein kleiner Kreis von Anhängern, der ihn in seinem Glauben bestärkte, zu großen Aufgaben auserwählt zu sein. Der Besondere wollte das Besondere tun, und so schuf sich Sabbatai rasch Feinde durch Verstöße gegen die Religionsgesetze. Um 1654 wurde er von den Oberrabbinern seiner Gemeinde verjagt und begab sich auf eine langjährige Wanderschaft. In Gaza traf er auf den Kabbalisten Nathan,

der bereits in jungen Jahren in einer Vision den Erlöser gesehen hatte. Nathan überzeugte Sabbatai, dass er, der Verbannte aus Smyrna, der Messias sei. Fortan verbreiteten unzählige Sendschreiben diese Botschaft mit großem Erfolg. Im Dezember 1665 machte sich Sabbatai Zwi auf, den Sultan zu stürzen und die Herrschaft an sich zu reißen. Erwartungsvoll blickte die jüdische Welt nach Konstantinopel – doch was in einem Triumphzug begann, endete in einer Katastrophe: Die Behörden verhafteten Sabbatai Zwi und zwangen ihn, zum Islam überzutreten. Er beschloss sein Leben zehn Jahre später in der entlegenen Festung Dulcigno im heutigen Albanien.

Wie kam es dazu, dass die jüdischen Gemeinden so vollständig vom messianischen Taumel erfasst wurden?

Entscheidend ist, daß nahezu alle Juden die Sehnsucht nach Erlösung von den Leiden in der Diaspora teilten. Allgegenwärtig waren Verfolgungen und Vertreibungen: Wer nicht – wie etwa die Juden in Deutschland – selbst beständig antijüdischen Ausschreitungen ausgesetzt war, wusste durch allgegenwärtige Berichte von den Schrecken, die die jüdische Existenz in weiten Teilen der Welt bestimmten. Und gerade um die Mitte des 17. Jahrhunderts hatten diese Schrecken einen vorläufigen Höhepunkt erreicht: In Osteuropa bereitete der Kosakenhetmann Bogdan Chmielnicki dem jüdischen Leben ein beinahe vollständiges Ende. So berichtete auch die Hamburger Kauffrau Glikl bas Juda Leib von dem Schicksal der Verfolgten. Ihr Verwandter, Abraham Hameln, musste vor den Kosaken aus Polen nach Norddeutschland fliehen: „Als … alle jüdischen Gemeinden und ganz Polen in großer Not waren, ist er und seine Frau und eine Tochter nackt und bloß und ohne irgend etwas, heraus zu meinem Schwiegervater gekommen." Solche Flüchtlingsgeschichten schürten das grundsätzliche Gefühl der Unsicherheit und verstärkten die Hoffnung auf Erlösung, die sich jedoch auch mit Sabbatai Zwi nicht erfüllen sollte.

„Der Himmel ist offen

Hamburg von der Elbseite,
Gemälde von Elias Galli, 1680

Hintergrund: Jiskor, Memorialeintrag
für Glikl bas Juda Leib zu ihrem Tod, 1724
(linke Seite, Mitte)

gewesen“

Die Memoiren der Glikl bas Juda Leib

„Meine lieben Kinder. Ich habe dieses angefangen zu schreiben mit Gottes Hilfe nach dem Tode eures frommen Vaters, und es hat mir wohlgetan, wenn mir die melancholischen Gedanken gekommen sind, aus schweren Sorgen ...“ Es war das Jahr 1691, als die verwitwete Kauffrau Glikl bas Juda Leib begann, ihre Erinnerungen aufzuschreiben – ein außergewöhnliches Zeugnis jüdischen Lebens an der Schwelle eines neuen Jahrhunderts, einer Zeit des Umbruchs.

Der dreißigjährige Krieg neigte sich seinem Ende zu, als Glikl um 1646 als Tochter des Ältesten der aschkenasischen Gemeinde zu Hamburg, Juda Leib, und seiner Frau Bele geboren wurde. Sie selbst schrieb sich Glikl bas Juda Leib – Glikl, Tochter des Juda Leib. Weil sie später Chajim Goldschmidt aus Hameln geheiratet hatte, erhielt sie in der literarischen Nachwelt den Namen „Glückel von Hameln“.

 תיקון קריאת שמע
רבונו של עולם הריני מוחל לכל מי שהכעיס והקניט אותי או שחטא כנגדי בין בגופי בין בממוני בין בכבורי בן בכל אשר לי בין באונס בין ברצון בין בשוגג בין במזיד בין בדבור בין במעשה בין בגלגול זה בין בגלגול אחר לכל בר ישרא ולא יענש שום אדם בסבתי : יהי רצון מלפניך יי או שלא אחטא ומה שחטאתי מחוק ברחמיך הרבים ולא על יסורין ; יהיו לרצון אמרי פי והגיון לבי לפניך יי צורי וגואלי ÷

Frau beim Abendgebet,
Illumination von Aaron Wolf Herlingen,
Wien 1724

Bald nach Ende des Krieges setzte 1649 die Hamburger Bürgerschaft gegen die wirtschaftliche Konkurrenz jüdischer Händler durch, dass die Juden aus der Stadt nach Altona vertrieben wurden, wo ihnen der dänische König Schutz, uneingeschränktes Wohnrecht und Religionsfreiheit gewährte. Als Altona von den Schweden erobert wurde, kehrten sie nach Hamburg zurück. Ihre Existenz dort war und blieb bedroht. Sie hatten kein Aufenthaltsrecht in der Stadt, mussten ihre Gebetsversammlungen in ihren „heimlichen kleinen Bethäusern" abhalten und jederzeit mit erneuten Vertreibungen rechnen.

Glikls Vater handelte hauptsächlich mit Juwelen. Er brachte es in dieser Zeit der absolutistischen Fürstenhöfe mit solchen Luxuswaren und mit kaufmännischem Talent zu gediegenem Wohlstand. Seine Kinder wurden im *Cheder* unterrichtet, der jüdischen Elementarschule, wo sie vom vierten Lebensjahr an hebräisch Schreiben und Lesen lernten und in der Religion unterwiesen wurden. Auch Glikl erhielt diesen grundlegenden Unterricht.

„Indem wir uns so grämen, schwächen wir unseren Körper und können mit einem traurigen Körper dem Höchsten nicht recht dienen. Denn der heilige göttliche Geist ruht auf keinem traurigen Körper"

GLIKL BAS JUDA LEIB

Die Geschäftsfrau

Mit zwölf wurde Glikl mit Chajim aus Hameln verlobt, den sie mit 14 Jahren heiratete. Das Paar gründete seinen eigenen Hausstand in Hamburg und Glikl gebar ihre Tochter Zipora, das erste von 14 Kindern. Chajim handelte mit Gold und Juwelen, und Glikl organisierte nicht nur den umfangreichen Haushalt mit Dienstboten, Hauslehrern, Geschäftsgehilfen und Blettenjuden, die ihnen zur Unterbringung und Beköstigung von der Jüdischen Gemeinde geschickt wurden, sondern war gleichzeitig Geschäftspartnerin ihres Mannes. Sie traf mit ihm gemeinsam alle wichtigen beruflichen Entscheidungen und führte neben der Buchhaltung eigenständig Vertragsverhandlungen.

Dass Frauen Geschäfte machten, war nicht unüblich. In Hamburg war es den Frauen seit 1603 erlaubt, ohne Zustimmung des Ehemannes die Kaufmannschaft auszuüben. Schon Glikls Großmutter hatte Geld verliehen, ihre Mutter betrieb als junge Frau eine Manufaktur für geklöppelte Gold- und Silberspitzen. Jüdische wie christliche Witwen übernahmen nach dem Tod des Mannes die Geschäfte, für die sie oft die Bücher geführt hatten. 1689 starb Chajim an den Folgen eines Sturzes und machte seine Frau mit 44 Jahren zur Witwe. Auf dem Totenbett nach seinen Verfügungen befragt, antwortete er: „Meine Frau, die weiß von allem. Laßt sie tun, wie sie vordem zu tun gepflegt."

Glikl ordnet ihr Leben neu. Sie versteigert den Warenbestand, um schuldenfrei zu sein, gründet eine Strumpfmanufaktur, verleiht Geld und erwirbt sich im Perlen- und Juwelenhandel einen tadellosen Ruf als erfolgreiche und seriöse Geschäftsfrau. Sie kann ihre Kinder mit reichlich Mitgift ausstatten und gut verheiraten. An die Prachthochzeit ihrer Tochter Zipora mit Elia Cleve aus der Familie Gomperz, die zur Elite der Hofjuden gehört, denkt sie in ihren Erinnerungen oft zurück. Der Große Kurfürst hatte seinen Sohn zu dieser Hochzeit „seiner Juden" geschickt, auf der viele „Vornehme" waren. Die Verheiratung von Söhnen und Töchtern wurde auch als Zukunftsinvestition betrachtet – nicht nur um der neuen Geschäftsbeziehungen willen, die damit geknüpft wurden. Die verwandtschaftlichen Beziehungen an für Juden relativ sicheren Orten erwiesen sich in Zeiten der Gefahr oft als lebensnotwendig.

Jüdische Kaufleute benutzten Kalenderwerke wie das Sefer ha-Ewronot von Juda ben Samuel Reutlingen Mehler aus dem Jahr 1649, um die christlichen Markttage mit dem jüdischen Kalender abzugleichen

Messias Sabbatai Zwi. Von der Sehnsucht nach Erlösung von einer für Juden feindlichen Umwelt ergriffen, begannen auch Gliks Schwiegereltern, die Rückkehr ins Heilige Land vorzubereiten. „Einige haben nebbich all das Ihrige verkauft, Haus und Hof, und haben als gehofft, daß sie jeden Tag sollen erlöst werden. Mein Schwiegervater – er ruhe in Frieden – hat zu Hameln gewohnt. Also hat er ... alles stehen lassen ... Er hat uns hierher nach Hamburg zwei große Fässer mit allerhand Leinenzeug geschickt. Und drin ist gewesen allerhand Essensspeis ... Denn der gute Mann – er ruhe in Frieden – hat gedacht, man wird einfach von Hamburg nach dem Heiligen Land fahren."

Erschöpft von den anstrengenden Reisen als Kauffrau, zieht sich Glikl bas Juda Leib mit 55 Jahren von den Geschäften zurück, möchte aber nicht ihren Kindern zur Last fallen. Nach elfjähriger Witwenschaft heiratet sie nach langem Zögern den angesehenen Bankier und Gemeindevorsteher Hirsch Levy in Metz. Sie gibt dem neuen Ehemann ihre gesamten Ersparnisse als Mitgift. Zwei Jahre später macht sein Geschäft bankrott, er stirbt bald darauf. Was sie immer gefürchtet hatte, trat nun ein: Sie musste ihre Unabhängigkeit aufgeben und in den Haushalt ihrer Tochter ziehen. Später bezeichnete sie ihre zweite Ehe als den größten Fehler ihres Lebens.

1724 starb sie. Ihr ganzes Leben war eingebettet in eine tiefe religiöse Übung. Getragen vom traditionellen Judentum fand Glikl letztendlich in allen Widrigkeiten des Lebens Trost, sie schreibt: „Also muß man alles dem großen Gott befehlen und daran denken, daß diese eitle Welt bald vorüber geht." Der letzte Eintrag ihrer Memoiren stammt von 1719 und schildert, wie der Nachthimmel über der Mosel aufbricht und es für einen Moment taghell wird: „der Himmel ist offen gewesen und danach ist der Himmel wieder zugegangen, als wenn einer einen Vorhang zugezogen hätte, und es ist wieder ganz finster geworden".

Bertha Pappenheim als Glikl,
Porträt von Leopold Pilichowski, vor 1925

Sieben Bücher

In insgesamt sieben Büchern schreibt Glikl von 1691 bis 1719 über ihr Leben und ihre Ansichten. Einer ihrer Söhne kopierte später das heute verschollene Original und überlieferte es so der Nachwelt. 1896 wurden die Memoiren erstmals im jiddischen Originaltext veröffentlicht. Bertha Pappenheim, die Gründerin des jüdischen Frauenbundes, erkannte ihre Bedeutung und übersetzte sie 1910 ins Hochdeutsche. Sie gelten als die ersten schriftlichen Erinnerungen einer jüdischen Frau. Glikl hat sie in Westjiddisch, ihrer Alltagssprache, verfasst. Zahlreiche Zitate aus Bibel und Talmud lassen auf ihre Belesenheit schließen.

Mit ihren Memoiren blickt Glikl selbstbewusst auf ihr Leben als erfolgreiche Geschäftsfrau zurück, die oft genug auf ihren gefährlichen Reisen Juwelen „für etliche Tausende" in den Taschen hatte, und Widrigkeiten und Nöte ausstehen musste. Sie wolle kein „Moralbuch" schreiben, hält sie fest, und doch gibt sie Empfehlungen für ein „frommes und gottesfürchtiges" Leben, für Wohltätigkeit und ehrbaren Handel. Glikl erzählt von der Sorge um ihre Familie und Kinder, berichtet von Streitigkeiten innerhalb der Gemeinde und von dem falschen

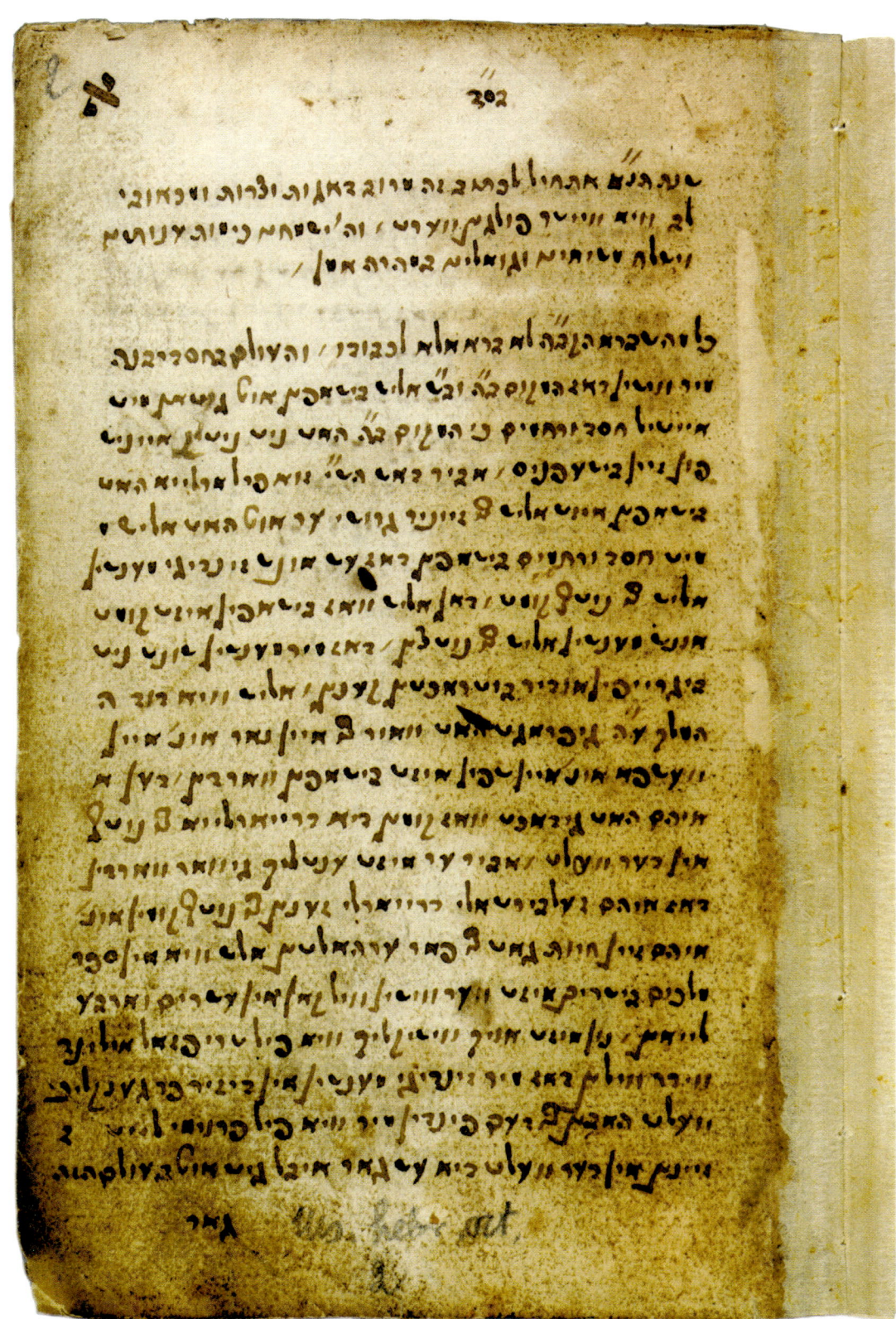

Anfang der Memoiren von Glikl bas Juda Leib in der Abschrift ihres Sohnes Moses Hamel, frühes 18. Jahrhundert

Tradition und Wandel – Die Speisegesetze

Was ist koscher?

Die Speisegesetze sind ein Beispiel dafür, wie die jüdische Religion jeden Bereich des täglichen Lebens durchdringt. Die Religionsausübung ist nicht auf eine bestimmte Zeit und einen bestimmten Ort beschränkt. Die Speisegesetze sind Teil der Halacha, die auch den Bereich des Essens regelt. Dieser Bereich und seine Vorschriften werden in ihrer Gesamtheit *Kaschrut* genannt. *Koscher* heißt wörtlich rein, tauglich, geeignet und bezeichnet eine erlaubte, allen Regeln entsprechende Speise, die gegessen werden darf. Auch Geräte, Geschirr, und alles, was im weitesten Sinne mit dem Bereich des Essens zu tun hat, können koscher oder *trefe*, nicht koscher, sein.

Es gibt grundsätzlich erlaubte und nicht erlaubte Speisen: Auf dem Land lebende Tiere müssen gespaltene Hufe haben und Wiederkäuer sein (wie Rind und Lamm, nicht aber das Schwein), Meerestiere müssen Flossen und Schuppen haben, Geflügel ist, mit Ausnahme der Raubvögel, koscher. Warmblüter müssen geschächtet werden, rituell richtig geschlachtet und danach in spezieller Weise vorbereitet werden. Milch und Fleisch dürfen nicht zusammen konsumiert werden.

Koscherer Zucker, Deutschland, 1998

Hintergrund:
Koscher-Zertifikat für Zucker
Berlin, 31. Juli 2000

Schächtmesser, Messing und Stahl, vermutlich Deutschland, frühes 20. Jahrhundert

Die koschere Küche

„Du sollst das Böcklein nicht in der Milch seiner Mutter kochen", dieses Verbot kommt in der Tora dreimal vor, woraus die Rabbiner das generelle Verbot, Fleisch und Milch zusammen zu essen, abgeleitet haben. Fische, Eier, Gemüse, Obst und Getreide sind neutral, genannt parve, und können mit beidem kombiniert werden. Die strenge Befolgung dieses Gebots bedeutet für religiöse Juden die konsequente Aufteilung in milchig und fleischig aller Utensilien, die mit Lebensmitteln in Berührung kommen: Geschirr, Besteck, Töpfe, Geschirrtücher, Tischdecken, Spülbecken, bei einigen auch Kühlschränke. Die Speisegesetze, die wie alle anderen religionsgesetzlichen Regeln dazu dienen, den Alltag zu heiligen, führen zu einer Trennung der privaten Lebensbereiche von religiösen Juden und Nichtjuden, da die gemeinsame Mahlzeit die Einhaltung der Reinheitsgebote voraussetzt.

Kladde mit Rezepten für koschere Gerichte, Berlin 1884

Geschirr mit Farbmarkierungen für die Trennung von milchigen und fleischigen Speisen, Ende des 20. Jahrhunderts

Vereinigung des
Marckt Fleckens
Ichenhaußen von dem
Frezh: Sigmund vom
Stain an

54

Christen und Juden huldigen dem neuen Landesherrn
von Ichenhausen. Auf dem Gemälde eines unbekannten
Künstlers von 1784 sind die jüdischen Einwohner kleiner
dargestellt und in größerem Abstand zur Herrscherfamilie.

Händler, Hausierer und Bankiers

Land- und Hofjuden

Ein lange währender Prozess der Umorientierung und des Neuaufbaus setzte für die aschkenasischen Juden im 15. Jahrhundert ein. Eine Stadt nach der anderen hatte ihnen das Aufenthaltsrecht entzogen: 1418 Trier, 1424 Köln, 1439 Augsburg, 1475 Bamberg, 1493 Magdeburg, 1499 Nürnberg, 1510 Berlin und die Mark Brandenburg. Nachdem 1519 auch die Regensburger Juden ausgewiesen worden waren, existierten im gesamten Heiligen Römischen Reich gerade noch vier große jüdische städtische Gemeinden – Prag, Frankfurt am Main, Worms und Friedberg.

Die Vertriebenen hatten nichts als die Hoffnung auf bessere Zeiten. Wer nicht nach Süden, nach Norditalien, oder nach Osteuropa auswanderte, versuchte vor den Toren der alten Heimat, auf dem Lande, einen Neuanfang. Das Reich war eine zerklüftete politische Landschaft; rund 300 Territorialfürsten und mehr als 1500 Reichsritter regierten ihre Länder und Ländchen wie kleine Könige, und viele von ihnen versprachen sich von jüdischen Siedlern Kapital, Geschäftsverbindungen sowie ein belebendes Element in den ländlichen Gebieten. Sie stellten daher, gegen Bezahlung, zeitlich befristete Schutzbriefe aus.

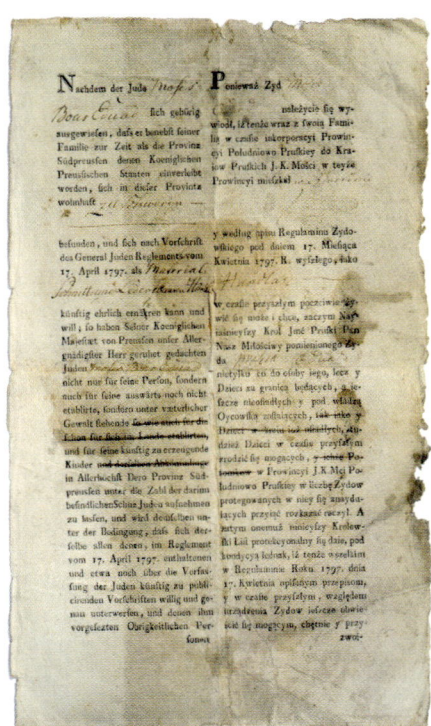

Schutzbrief für den Händler Moses Boas Eduard,
Posen, 20. Oktober 1798

Landjuden

Die nun weit über den Süden und Westen Deutschlands verstreuten Juden hatten ihr soziales Milieu und den Rückhalt in der Gemeinde verloren, nicht selten war die jüdische Familie die einzige am Ort. Umso mehr waren sie auch auf dem Land vom Wohlwollen ihrer christlichen Umwelt abhängig, um ohne tägliches Miteinander im Gottesdienst, ohne Zusammenhalt an den Feiertagen ihre Religion ausüben zu können. Zum anderen waren ihnen die meisten Berufe versperrt. Weder wurden sie zum Heeres- und Staatsdienst zugelassen, noch durften sie als Bauer oder Handwerker arbeiten; auch Grundbesitz war ihnen vielerorts verboten. Wie aber sollten sie ihr Auskommen fristen und die vom jeweiligen Landesherrn geforderten Abgaben bezahlen?

Die wirtschaftliche Nische, die sie einnahmen, war vor allem der Handel mit Landprodukten – Pferden, Rindern, Getreide und Hopfen, später auch Tabak –, aber auch mit städtischen Manufakturwaren – Kleidung, Stoffe, Seidenbänder –, die auf dem Lande sehr gefragt waren. So entwickelten sich der Viehhandel und das Hausieren zu den wichtigsten Berufsfeldern für die Landjuden. Der Beruf des Hausierers war damals keineswegs unehrenhaft; Hausierer waren Handelsreisende, wandernde Kaufleute. Sie erstanden in den Städten oder von den Bauern Waren, die sie andernorts verkauften oder gegen Naturalien eintauschten. Schwer bepackt zogen sie mit einem Tragegestell die ganze Woche über von Dorf zu Dorf und kehrten erst am Freitag nach Hause zurück, um mit der Familie den Schabbat zu verbringen. Ihre mühsame Tätigkeit war dabei nicht nur von hoher wirtschaftlicher Bedeutung für die Landbevölkerung, sie erfüllte zugleich eine wichtige soziale Funktion. Denn die Hausierer dienten auch als ,lebendige Zeitungen', die die Bauern über alle Neuigkeiten aus den umliegenden Dörfern und Städten auf dem Laufenden hielten – noch bis ins 20. Jahrhundert hinein leisteten jüdische Kleinhändler einen nicht zu unterschätzenden Beitrag für die Grundversorgung der ländlichen Regionen.

Jede Form des Handels beruht auf dem Ausgleich von Interessen. Wie zwischen den Hausierern und ihren Stammkunden, so entwickelten sich auch zwischen christlichen Bauern und jüdischen Viehhändlern wirtschaftliche Interessengemeinschaften – etwa in der so genannten Viehverstellung. Wer sich kein eigenes Vieh leisten konnte, erhielt vom Viehhändler eine trächtige Kuh „eingestellt", die er zur Feldarbeit nutzen und deren Milch und Dung er behalten konnte. Als Gegenleistung versorgte der

„Die Juden haben den Schabbat gehalten und der Schabbat hat die Juden erhalten."

JÜDISCHE VOLKSWEISHEIT

Bauer das Muttertier und zog das Kalb auf. Fand sich später ein Käufer für das Vieh, wurde der Erlös zwischen Bauer und Händler geteilt – ein für beide Seiten einträgliches und risikoarmes Geschäft.

Obwohl alltägliche Kontakte solcher Art das Zusammenleben zwischen Juden und Christen prägten, blieb die politische Situation für die in bescheidenen Verhältnissen lebenden Landjuden prekär: Ihr Rechtsstatus war unsicher und von der willkürlich erteilten oder entzogenen Gunst des jeweiligen Landesherren abhängig, Neid und Missgunst von Nachbarn oder christlicher Konkurrenz konnten in Hass umschlagen. In seiner 1543 veröffentlichten Schmähschrift „Von den Jüden und ihren Lügen" erhob etwa Martin Luther die antijüdische Stimmung zum Programm: Die Synagogen seien in Brand zu setzen, die Häuser der Juden zu zerstören; ihre heiligen Bücher seien ihnen fortzunehmen, ihren Rabbinern solle jedweder Unterricht bei Todesstrafe verboten werden; jede Geschäftätigkeit sei ihnen zu untersagen und aller Besitz abzunehmen. Am besten wäre es, sie ganz aus dem Land zu jagen.

Der Aufbau einer jüdischen Infrastruktur erwies sich unter solchen Umständen als äußerst schwierig. Einen ortsansässigen Rabbiner und einen eigenen Friedhof mussten die meisten Juden am Wohnort entbehren. Oft war es nicht möglich, einen *Minjan* zu versammeln – die zehn religiös mündigen Männer, die anwesend sein müssen, um einen Gottesdienst zu halten. So bildeten die eigene Familie, Frömmigkeit und Improvisationstalent die

Haltetaue zum Judentum. Wo man sich keine Synagoge leisten konnte, wurden Betsäle eingerichtet und ausgeschmückt; der Rabbiner am nächstgelegenen Rabbinats-Sitz wurde nur in dringenden Fällen zu Rate gezogen; die Toten wurden zum Teil gegen hohe Zollzahlungen über viele Landesgrenzen transportiert, damit man sie in geweihter Erde begraben konnte, und wie häufig in Zeiten der Not, in denen man böse Kräfte am Werk sieht, nahmen Mystik und Geisterglaube zu.

Detail aus der Decke eines jüdischen Betsaals in Unterlimpurg (Schwäbisch Hall), 1735–1736, bemalt mit dem biblischen Tier Leviathan

In dieser Situation eröffneten äußere Umstände unerwartete Perspektiven. Der entstehende absolutistische Staat mit seinem zunehmend ökonomisch orientierten Herrschaftsverständnis besann sich darauf, alle Untertanen nach ihrem Nutzen zu taxieren. Er erhob von Juden Schutz- und Kopfgelder, Warenzölle und „Geschenke". Als besondere Abgabe konnte ein Landesherr auch die Zunge eines geschächteten Tieres einfordern.

In dem Maße, in dem nun jedes Ländchen zentrale Strukturen aufbaute, wurde es auch Juden möglich, einheitliche territoriale Gremien zu gründen und Landesrabbiner anzustellen. So bildeten sich ab der zweiten Hälfte des 16. Jahrhunderts die „Landjudenschaften" heraus. Sie wurden in den deutschen Ländern zu neuen Selbstverwaltungsorganen. Selbst der ab 1618 den Kontinent verwüstende Dreißigjährige Krieg bot Möglichkeiten für diejenigen Händler, die sich als Armeeausstatter für sämtliche kriegführenden Parteien oder als Finanziers unentbehrlich gemacht hatten. Im Schutz der kaiserlich-habsburgischen katholischen Truppen kehrten so viele der einst Vertriebenen zurück und verstärkten die überlebenden oder sich gerade neu konstituierenden jüdischen Gemeinden.

Auch in Städten – etwa in Heidelberg, Mannheim, Hamburg, Osnabrück, Münster – siedelten sich nun, trotz wütender Proteste christlicher Stadtverwaltungen, Bürgermeister und Zünfte, wieder Juden an. So entstanden „Judenviertel" mit öffent-

*Warntafel für „Betteljuden"
und „Zigeuner" aus Mecklenburg,
um 1750*

*Hintergrund: Leibzoll-Zettel mit
aufgestempelten Fratzen, 1716*

licher Synagoge, in kleineren Ortschaften „Juden-
gassen", die nicht selten das Handelszentrum dar-
stellten. Zwar gab es starke Kräfte, die diese Entwicklung nach Beendigung des Krieges, 1648, wieder
zurückzunehmen versuchten – tatsächlich kam es zu
erneuten Vertreibungen, etwa in Lübeck und Augsburg und Schweinfurt –, doch ließ sich nun die
Mehrzahl der Territorialherren von einer neuen
politischen Tugend leiten, der Staatsräson.

Der neue staatliche Pragmatismus, sosehr er
einerseits einen Fortschritt bedeutete und das jüdische Leben im Reich wiederbelebte, verschärfte auf
der anderen Seite die soziale Polarisierung. Nur eine
Minderheit war wohlhabend genug, um sich den
Genuss der von den Herrschern angebotenen Privilegien auch leisten zu können. Wer einen Schutzbrief
beantragte, musste seine Vermögensverhältnisse
peinlich genau offen legen. In Preußen wurde in der
Regel nur aufgenommen, wer mehr als 1000 Taler
besaß. So unterschrieb beispielsweise der Große Kurfürst Friedrich Wilhelm im Mai 1671 ein Niederlas-
sungsedikt für fünfzig jüdische Familien, „dafern es
reiche und wohlhabende Leute waren, welche ihre
Mittel ins Land bringen und hier anlegen wollen" –
120 Jahre zuvor waren Juden „auf ewig" aus Brandenburg vertrieben worden. Solche Regelungen, mit
deren Hilfe die absolutistischen Landesfürsten die
Zahl ihrer jüdischen Untertanen bei größtmögli-
chem Profit möglichst gering zu halten versuchten,
hatten zur Folge, dass im 17. Jahrhundert Tausende
von Juden zu bettelnden Vagabunden wurden. Wenn
ihnen das Niederlassungs- und Aufenthaltsrecht
verweigert wurde, zogen die „Betteljuden" über Land
und lebten von ihrem Anspruch auf Fürsorge. Denn
den Armen zu helfen ist eine Mizwa, ein zentrales
religiöses Gebot. Da niemand sich ohne Schutzbrief
länger als eine Nacht an einem Ort aufhalten durfte,
verteilten die jüdischen Gemeinden „Bletten", Gut-

scheine für eine Übernachtung und ein Essen bei
einer jüdischen Familie.

Das wachsende Elend ließ sich auf Dauer
aber weder durch Fürsorge noch durch Solidarität
beheben. Ein stärkerer politischer Einfluss war von-
nöten, um den jüdischen Interessen Gehör zu verschaffen. In dieser Hinsicht wuchs der kleinen
Schicht der Wohlhabenden eine besondere Rolle zu.
An ihrer Spitze war zum Ende des 17. Jahrhunderts
eine neue Führungselite entstanden: die Hofjuden,
die nun im größeren Umfang fortsetzten, was ihre
Vorläufer während des Dreißigjährigen Krieges
begonnen hatten.

Bettlerpaar, Radierung
von Jakob Steinhardt, 1909

Hofjuden

Die deutschen Landesfürsten im 17. und 18. Jahrhundert blickten mit Neid und Bewunderung auf den französischen Hof, auf Schlösserpracht und Militärherrlichkeit, mit der man dort die eigene, weder durch Junkertum noch durch Landstände eingeschränkte Souveränität zur Schau stellte. Frankreich wurde zum Vorbild, doch zum Nachahmen waren erhebliche Finanzmittel nötig, die auf traditionelle Weise, über Steuern, nicht zu beschaffen waren – zumal das Steuerbewilligungsrecht den jeweiligen Landständen und nicht dem Fürsten vorbehalten war. Die einzige Möglichkeit, dem französischen Vorbild nachzueifern, ohne für jede größere Ausgabe die Zustimmung der Standesvertreter zu erbitten, war die Beschaffung von Krediten. Und hierfür machten sich die Landesherren nun in vielen Fällen das Wissen und die Erfahrungen derjenigen Juden zunutze, die sich auf die Geld- und Kreditwirtschaft spezialisiert hatten und über entsprechende Kontakte zu den europäischen Finanzzentren – insbesondere Amsterdam und Wien, London und Paris – verfügten. Schon bald gab es kaum mehr einen deutschen Fürsten, der noch ohne die Dienste eines angestellten Hofjuden auszukommen glaubte. Der Hofjude erhielt Rang und Titel, durfte sich fortan Hoffaktor, Hofagent oder Finanzien Rat nennen, wurde von entwürdigenden Sonderabgaben befreit und genoss die Privilegien eines Angehörigen des Hofes.

Die kleine Gruppe von Hofjuden bildete ein zunehmendes Elitebewusstsein aus und fühlte sich der europäischen Führungsklasse zugehörig – ihre Nachkommen betätigten sich im 19. Jahrhundert oft noch als Privatbankiers. Obwohl einige Mitglieder dieser Oberschicht zum Christentum konvertierten, blieben die meisten dem Judentum verbunden und engagierten sich in ihren Gemeinden. Wie Samuel Oppenheimer (1630–1703) nutzten sie ihre starke Stellung bei Hofe, um die rechtliche, soziale und wirtschaftliche Situation der jüdischen Gemeinde der Residenzstadt zu verbessern. Dabei bewegten sie sich jedoch auf einem schmalen Grat. Stets auf das Wohlwollen und die Rückendeckung ihrer Fürsten angewiesen, waren sie gleichzeitig auch den fürstlichen Launen ausgeliefert: Wenn es dem Herrn einfiel, tilgte er erhaltene Kredite in Millionenhöhe mit einem Federstrich und ließ seinen Hofjuden gegenüber den Gläubigern in der Verantwortung.

Auch für unpopuläre Maßnahmen mussten Hofjuden ihren Kopf hinhalten. Zu den von ihnen betreuten Geschäftsfeldern gehörte auch das Münzwesen, von der Gewinnung der Edelmetalle bis hin zur Ausmünzung des Geldes. In Notzeiten kam es allerdings immer wieder zu verordnetem Münzbetrug, zu so genannten Münzverschlechterungen. Als beispielsweise während des Siebenjährigen Krieges (1756–1763) die Staatskassen fast leer waren und Friedrich der Große fürchtete, seine Feldzüge nicht länger finanzieren zu können, beauftragte er seinen Münzagenten Veitel Heine Ephraim (1703–1775) mit einer Ummünzung: Er sollte dem Drittel Taler bei gleichem Nennwert weniger Silber beimischen. Die Menschen empörten sich, nahmen den Betrug aber nicht dem König, sondern seinem Hofjuden übel: „Außen Silber, innen Zinn/Außen Friedrich, innen Ephraim" dichtete der Volksmund.

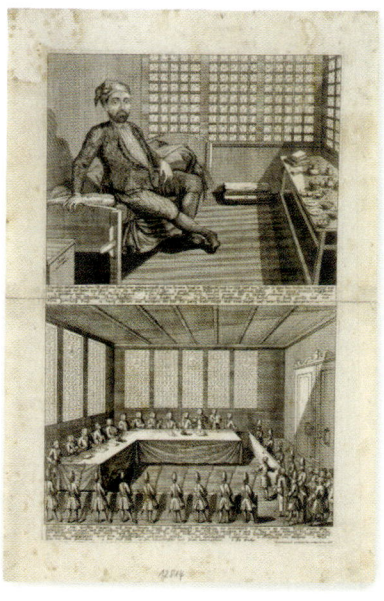

ganz links: Iud Ioseph Süs Oppenheimer,
Gewester Finanzien Rath,
Kupferstich eines unbekannten Künstlers,
Stuttgart, 4. Februar 1738

links: Jud Süss Oppenheimer in Gefangenschaft
und bei der Urteilsverkündung, Kupferstich von
Elias Baeck alias Heldenmuth, Augsburg, 1738

Vor welch tiefem Abgrund die Hofjuden agierten, belegt exemplarisch der Fall des Joseph Süß Oppenheimer, dessen Geschichte die Menschen schon zu seinen Lebzeiten polarisierte. Im Nationalsozialismus wurde Oppenheimer zum dämonischen Juden schlechthin stilisiert und erlangte in dem antisemitischen Agitationsfilm „Jud Süß" von Veit Harlan eine neue, traurige Berühmtheit.

Oppenheimer wurde erst am Tag seiner Verhaftung im Jahr 1737 zum „Jud Süß" gemacht. 1698 geboren, veranschaulicht sein Aufstieg zum Bankier, zum württembergischen Geheimen Finanzrat und zum engen Vertrauten des Herzogs Carl Alexander von Württemberg das prekäre und gefährliche Spannungsverhältnis, in das die Hofjuden zur Zeit des kleinstaatlichen Absolutismus notwendig geraten mussten. Oppenheimer modernisierte das württembergische Finanzwesen, schaffte die Privilegien der Ständevertreter ab und sanierte den Staatshaushalt; doch mit jedem Anwachsen der Staatskasse nahm auch die Zahl der Neider und Gegner zu. Als der Herzog 1737 überraschend stirbt, ist Oppenheimer der Rache seiner Feinde schutzlos ausgeliefert. Er wird festgenommen und in einem fragwürdigen Prozess – schnell angezettelt, schlecht vorbereitet und immer am Rande des offenen Justizskandals – zum Tode verurteilt. Keinerlei finanzielles oder politisches Vergehen konnte ihm nachgewiesen werden, doch in den Augen seiner Ankläger gebührte dem „lüsternen Verführer" und „kaltblütigen Geschäftsmann", dem „Freidenker" und „Juden" der Strick. Am Morgen des 4. Februar 1738 starb Joseph Oppenheimer am höchsten Galgen des Reiches. Über 12 000 Schaulustige, mehr als die Hälfte der Stuttgarter Bevölkerung, machten seine Hinrichtung zu einem grausigen Fest. Sein Leichnam wurde in einen Käfig gehängt und sechs Tage lang weit sichtbar vor den Toren der Stadt zur Schau gestellt.

Trotz mancher Rückschläge hatte das jüdische Leben in Deutschland an Stabilität gewonnen.

Größe und Anzahl der jüdischen Gemeinden nahmen zu. Doch wegen anhaltender Restriktionen und einer landwirtschaftlichen Krise wurde diese Zunahme bereits in der ersten Hälfte des 19. Jahrhunderts zum Problem. Vor allem auf die süddeutschen Landjuden wurde der demographische Druck immer stärker. Ihre Situation verschlechterte sich so, dass viele Landbewohner in die Städte abwanderten. Mit der in den 1860er Jahren erkämpften Freizügigkeit konnten jüdische Händler endlich auch in Städte und Marktorte mit Eisenbahnanschluss ziehen und dort eigene feste Läden eröffnen. Ein prominentes Beispiel für diese Landflucht ist Adolf Jandorf, der Gründer des legendären Kaufhauses des Westens in Berlin. Seinem württembergischen Heimatdorf Hengstfeld blieb Jandorf immer verbunden – er unterstützte die Feuerwehr, stiftete ein Kriegerdenkmal und erhielt die Ehrenbürgerschaft. Hunderttausende Landbewohner lockte es auch in die Neue Welt, so wie jenen jungen Mann aus Franken, der 1847 als Löb Strauss ein Dampfschiff bestieg und in New York Karriere machen sollte, von wo aus die „Waist Overalls", die Jeans von Levi Strauss, die Welt eroberten.

Illustrierter Film-Kurier mit dem Plakat des Films „Jud Süß" auf dem Titelblatt, 1940

rechts: Käthi Frenkel-Bloch mit Berches

unten: Synagoge der jüdischen Landgemeinde Endingen in der Schweiz, 1987

Hintergrund: Der Viehmarkt vor Buttstädt in Thüringen, Kupferstich von Christian Richter, 1650

Heute kennen wir Gefilte Fisch, Bagels und Falafel als Gerichte aus der jüdischen Küche. Diese Rezepte haben jedoch eine eigene Geschichte, eng verbunden mit der Region, aus der sie stammen. Gefilte Fisch gab es nur in Osteuropa, in Süddeutschland aßen die Landjuden Fische an grüner (Kräuter-)Sauce, die ihren Ursprung in Frankfurt hat. Selbstverständlich nutzte die jüdische Küche die regional verbreiteten Rohstoffe und übernahm auch viele Rezepte unter koscherer Zubereitung. So ist es gut möglich, dass die in Süddeutschland und im österreichisch-böhmischen Raum verbreiteten Knödel den *Pessach*-Knödeln im Mittelalter Pate standen.

Die ländliche Küche Süddeutschlands

Landjuden mussten viel wandern – weite Fußmärsche legten die Hausierer und Viehhändler zurück, um ihre Stammkunden auf den Bauernhöfen oder wichtige Marktorte zu besuchen.

    In einer christlichen Herberge konnte ein Jude nur Bier und gebranntes Wasser trinken, keinen Wein, da er nicht unter jüdischer Aufsicht hergestellt worden war, allenfalls durfte er gekochte Eier und rohes Gemüse essen. So war er darauf angewiesen, koschere Speisen mitzunehmen oder selbst zuzubereiten.

    Zu Schabbat waren auf dem Lande schwere, kalorienreiche Gerichte üblich, die den Wanderhändlern ein Auftanken ermöglichten. Einen besonderen Höhepunkt stellen die Brot-Zöpfe dar – unter den süddeutschen Landjuden *Berches* genannt – die am Freitag nachmittag gebacken wurden. Diese Brotsorte hat sich bei christlichen Bäckern der Dörfer erhalten, in denen viele Juden lebten, doch ist ihr Ursprung oft vergessen.

Die Fortsetzung der Tradition bis heute

Die typischen Gerichte wurden von den jüdischen Hausfrauen in den Städten weiter zubereitet. Sie trugen dadurch zu einem Gefühl der familiären Geborgenheit bei, besonders an den Feiertagen.

    In der Schweiz haben sich Elemente der ländlichen jüdischen Kultur besonders lange erhalten. Käthi Frenkel-Bloch aus Dättwil hat es sich zur Aufgabe gemacht, die alten ländlichen Rezepte ihrer Familie zu sammeln und herauszugeben.

Ländliche jüdische Küche

Berches

900 g Weißmehl
40 g   Hefe (1 Würfel)
½   dl Öl
ca. 6 dl warmes Wasser

Brotteig verarbeiten. Wasser langsam beigeben, der Teig darf nicht zu flüssig werden. Die Wassermenge kann variieren.

Teig ca. zwei Stunden in der Wärme gehen lassen, dann in drei oder vier Teile schneiden und von jedem ein Berches (Brotlaib, Zopf) verarbeiten. Nochmals etwa zehn Minuten stehen lassen, mit Eigelb bestreichen, Mohn darüber streuen und ca. 45 Minuten backen.

Mazze-Knödel

2   Eigelb
2   Eiweiß
1   Löffel Hühnerschmalz
1   Tasse Mazzemehl (es können auch Mazzen klein gerieben werden)
1   TL Salz
1   TL Ingwer
½ Tasse Hühnerbrühe

Mehl mit Salz und Ingwer in einer Schüssel vermengen. Das mit lauwarmem Hühnerschmalz verquirlte Eigelb und heiße Brühe hinzufügen. Alles gut verrühren. Steif geschlagenen Eischnee unterheben, dann den Teig 1 Stunde kalt stellen.

Mit nassen Händen runde, nussgroße Klöße formen und sie 25 Minuten in ½ l Salzwasser zugedeckt kochen.

Die *Mazze*-Knödel können als Einlage in Hühner- oder Rinderbrühe serviert oder als Beilage gereicht werden.

Die Rezepte stammen aus dem Kochbuch von Käthi Frenkel-Bloch: Achile heißt Essen. Baden / CH 1995.

*Moses Mendelssohn, Kopie eines
Gemäldes von Anton Graff, von
August Theodor Kaselowsky, um 1855*

„Wenn alle Menschen die Wahrheit annähmen"

Moses Mendelssohn und die Aufklärung

Im September 1743 traf der vierzehnjährige Moses Mendelssohn in Berlin am Rosenthaler Tor ein, wo fremde Juden sich registrieren lassen mussten. Er war, seinem Lehrer Rabbiner David Fränkel (1707–1762) folgend, zu Fuß aus Dessau gekommen. Dort war sein Vater Mendel Schulklopfer, der morgens die Juden zum Gebet herausklopfte, *Tora-Schreiber* und einer der Ärmsten der jüdischen Gemeinde. Er hatte seinem Sohn Kenntnisse der hebräischen Sprache und der Bibel vermittelt und ihn als Sechsjährigen zum Talmudstudium zu Fränkel geschickt, der in Dessau ein Zentrum der Gelehrsamkeit geschaffen hatte.

oben und gegenüber: Preußische Edikte über Hausierer, Geldwechsler, Bettler und „Ziegeuner" aus dem 18. Jahrhundert

In Preußen war 1740 ein neuer König auf den Thron gekommen. Friedrich II., der „Philosophenkönig", zeigte Aufgeschlossenheit für die Ideen der Aufklärung. Etwa 3000 Juden lebten in Berlin, die meisten arm. Einige wenige Unternehmer, die von Friedrichs merkantilistischer Wirtschaftspolitik profitierten, waren den christlichen Kaufleuten wirtschaftlich gleichgestellt. Den so genannten Generalprivilegierten gestattete Friedrich den Aufenthalt, „um Handel, Commerce, Manufakturen, Fabriquen und dergleichen" zu betreiben. Alle anderen unterlagen strengen Reglementierungen – das Aufenthaltsrecht war eingeschränkt, sie wurden mit Sonderabgaben belegt und durften nur bestimmte Berufstätigkeiten ausüben. „Würdig eines Kannibalen", urteilte der französische Graf Mirabeau über eine solche Gesetzgebung.

Die Haskala

Dank Fränkel, der ihn im Haus des Gemeindeältesten unterbrachte, erhielt der mittellose Talmudschüler Mendelssohn in Berlin ein Aufenthaltsrecht. Mühsam schlug er sich durch seine ersten Berliner Jahre, oft mit hungrigem Magen, trotz der Freitische, für die Fränkel sorgte. Mendelssohn war nach Berlin gekommen, um zu lernen, und er hatte Glück mit seinen Lehrern und Freunden. Von dem Arzt, Mathematiker und Philosophen Aron Salomon Gumpertz (1723–1769), der rege Kontakte zu Wissenschaftlern und Künstlern pflegte, lernte er „Geschmack an den Wissenschaften"; von dem polnischen Talmudgelehrten Israel Samocz (um 1700–1772) wurde er in Mathematik, Philosophie und Literatur unterrichtet.

Gemeinsam war ihnen, dass sie für eine jüdische Bildung eintraten, die sich weltlichen Erkenntnissen öffnete. Mit ihnen begann die innerjüdische Aufklärung, die *Haskala*. Sie gab den Anstoß zu einem Reformprozess, der im 19. Jahrhundert die

Gemeinde, die Erziehung, den Gottesdienst und die Ritualgesetze grundlegend veränderte. Mendelssohn, der zu der jungen Generation aufgeklärter *Maskilim* gehörte, hielt zeit seines Lebens an der Notwendigkeit des Studiums nichtjüdischer Werke fest: „Der Vorwurf der Sektiererei schreckt mich nicht ab, von anderen mit dankbarem Herzen anzunehmen, was ich bei ihnen Brauchbares und Nützliches finde." Er las die Werke von Locke und Hume, Leibniz' „Theodizee", die rationalistische Metaphysik von Wolff und die Werke der französischen Aufklärung.

Der Seidenfabrikant Isaak Bernhard stellte ihn als Hauslehrer ein. Sechs Stunden arbeitete er, „alle übrigen Stunden sind für mich". Als seine Schüler erwachsen waren, hätte Mendelssohn ausgewiesen werden können. Er zählte zur Gruppe der ungeschützten ausländischen Juden, die nur geduldet waren, solange sie beim Inhaber eines Schutzbriefs angestellt waren. Erst Jahre später, als er schon über die Grenzen Preußens hinaus ein bekannter Mann geworden war, gewährte der König ihm einen eigenen Schutzbrief. Bernhard machte ihn erst zum Buchhalter, dann zum kaufmännischen Direktor und Teilhaber seiner Fabrik. Nach seinem Tod übernahm Mendelssohn die Leitung der Firma und baute sie erfolgreich aus.

Die ‚Republik der Gelehrten‘

Unter den Preußenkönigen erlebte die Residenzstadt Berlin einen beispiellosen Aufschwung. Die Bevölkerung verdoppelte sich innerhalb eines halben Jahrhunderts auf 100 000 Einwohner. Manufakturen und Handel florierten. Die Königliche Akademie der Wissenschaften wurde zum Anziehungspunkt der intellektuellen Elite Europas. Berlin als Stadt der Schönen Künste und als ‚Republik der Gelehrten‘ wurde zum Sammelpunkt aufgeklärter jüdischer Intellektueller.

Seit 1748 lebte ein junger Mann in der Stadt, gleich alt wie Moses Mendelssohn, der seinen Lebensunterhalt mit Zeitungsarbeiten für den Verleger Friedrich Nicolai verdiente: Gotthold Ephraim Lessing (1729–1781). Als er mit Mendelssohn durch Gumpertz bekannt wurde, sah er in ihm das Idealbild eines aufgeklärten Juden, dem er mit seinem Stück „Nathan der Weise" ein Denkmal setzte. Lebenslang sollte ihre Freundschaft halten. Mit Lessing pflegte Mendelssohn einen regen Gedankenaustausch zu den Fragen von Sprache und Moral, Kunst und Ästhetik, der sein Weltbild entscheidend beeinflusste. Zwanzig Jahre später schrieb Mendelssohn einen Nachruf auf den Mann, der „meine Seele gebildet hat", „den ich bei jeder Handlung, welche

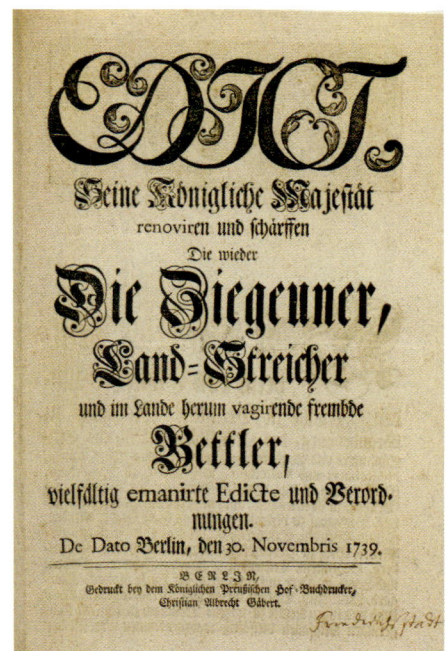

Brille von Moses Mendelssohn, 18. Jahrhundert. Mendelssohn trug diese Staubschutzbrille vermutlich bei seiner Arbeit.

ich vorhatte, bei jeder Zeile, welche ich schreiben sollte, mir als Freund und Richter vorstellen werde".

Durch Lessing lernte Mendelssohn Friedrich Nicolai (1733-1811) kennen, den Buchhändlersohn, der später zu einem berühmten Berliner Verleger wurde. Nicolai, Herausgeber der „Bibliothek der schönen Wissenschaften und der freien Künste" und der „Literaturbriefe", machte Mendelssohn zum ständigen Mitarbeiter. Nie sei er von Mendelssohn fortgegangen, schreibt Nicolai an Lessing, „ohne entweder besser oder gelehrter zu werden". Für den christlichen Geschäftsmann ließ es sich im friderizianischen Berlin gut leben. Hatte Lessing Berlin als das „sklavischste Land in Europa" gegeißelt, so antwortete Nicolai ihm, in einem monarchischen Land könne er die politische Freiheit „entbehren; ich kann schweigen." Wie anders das Leben hingegen für die Juden unter einem König aussah, der sich so viel auf seine Toleranz und Aufgeklärtheit zugute hielt, in der Praxis aber an einer Politik der Bevormundung festhielt, hatte Mendelssohn in traurigen Worten festgehalten: „Allhier in diesem sogenannten duldsamen Lande lebe ich gleichwohl so eingeengt, durch wahre Intoleranz so von allen Seiten beschränkt, dass ich meinen Kindern zuliebe mich den ganzen Tag in einer Seidenfabrik einsperren muss. Ich ergehe mich zuweilen des Abends mit meiner Frau und meinen Kindern. Papa! Fragt die Unschuld, was ruft uns jener Bursche dort nach? Warum werfen sie mit Steinen hinter uns her? Was haben wir ihnen getan? – Ja, lieber Papa! Spricht ein Anderes, sie verfolgen uns immer in den Straßen und schimpfen: Juden! Juden! Ist denn dieses so ein Schimpf bei den Leuten, ein Jude zu sein? Und was hindert dieses andere Leute? Ach! Ich schlage die Augen unter und seufze mit mir selber: Menschen! Menschen! Wohin habt ihr es endlich kommen lassen?"

Privatmann und Philosoph

Spät erst hat Moses Mendelssohn geheiratet. 1761 verließ er zum ersten Mal Berlin und reiste nach Hamburg. Vier Wochen später kehrte er verliebt zurück. Lessing war der erste, der davon erfuhr: „... ich habe die Thorheit begangen, mich in meinem dreyßigsten Jahre zu verlieben. Sie lachen? Immerhin! ... Das Frauenzimmer, das ich zu heyraten willens bin, hat kein Vermögen, ist weder schön noch gelehrt, und gleichwohl bin ich verliebter Geck so sehr von ihr eingenommen, dass ich glaube, glücklich mit ihr leben zu können." Fortan trafen zweimal wöchentlich bei Moses Briefe von der 24-jährigen Fromet, Tochter des Augenarztes Abraham Gugenheim ein. Fromet (1737-1812) hat Moses' Brautbriefe sorgsam verwahrt, sie sind in großer Zahl erhalten und erzählen uns viel über seinen Alltag. Von Fromets Leben wissen wir fast nichts.

Fromet und Moses waren ungewöhnliche Menschen. Sie heirateten, ohne Heiratsvermittler, den *Schadchan*. Über den traditionellen Ehevertrag sagte Mendelssohn: „Warum will man die angenehme Pflicht in einen Zwang verwandeln? ... Soll ich bei jeder Gefälligkeit, die ich meiner Frau erweisen will, immer den Ehevertrag nachsehen?" In zwei Jahrzehnten brachte Fromet zehn Kinder zur Welt, von denen drei Mädchen, Brendel, Recha und Henriette, und drei Jungen, Joseph, Abraham und Nathan, überlebten.

*Den Tora-Vorhang,
der wahrscheinlich aus
Fromets Brautkleid
gefertigt wurde, stifteten
Moses Mendelssohn und seine
Frau Fromet Gugenheim
einer Berliner Synagoge,
Berlin 1774/75*

Seit seiner Zeit als Buchhalter führte Moses ein Doppelleben. Bis in die frühen Nachmittagsstunden saß er an seinem Schreibtisch im Büro, bei den „lästigen Geschäften", die – so klagte er Lessing – die Kräfte seiner besten Jahre verzehrten. Anschließend widmete er sich dem Schreiben, dem Übersetzen und dem Studium der Philosophie. Die Metaphysik war für ihn die Königin der Wissenschaften, so wie er es als Zwölfjähriger bei dem spanischen Arzt und Philosophen Moses Maimonides (1135–1204) in dem „Führer der Unschlüssigen", „More Newuchim", gelesen hatte: „Wisse nun mein Sohn, dass du, solange du dich mit den mathematischen Wissenschaften und mit der Logik beschäftigst, zu denen gehörst, die rings um das Haus herumgehen, um den Eingang zu suchen. Wenn du aber die Naturwissenschaften verstehst, bist du bereits im Vorhof eingetreten und wenn du diese vollends abgeschlossen hast und dich mit der Metaphysik beschäftigst, dann bist du in das Haus des Königs eingetreten." Sein Leben lang betrachtete Mendelssohn Maimonides als seinen geistigen Mentor.

Mit seinen Schriften zur Philosophie, Literatur und Ästhetik erwarb Mendelssohn sich öffentliche Anerkennung. 1763 gewann er mit seiner Abhandlung „Über die Evidenz in metaphysischen Wissenschaften" den ersten Preis der Königlichen Akademie der Wissenschaften. Den zweiten Preis gewann ein Privatdozent aus Königsberg: Immanuel Kant. Aber als die Königliche Akademie Mendelssohn zum ordentlichen Mitglied wählte, verweigerte Friedrich II., der an seinem Vorurteil festhielt, man müsse den Staat und seine Einrichtungen vor dem „schädlichen" Einfluss der Juden schützen, dieser Wahl die Bestätigung. Der „Jude Moses", Preisträger der Akademie und längst anerkannter Vertreter der deutschen Aufklärung, wurde nicht Mitglied der Akademie.

Mit „Phädon oder über die Unsterblichkeit der Seele", das 1769 bei Nicolai erschien, verbreitete sich sein Ruf weit über die Grenzen der Stadt hinaus. In Form eines sokratischen Dialogs versuchte Mendelssohn nachzuweisen, dass die vernünftige Religion und die Unsterblichkeitslehre auch dem „unverdorbenen Menschenverstand ... einleuchtend" und erst durch „Aberglaube, Pfaffenlist, Geist des Widerspruchs und Sophisterey" verstellt worden sei. Mit dem „Phädon" konnten sich Juden wie Christen identifizieren. Das Buch wurde einer der großen, in viele Sprachen übersetzten Bestseller seiner Zeit, mit dem Mendelssohn als „philosophischer Schriftsteller unserer Nation" (Herder) gefeiert und eine europäische Berühmtheit wurde.

Beide Welten

In seinem Hause kamen Juden und Nichtjuden, Schriftsteller und Ärzte, Freigeister, zusammen, um die Neuigkeiten des Tages zu debattieren, über Kunst und Philosophie, über Bücher und Theateraufführungen zu diskutieren. Frauen nahmen nur am Rande teil. Es waren jedoch die Töchter jüdischer Väter und Mütter, die diese Gesprächstradition in ihren Salons fortsetzten – Rahel Varnhagen,

Henriette Herz und auch Moses' Tochter Brendel, der Nachwelt besser als Dorothea Schlegel (1772–1839) bekannt.

Der Aufklärer Mendelssohn versuchte das Beste aus beiden Kulturen, der jüdischen und der christlichen, zu einer Synthese zu verbinden. Von den Christen forderte er Toleranz, von den Juden, die ihnen aufgezwungene, aber auch von ihnen selbst gewählte Isolation zu durchbrechen. Sie sollten dem Religionsgesetz folgen und loyale preußische Staatsbürger werden, den Stolz auf ihre alte Kultur bewahren und sich der deutschen öffnen. „Schicket Euch in die Sitten und die Verfassung des Landes, in welches Ihr versetzt seid; aber haltet Euch standhaft bei der Religion Eurer Väter. Tragt beide Lasten, so gut Ihr könnet!" Als der Schweizer Pfarrer Johann Caspar Lavater ihn 1769 aufforderte, entweder das Christentum zu widerlegen oder sich taufen zu lassen, antwortete Mendelssohn: „Ich bezeuge hiermit vor dem Gott der Warheit, Ihrem und meinem

Schöpfer und Erhalter … daß ich bey meinen Grundsätzen bleiben werde, so lange meine ganze Seele nicht eine andere Natur annimmt."

Ihm selbst gelang die Synthese, er war beides: ein weltoffener, aufgeklärter Denker und ein gesetzestreuer Jude, der deutsch sprach und schrieb und von den Juden ausdrücklich forderte, deutsch zu lernen. 1780 fertigte er, gemeinsam mit Salomon Dubno (1738–1813), Naftali Herz Wessely (1725–1805) und Herz Homberg (1749–1841), die zusammen mit David Friedländer, Aron Wolfssohn und Lazarus Bendavid zu den führenden Köpfen der Berliner Haskala gehörten, eine Übersetzung der fünf Bücher Moses ins Deutsche an und ließ diese dann in hebräischen Lettern setzen, damit sie von Juden gelesen werden konnte. Damit stieß er bei den Orthodoxen, die den Respekt vor der Tradition gefährdet sahen, auf vehemente Ablehnung.

Auch die Schulgründungen der Maskilim und ihre Versuche zu einer Reform der Erziehung, die in ihren Augen untrennbar mit dem Anspruch auf „bürgerliche Verbesserung" verbunden war, stießen auf Widerstand. Mendelssohn unterstützte das von dem Berliner Kaufmann Isaak Daniel Itzig (1750–1806) finanzierte Projekt der ersten jüdischen „Freyschule", die sich besonders in ihren frühen Jahren hohes Ansehen erwarb. Hier wurden jüdische Jungen, vorwiegend aus armem Hause, von jüdischen und zum ersten Mal auch christlichen Lehrern

rechts und gegenüber:
Die Tasse aus der Königlichen Porzellan-Manufaktur Berlin zeigt ein Porträt des „Königlichen Ober-Baurats" Isaac Daniel Itzig, auf dem Unterteller ist das Freigut in Schöneberg zu sehen, das er 1786 erwarb

oben:
Lavater und Lessing bei Mendelssohn. Die Lithographie nach einem Gemälde von Moritz Daniel Oppenheim stellt ein fiktives Zusammentreffen dar. Tatsächlich fand die Auseinandersetzung schriftlich statt. Paris, um 1856

in Deutsch, Rechnen, Schreiben und Zeichnen, Französisch und Buchhaltung unterrichtet und so mit ganz anderen Inhalten vertraut gemacht als im traditionellen jüdischen Unterricht, der Tora und Talmud in den Mittelpunkt stellte. David Friedländer (1750–1834), Freund und Schüler von Moses und der erste Jude, der in den Berliner Stadtrat einzog, entwarf das Programm der Lehranstalt und die auf vorwiegend kaufmännisches Wissen ausgerichteten Lehrpläne. Zusammen mit Mendelssohn erstellte er eine Lesefibel, das erste deutschsprachige Lesebuch für den Unterricht an einer jüdischen Schule.

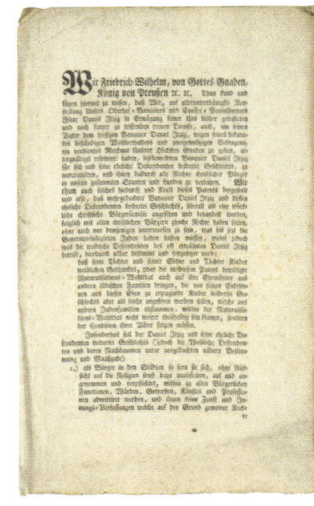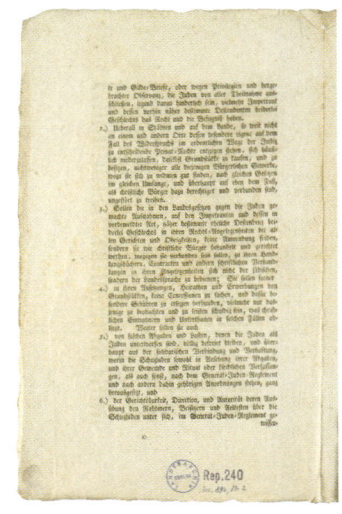

Naturalisations-Patent „für den hiesigen Banquier Daniel Itzig, und dessen ehelichen Descendeten beiderlei Geschlechts", Berlin, 2. Mai 1791

rechts: David Friedländer, Gemälde von Friedrich Georg Weitsch, um 1810

„Oder ist es aus der Organisation bewiesen, dass eine Frau nicht denken und ihre Gedanken nicht ausdrücken kann? Wäre dies, so blieb es doch noch Pflicht, oder erlaubt, den Versuch immer von neuem zu machen."

RAHEL VARNHAGEN

Der Fischforscher und Arzt Marcus Elieser Bloch (1723–1799), Porträt von Johann Christoph Frisch, 1779

rechts: Roter Knurrhahn, Trigla hirundo Linnaens, 1758 Fischpräparat aus der Sammlung von Marcus Elieser Bloch

ben Simche oder bei irgendeinem andern solchen
Lehrer einen schönen halben Tag zubringen soll und
Nachmittag soll er in einer christlichen Schule sein?
Das geht nicht. In einer jeden dieser Anstalten wird
ein ganz anderer, ein ganz verschiedener Mensch
erzogen. Vormittag soll er in eine Welt verrückt werden, wo Alles anders aussieht, als in der wirklichen,
worin er lebt, wo man anders spricht, anders handelt, anders sich unterhält und mit ganz anderen
Dingen sich beschäftigt, als in der Welt von Nachmittag."

Moses Mendelssohn aber wurde nicht müde,
für seine Auffassung von Toleranz zu streiten: „In
welcher glückseligen Welt würden wir leben, wenn
alle Menschen die Wahrheit annähmen und ausübten, die die besten Christen und die besten Juden
gemeinsam haben." Sein geistiges Vermächtnis zu
dieser Frage ist das Buch „Jerusalem oder über religiöse Macht und Judenthum" von 1783. Keine Religion
hat Anspruch auf absolute Wahrheit. Toleranz ist die
oberste Pflicht aller. Kirche und Staat müssten strikt
getrennt sein. So wie der Staat kein Recht habe,
Glaubenszwang auszuüben oder jemanden wegen
seiner religiösen Überzeugung von den Bürgerrech-
ten auszuschließen, so dürfe auch die Kirche keine
Gewalt und keinen Zwang über Meinungen ausüben.
„Jerusalem" war eine Verteidigung seiner doppelten
geistigen Bindung: ein Plädoyer für die Vernunft
gegen die Macht des Dogmas und auch eine Streit-
schrift für das Gesetz, das Gott seinem Volk auf dem
Berg Sinai gegeben hatte.

Am Morgen des 4. Januar 1786 starb Moses
Mendelssohn, siebenundfünfzig Jahre alt geworden –
drei Jahre vor der Französischen Revolution. Am Tag
seiner Beerdigung waren alle jüdischen Geschäfte
und Kontore geschlossen. Das jüdische Berlin trauer-
te um den Menschenfreund, den Diener einer aufgeklärten Vernunft, der für seinen Traum von einem
toleranten, gleichberechtigten Verhältnis zwischen
Juden und Christen gelebt hatte.

Der von den Aufklärern eingeleitete Prozess
der Akkulturation war von Kritik und Zweifel
begleitet. Heftig hat Rahel Varnhagen die Wider-
sprüche der verschiedenen Welten empfunden: „Ich
habe solche Phantasie; als wenn ein außerirdisches
Wesen, wie ich in diese Welt getrieben wurde, mir
beim Eingang diese Worte mit einem Dolch ins Herz
gestoßen hätte: ,Ja, ich habe Empfindungen, sieh die
Welt wie wenige sie sehen, sei groß und edel. ... Eins
hat man aber vergessen: Sei eine Jüdin!' und nun ist
mein ganzes Leben eine Verblutung ... jede Bewegung, sie zu stillen, neuer Tod." David Friedländer
antwortete einem Freund: „Sie wollen Ihren Sohn
nach Berlin schicken, wo er Vormittag bei Reb Meier

Gespräche beim Tee – die Berliner Salons

Um 1800 entstanden in Berlin die so genannten Salons. Hier trafen sich Juden und Christen, Frauen und Männer, Adlige und Bürgerliche und unterhielten sich über das Tagesgeschehen, Literatur, Kunst und Politik. Gastgeberinnen dieser Treffen zwischen Schriftstellern, Verwaltungsangestellten, Schauspielern – Menschen der unterschiedlichsten Berufe – waren häufig die gebildeten Jüdinnen Berlins.

Bildung wurde in der zeitgenössischen Gesellschaft als Schlüssel zu einem moralischen Lebenswandel, zu sozialem Aufstieg und rechtlicher Gleichstellung angesehen. Soziale Kontakte zwischen Juden und Nichtjuden waren zu dieser Zeit eher selten, die Salons boten einen Freiraum, in dem Begegnungen zwischen Gebildeten möglich waren.

Henriette Herz als Hebe,
die griechische Göttin der Jugend,
Porträt von
Anna Dorothea Therbusch, 1778

Der erste Salon dieser Art wurde von Henriette Herz (1764–1847) ins Leben gerufen, der jungen Ehefrau des Mediziners und Philosophen Marcus Herz (1747–1803). Henriette langweilte sich ein wenig bei den Vortragsabenden, die Marcus regelmäßig zu philosophischen und physikalischen Themen in der gemeinsamen Wohnung abhielt. Ihr Interesse galt mehr der modernen Literatur, bald lud sie ebenfalls zu abendlichen Gesprächen ein. So gab es im Hause Herz eine Zeit lang zwei Gesprächsrunden: Eine der älteren Generation, die streng vernunftbetont ausgerichtet war, die andere, bei der sich eher junge Menschen trafen und engagiert über die neue empfindsame Literatur diskutierten – der Salon. Vom Herzschen Salon ging auch die Berliner Goethe-Verehrung aus, die vor allem bei den jungen Frauen regelrecht schwärmerische Züge annahm.

Rahel (Levin) Varnhagen, geboren 1771, wuchs als älteste Tochter des Juwelenhändlers Markus Levin auf. Obwohl Rahel von sich selber meinte, nicht gebildet genug zu sein, sprach sie außer Deutsch auch Französisch, beherrschte die hebräische Schrift und beschäftigte sich als junges Mädchen mit der zeitgenössischen Literatur und Philosophie. Rahel war die erste unverheiratete Frau, die einen Salon führte. Sie begann damit nach dem Tode ihres Vaters 1790. Ihre Wohnung, die Dachstube, in der diese Treffen stattfanden, wurde zu einem wichtigen Mittelpunkt der gebildeten Berliner und ihrer Gäste. Der Krieg mit Frankreich bereitete diesem Salon 1806 jedoch zunächst ein Ende.

1814 heiratete Rahel den Diplomaten Karl August Varnhagen von Ense. Sie lebte mit ihm an verschiedenen Orten. Nachdem beide fünf Jahre nach der Hochzeit nach Berlin zurückgekehrt waren, sammelte sich bald von neuem ein Salon um Rahel. Auch diese Gesellschaft wurde eine Berliner Institution, zu der die Stammgäste zu Besuch weilende Gäste hinführten wie zu einer Sehenswürdigkeit.

Aber die Salons von Henriette Herz und Rahel (Levin) Varnhagen waren nicht die einzigen ihrer Art. Andere Salons wurden etwa von Sara von Grotthuß (1763–1828) oder von der Bankierswitwe Sara Levy (1761–1854) geführt. Die geselligen Zusammenkünfte in Sara Levys Salon waren musikalischer Natur, sie förderte die Musik der Familie Bach mit großem Engagement. Andere musikalische Salonabende fanden in den Häusern Beer und Mendelssohn-Bartholdy statt.

Der Sturz Napoleons 1813 und die darauf folgende Epoche der Restauration führten zu einer Veränderung des gesellschaftlichen Klimas; antijüdische Ressentiments nahmen zu. Angriffe konzentrierten sich besonders auf das gebildete Judentum und damit auch auf die Frauen der Salons. Christlicher Patriotismus wurde zum Schlagwort und viele ihrer ursprünglichen Gäste verschrieben sich diesen neuen Ideen. Die Ära der Salons im alten Stil ging zu Ende.

Die französische Erklärung
der Menschen- und Bürgerrechte, 1789

Hintergrund: Blick auf das Brandenburger Tor
und den Pariser Platz um 1800

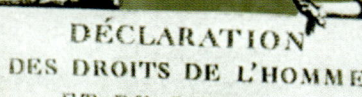

„Seyd einig, einig, einig!"

Bürgertum und Familiensinn

David und Liebe Kempler, die in der Grenadierstraße in Berlin ein Café betrieben, mit ihren fünf Kindern, um 1926

Drei Jahre nach dem Tod Moses Mendelssohns setzte sich in Frankreich das Bürgertum in der Revolution durch. Eine neue Gesellschaftsordnung entstand auf Grundlage der aufklärerischen Ideale von Freiheit und Humanität, die viele der bisherigen Wertvorstellungen – etwa die von den angeborenen Privilegien der höheren Stände – in Frage stellten. In der neuen Verfassung war auch die Gleichberechtigung der Juden verankert.

In ganz Europa entwickelte sich das Bürgertum als Gesellschaftsschicht und Lebensform. Eine gesicherte Lebensgrundlage, eine auf Arbeit und Leistung, Pflicht und Fleiß gründende rationale Lebensführung, die Wertschätzung von Bildung, Kultur und Wissenschaft sowie eine liberale Grundeinstellung wurden zu den idealen Tugenden der bürgerlichen Gesellschaft. Auch das eigenverantwortliche Engagement für die Gemeinschaft gehörte zum bürgerlichen Selbstverständnis. Dies alles waren Merkmale und Wertvorstellungen, wie sie in jüdischen Familien tradiert wurden. Unter diesen Grundvoraussetzungen nahmen viele jüdische Familien, Geschäftsleute und Gelehrte maßgeblich an dem gesellschaftlichen Prozess der Verbürgerlichung teil.

Familienbilder

Liberalisierung und die zunehmende Dominanz
wirtschaftlicher Aspekte in der Hierarchie der
Lebenswerte übten einen starken Veränderungs-
druck aus. Auch die Familie, die schon immer im
Zentrum des jüdischen Lebens gestanden hatte,
musste sich angesichts der sich wandelnden Realitä-
ten neu orientieren. Früher als in anderen Bevölke-
rungsschichten war dieser Prozess für die jüdische
Gemeinschaft durch die Entwicklung zur bürgerlichen Kleinfamilie gekennzeichnet.

Je mehr Anforderungen des modernen Wirt-
schaftslebens mit der religiösen Praxis in Konflikt
gerieten, umso mehr kam dem häuslichen Leben die
Verantwortung zu, die Tradition zu wahren. Die
Familie war von jeher der Ort, an dem die Kinder in
Glaubensfragen und in die Riten und Gebräuche des
Judentums eingewiesen und jüdische Identität ge-
festigt und bewahrt wurden. Vor allem in den Familien musste der Spagat ausgehalten werden, in dem
die gesamte jüdische Gemeinschaft stand, zwischen
Akkulturation und Bewahrung der Traditionen.

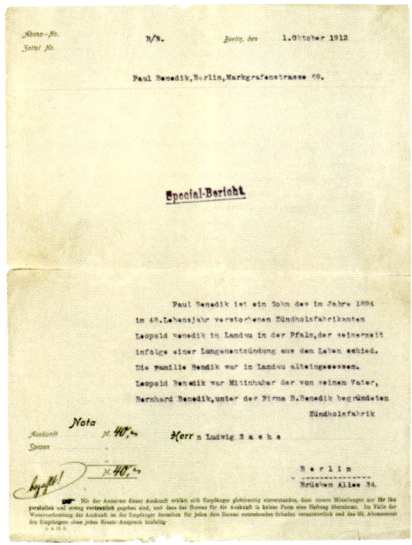
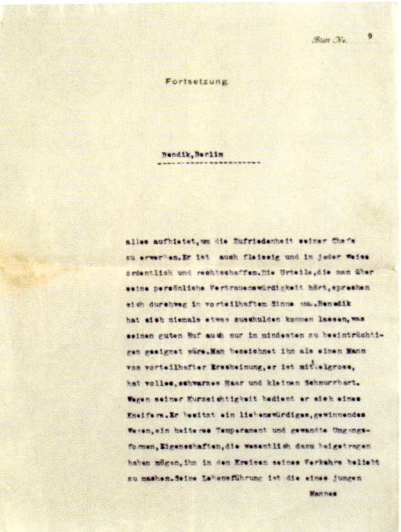
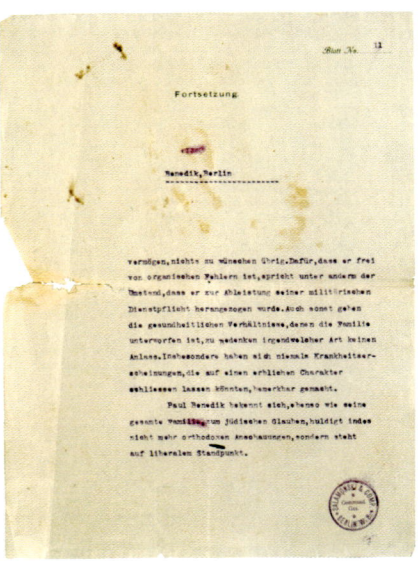

Detektivbericht über einen zukünftigen Schwiegersohn, Paul Benedick,
Berlin, 1. Oktober 1912

Familienporträt Manheimer, Gemälde von Julius Moser, 1850

gegenüber: Clara Arons, geborene Goldschmidt, Gemälde von Philipp Arons, um 1860

Ein wichtiger Aspekt des Familienlebens war die Partnerwahl. Die Eheschließung war nicht nur der Bund zwischen zwei Menschen, sondern auch der Zusammenschluss zweier Familien. Die Wahl der Braut oder des Bräutigams war daher immer auch eine Entscheidung der Familie, die sorgfältig vorbereitet werden musste. Gelegentlich wurden Auskunfteien hinzugezogen, um sich genaueren Aufschluss über die Lebensverhältnisse der Schwiegerfamilien – über Bildungsgrad, gesellschaftliches Ansehen und Religiosität – zu verschaffen. Zum Ehevertrag gehörten auch die Aussteuer und die Festlegung einer Mitgift, die oft den Grundstock für die berufliche Existenz des Bräutigams darstellte.

Die Mitgift sicherte aber auch den Unterhalt der Frau, sollte die Ehe scheitern. „Es ist beiden lieb, verheiratet zu sein", heißt es im Talmud – wenn aber das Eheleben zur Qual zu werden drohte, war eine Scheidung im gegenseitigen Einvernehmen erlaubt. Die Aussteuer wurde zum Statussymbol in bürgerlichen Familien – mit Handtüchern und Küchengeräten, Möbeln, Büchern und Kunstgegenständen wurde die junge Ehefrau für ihr Leben ausgestattet.

Heiratskandidaten wurden meist innerhalb der jüdischen Gemeinschaft, häufig auch im nächsten Familienkreis gesucht, um das verwandtschaftliche Netz zu stärken. Oft lernten sich die Brautleute

erst durch den Briefwechsel in der Zeit der Verlobung näher kennen. Dem romantischen Ideal der
Liebesheirat folgend, wurden die Brautbriefe mit
Herzblättern, Gedichten und romantischen Lieder-
texten geschmückt. Im Kaiserreich nahm jedoch
auch die Zahl der ‚Mischehen' zu, im Berlin der
zwanziger Jahre war dies schließlich jede dritte von
einem Juden oder einer Jüdin geschlossene Ehe.

Alte Familienverbände wie die Warburgs in
Hamburg, die Mendelssohns und Bleichröders in
Berlin, die Oppenheims in Köln oder die Rothschilds
in Frankfurt gehörten dank ihrer alteingesessenen
erfolgreichen Privatbanken zu den wohlhabendsten
Familien im Kaiserreich. Ihr repräsentativer Lebens-
stil etwa in den Villen im Berliner Tiergartenviertel
oder im Grunewald – mit Köchin, Gouvernante und
Chauffeur, sorgfältig eingerichtetem Salon und Her-
renzimmer, mit Geselligkeiten, Diners, Hausbällen –
war Ausdruck der Lebenskultur des Großbürgertums.

Gerson Bleichröder, Gemälde von Emile Charles Wauters, 1888
unten: Holzkästchen, gefüllt mit beschriebenen
und in Herzform geschnittenen Lindenblättern, 1891

Freudvoll
Freudvoll
Und leidvoll,
Gedankenvoll sein,
Langen
Und bangen
In schwebender Pein,
Himmelhoch jauchzend,
Zum Tode betrübt;
Glücklich allein
Ist die Seele, die liebt.

JOHANN WOLFGANG VON GOETHE
Gedicht auf einem der Herzblätter

Mit der Säkularisierung hielten auch zahlreiche Symbole der nichtjüdischen Umwelt Einzug in jüdische Familien. Chanukka, das achttägige Lichterfest, das an den Sieg der Makkabäer über die Syrer und die Wiedereinweihung des Tempels erinnert, wird am 25. Tag des Kislew, des neunten Monats des jüdischen Kalenders, also im November oder Dezember, gefeiert. In religiös liberalen Familien, deren Kinder teilhaben wollten an der Advents- und Weihnachtsfreude ihrer Mitschüler, bürgerte sich ein neuer Brauch ein: „Weihnukka". Beide Feste wurden gefeiert, die Kinder an Heiligabend beschert und ein Baum aufgestellt. „Eben zündete ich mit meinen Kindern den Weihnachtsbaum an", schrieb Theodor Herzl, der Begründer des Zionismus, am 24. Dezember 1895, „als Güdemann kam. Er schien durch den ‚christlichen' Brauch verstimmt. Na, drücken lass' ich mich nicht! Aber meinetwegen soll's der Chanukkabaum heissen – oder die Sonnenwende des Winters."

Bürgerliche Erziehung

Bildung wurde im Judentum traditionell groß geschrieben. Während in Preußen nur acht Prozent aller Kinder eine über die Volksschule hinausführende Weiterbildung erhielten, kamen 60 Prozent aller jüdischen Kinder in den Genuss einer weiterführenden Schulbildung. Auch den jüdischen Mädchen wurde im Durchschnitt eine bessere Ausbildung mitgegeben als anderen Töchtern des Bürgertums. Für die Söhne galt ein hoher Bildungsabschluss mit Gymnasiums- und Universitätsbesuch als Voraussetzung für eine Karriere im bürgerlichen Erwerbsleben. Die Mädchen wurden auf höheren Töchterschulen in den Fächern Literatur, Musik, Französisch und Handarbeitslehre unterrichtet.

Die Geschwisterpaare Albert und Julie Rathenau und Jenny und Gustav Rathenau, zwei Doppelporträts von Leopold Bendix, 1845

Karikatur aus der Zeitschrift Schlemiel, 1904

Darwinistisches.

Vor dem Hintergrund wirtschaftlicher Prosperität eröffneten sich auch neue berufliche Perspektiven. Viele traten nun nicht mehr, wie seit Generationen üblich, in die Fußstapfen des Vaters, sondern strebten einen akademischen, künstlerischen oder intellektuellen Beruf an. Prominente Beispiele sind im ausgehenden 19. Jahrhundert der Maler Max Liebermann und der Kulturwissenschaftler Aby Warburg. Auch dem Journalismus, besonders der liberalen Presse der Verlage Ullstein und Mosse, wandten sich viele der Bürgersöhne, wie beispielsweise Alfred Kerr und Theodor Wolff, zu. Sie alle gehörten zur Bildungselite, blieben aber oft durch die Familie dem Wirtschaftsbürgertum verbunden. Als besonders attraktiver Beruf galt die freie anwaltliche oder ärztliche Tätigkeit. 1925 stammten 26 Prozent der Anwälte und 15 Prozent der Ärzte im Deutschen Reich aus der jüdischen Gemeinschaft.

Zentraler Bestandteil des bürgerlichen Bildungskanons war selbstverständlich die deutsche Kultur. Als Liebhaber der Klassiker, Goethe-Verehrer oder begeisterte Anhänger der Musik Richard Wagners führten Eltern ihre Kinder schon früh durch Theater- und Konzertbesuche, Hausmusikabende und Gedichtrezitationen ins kulturelle Leben ein. „Die Mutter beschäftigte sich viel mit uns", erzählte der Hamburger Bankier Max M. Warburg (1867–1946) von den frühen Jahren in der Familie, sie „pflegte ... unsere Schularbeiten zu beaufsichtigen und hielt uns streng dazu an, die Zeit zu nützen. Nie war es uns erlaubt, herumzusitzen und zu schwatzen. Sie ... hatte ein starkes Pflichtgefühl." In den Briefen an seine Söhne betont der Arzt Markus Mosse (1808–1865) nachdrücklich den unerschütterlichen Zusammenhalt der Familie. An Rudolf, damals noch Verlagsbuchhändler in Berlin, schreibt er: „Unsere Freuden und Leiden in dieser Welt sind unter uns solidarisch", ein Brief an die Söhne Theodor und Salomon, die in Berlin die Wäschehandlung „Gebrüder Mosse" gegründet hatten, schließt mit dem Aufruf: „Seyd einig, einig, einig!"

Die fünf Brüder Aby, Max, Paul, Felix und Fritz Warburg, um 1890

Solidarität, Disziplin und Ehrgeiz, Pflicht-
bewusstsein und Sparsamkeit – der Tugendkatalog,
den jüdische Eltern ihren Kindern zu vermitteln
trachteten, war der des Bürgertums. Die Insignien
der bürgerlichen Kindheit – von der silbernen Spar-
büchse über liebevoll ausgemalte Poesiealben und
sorgfältig geführte Tagebücher bis zum Herbarium –
spiegeln diese Wertegemeinschaft wider.

Öffentliches Engagement

Wohltätigkeit und soziales Engagement galten im
Judentum schon immer als Pflicht gegenüber der
Gemeinschaft. Zugleich boten sie eine Möglichkeit,
das gesellschaftliche Ansehen der Familie zu mehren.
Eine der frühen karitativen Gemeinschaften war die
1792 von Joseph Mendelssohn (1770–1848), einem
Sohn Moses Mendelssohns, gegründete Gesellschaft
der Freunde. Ihr Aufgabe war, Mitglieder in sozialen

Bildstreifen einer Laterna magica,
Nürnberg, um 1910

Poesiealbum aus dem Besitz von Livia Cohen,
Mitte des 19. Jahrhunderts

Koffer mit Baby-Aussteuer
aus dem Konfektionsgeschäft der
Gebrüder Mosse, Berlin 1921

und finanziellen Notlagen zu unterstützen, aber auch die Ziele der Aufklärung im Sinne Moses Mendelssohns zu verbreiten und durchzusetzen. In den ersten Jahren schlossen sich hier, unabhängig von ihrem religiösen Bekenntnis, die jungen, noch nicht etablierten Söhne des Bürgertums zusammen, später zählten zu den 500 Mitgliedern einflussreiche Personen wie Emil Rathenau oder Gerson von Bleichröder. Nachdem die Kunstsammlung, die die Gesellschaft im Laufe der Jahre erworben hatte, von den Nationalsozialisten aus der Berliner National-galerie entfernt worden war, brachten einige der Mit-glieder ihre Gemälde im 1933 gegründeten Jüdischen Museum unter – ihre Spur verliert sich nach der Schließung des Museums 1938. Das Verbot der Ge-sellschaft der Freunde folgte 1935, gleichzeitig wurde das Vermögen der Gesellschaft beschlagnahmt. Ein Wiedergutmachungsverfahren scheiterte in den 1950er Jahren.

Bedeutende Mäzene wie der Kaufmann James Simon (1851–1932) veränderten die kulturelle und soziale Landschaft. Die Berliner Museen verdanken Simon ihre Renaissance-Sammlungen sowie wichtige archäologische Funde, etwa die Ausgrabungen von Tell el Amarna mit der Büste der Königin Nofrete aus dem Jahre 1350 v. u. Z. Grosse Summen stiftete er auch für soziale und politische Zwecke und gründete gemeinnützige Institutionen, wie die ersten beiden

Wilhelmsorden der Baronin Hannah Mathilde von Rothschild, 1888

„Wenn in manchen Stunden der Einsamkeit mich eine schmerzliche Wehmut darüber erfassen will, dass ich als Letzte einer Reihe lebe und keinen Kaddisch habe, dann tröstet mich der Gedanke, dass ich einen dummen Mann oder ein missratenes Kind hätte haben können."

BERTHA PAPPENHEIM

Volksbadeanstalten in Berlin 1887. Zusammen mit Paul Nathan rief Simon 1901 den Hilfsverein der deutschen Juden ins Leben, der mehr als 200 000 Juden aus Osteuropa die Auswanderung ermöglichte. Darüber hinaus leistete er einen wesentlichen Beitrag zum Aufbau des Schulwesens in Palästina und war Mitbegründer des Technikums in Haifa. Das nationalsozialistische Regime degradierte Simons Sammlungen zu „anonymen Schenkungen", viele der Werke wurden im Zweiten Weltkrieg zerstört.

Es waren insbesondere auch die Frauen aus bürgerlichen Familien, die sich seit dem 19. Jahrhundert für wohltätige Zwecke, für Waisen- und Krankenhäuser und andere Einrichtungen einsetzten. Amalie Beer (1766–1854), die Mutter des Komponisten Giacomo Meyerbeer, war für ihre Verdienste um die Versorgung von Verletzten aus den „Befreiungskriegen" 1816 mit dem preußischen Luisenorden ausgezeichnet worden. „Madame Beer" galt als die gastlichste Frau Berlins, aber auch als die wohltätigste. „Kein Tag vergeht", sagte ihr häufiger Gast Heinrich Heine, „ohne dass sie Armen geholfen hat; ja, es scheint, als könne sie nicht ruhig zu Bette gehen, bevor sie nicht eine edle Tat vollbracht. Dabei spendet sie ihre Gaben an Bekenner aller Religionsgenossenschaften, an Juden, Christen, Türken, sogar an Ungläubige der schlechtesten Sorte. Sie ist unermüdet im Wohltun und scheint dies als ihren höchsten Lebensberuf anzusehn."

Berühmt wurden die Stiftungen der Familie Rothschild. Louise und ihre Schwägerin Baronin Hannah Mathilde von Rothschild förderten Kinderheime, Waisenanstalten, Suppenküchen und Kuranstalten. Hannah Mathilde von Rothschild (1832–1924), die auch interkonfessionelle Stiftungen gründete und sich um allein stehende Frauen, gleich welcher Konfession, kümmerte, erhielt für ihr außerordentliches soziales Engagement den vom Kaiser gestifteten Wilhelmsorden.

Wohltätigkeit bot Frauen um die Jahrhundertwende auch die Möglichkeit, politisch aktiv zu werden. In liberalen wie in orthodoxen Gemeinden entstanden die ersten Frauenvereine, die für eine Verbesserung der weiblichen Bildung kämpften. Es war die „Lust am Lernen, am Wissen, das uns den Weg gewiesen", so Rahel Goitein (1880–1963), eine der vier Schülerinnen der ersten weiblichen Abiturklasse im Kaiserreich, in ihrer Abiturrede 1899, doch stärker noch war der Gedanke: „Wir wollen einen Beruf haben, wir wollen einen Platz im Leben haben." Goitein war die erste Studentin an der medizinischen Fakultät in Heidelberg und eröffnete als erste promovierte Frau eine ärztliche Praxis. Nach dem Tod ihres Mannes 1933 emigrierte sie mit den zwei jüngsten ihrer fünf Kinder nach Palästina.

Der 1904 von Bertha Pappenheim gegründete Jüdische Frauenbund bildete 1917 mit 200 lokalen Mitgliedsvereinen und rund 44 000 Mitgliedern eine der größten jüdischen Organisationen. Der Jüdische Frauenbund war Teil der gleichzeitig entstehenden bürgerlichen Frauenbewegung, deren gemäßigten Feminismus viele jüdische Frauen teilten. Er verstand sich aber auch als eine dezidiert jüdische Vereinigung, die dank ihres öffentlichen Einflusses auf notwendige Reformen aufmerksam machen und zugleich das jüdische Selbstbewusstsein fördern konnte. „Wir sind nicht nur Frauen", schrieb Henriette Fürth (1861–1938) im Jahr 1911 und rief öffentlich dazu auf, sich weiterhin für das bürgerliche Emanzipationsideal zu engagieren, „wir sind jüdische Frauen. Und solange dies Beiwort noch eine herabsetzende Unterscheidung umschließt, solange dürfen wir nicht ablassen vom Kampf."

Bertha Pappenheim

Bertha Pappenheim (1859–1936) war die bedeutendste Vertreterin der jüdischen Frauenbewegung des ausgehenden 19. und beginnenden 20. Jahrhunderts. Geboren in einer jüdisch orthodoxen Familie in Wien, widmete sie ihr Leben der Erziehung und der Verbesserung der Lebensverhältnisse jüdischer Frauen und Mädchen. Ihre Ziele waren die Emanzipation der Frauen und insbesondere der Kampf gegen den internationalen Mädchenhandel. Sie gründete 1904 den Jüdischen Frauenbund und verfasste zahlreiche Schriften über die politische und soziale Situation jüdischer Frauen und Mädchen sowie über die Stellung der Frau im Judentum.

links: Bertha Pappenheim, 1889

unten: Flugblatt an „alleinreisende Mädchen" in deutscher, jiddischer und polnischer Sprache, 1920er Jahre

„Totschweigen kann eine Todsünde sein."

Eines ihrer zentralen Anliegen wurde die Bekämpfung des Mädchenhandels und der Prostitution osteuropäischer Jüdinnen, die vor den zaristischen Pogromen seit 1881 in Russland nach Westen flohen. Armut, Rechtlosigkeit und Erwerbslosigkeit zwangen einen Großteil dieser jungen Frauen in den organisierten Mädchenhandel und somit in die Prostitution. Bertha Pappenheim reiste seit 1903 wiederholt nach Galizien und baute dort wie in Deutschland zahlreiche Hilfsorganisationen auf. Sie veröffentlichte hierzu mehrere Schriften, die diese Problematik erstmals publik machten.

„Ich denke mir ... zwei kleine Häuser ..."

1907 gründete Bertha Pappenheim das Heim des Jüdischen Frauenbundes in Neu-Isenburg nahe Frankfurt am Main, das aus einer Erziehungsgemeinschaft in vier Häusern bestand. Ursprünglich gedacht als Schutz- und Erziehungsheim für allein erziehende Mütter aus ganz Deutschland, nahm Neu-Isenburg bald auch schwangere Frauen, Waisenkinder und Jugendliche auf und diente später als Ausbildungsstätte für jüdische Mädchen – eine Reaktion auf das 1933 von den Nationalsozialisten erlassene Verbot für Juden, sich in öffentlichen Berufen ausbilden zu lassen.

Nach der Pogromnacht im November 1938 wurde das Heim in Brand gesetzt. Die Belegschaft wurde im März 1942 nach Theresienstadt deportiert, die verbleibenden 30 Kinder in Auschwitz und Theresienstadt ermordet.

Auswanderer auf einem HAPAG-Dampfer, 1908

„Das Volk der Bücher verschloss den Frauen den Zugang zum jüdischen geistigen Leben, zu seinen Quellen; nur stückweise und zurechtgestutzt sollten sie glauben und tun, ohne zu wissen, warum."

Die Rolle der Frau im Judentum zu reformieren war Bertha Pappenheims Ziel. Sie kämpfte für Gleichberechtigung, Entscheidungsfreiheit und Autonomie der jüdischen Frauen, knüpfte aber bewusst an die verloren gegangene weibliche jüdische Tradition an. Sie gab unzähligen Mädchen ihre kulturellen und religiösen Wurzeln zurück und ermöglichte es ihnen so, ihren Platz in der jüdischen Gemeinschaft zu finden.

Die unsichtbare Vergangenheit

Unter dem Decknamen „Anna O." ging Bertha Pappenheim in ihren Jugendjahren durch Josef Breuers und Sigmund Freuds Veröffentlichung der „Studien über Hysterie" (1895) in die Medizingeschichte ein. Nach der langen und intensiven Pflege ihres Vaters und dessen Tod erkrankte sie psychisch. Freud nannte Bertha Pappenheim „die eigentliche Begründerin des psychoanalytischen Verfahrens".

In ihrem späteren Leben sprach sie sich jedoch entschieden gegen jede psychoanalytische Behandlung der ihr anvertrauten Mädchen aus.

Lebendige Vermittlung der jüdischen Tradition: Zu den Höhepunkten im Heim des Jüdischen Frauenbundes zählte die Feier des Schabbat

Hintergrund: Bertha Pappenheim, um 1905

Jacob Loewenberg,
Die Judenbezirke des Preußischen Staates,
Berlin 1840

„...und Deutscher zugleich"

Der Kampf um die Emanzipation

Wir wollen dem Deutschen Vaterlande angehören; wir werden ihm aller Orten angehören", verkündete Gabriel Riesser (1806–1863), einer der bekanntesten Kämpfer für die uneingeschränkte Gleichstellung der deutschen Juden – auch in den ersten Jahrzehnten des 19. Jahrhunderts ein noch immer unvollendetes Projekt. Anders als in Frankreich, das den Juden nach der Revolution von 1789 als erster europäischer Staat die volle Gleichberechtigung zugesprochen hatte, war die rechtliche Diskriminierung der deutschen Juden nahezu unverändert geblieben, obwohl sie sich längst als Bürger deutscher Nation ansahen. Ihre rechtliche Stellung war in den zahlreichen

Die jüdische Bevölkerung im preußischen Staate.

No.	Provinzen und Regierungs Bezirke	Bevölkerung im Jahre 1840		Verhältniß der Juden zur Gesammtbevölkerung
		Juden	Gesammtzahl	
1	Preußen	28,779	2,810,172	1:90
	Königsberg	4,552	796,065	
	Gumbinnen	4,365	597,725	
	Danzig	3,317	366,683	
	Marienwerder	14,805	549,697	
	Posen	77,102	1,233,650	1:16
	Posen	53,214	824,825	
	Bromberg	23,888	408,695	
	Brandenburg	13,747	1,856,907	1:135
	Potsdam	9,425	1,087,224	
	Frankfurt	4,322	769,866	
	Pommern	6,832	1,056,484	1:155
	Stettin	3,276	492,357	
	Köslin	3,385	393,289	
	Stralsund	171	170,843	
5	Schlesien	26,705	2,858,820	1:107
	Breslau	9,581	1,084,522	
	Oppeln	14,615	906,010	
	Liegnitz	2,509	868,285	
6	Sachsen	4,262	1,637,721	1:385
	Magdeburg	2,421	626,675	
	Merseburg	446	683,700	
	Erfurt	1,395	324,886	
7	Westfalen	13,766	1,383,307	1:101
	Münster	3,124	411,249	
	Minden	3,519	441,756	
	Arnsberg	5,123	530,242	
8	Rhein Provinz	26,367	2,591,650	1:98
	Köln	4,054	447,431	
	Düsseldorf	6,742	800,931	
	Koblenz	7,634	478,430	
	Trier	4,604	470,844	
	Aachen	2,393	385,384	
	Summa	194,558	14,928,300	1:77

Die 18 Judenbezirke sind:

11. der hannoversche Judenbezirk
12. der hessen-darmstädtsche Jdbz.
13. der wittgensteinsche Jdbz.
14. der nassau-oranische Jdbz.
15. der hennebergsche Jdbz.
16. der böhmische Jdbz.
17. der schwarzburg'sche Jdbz. und
18. der sachsen-weimarsche Jdbz.*)

*) Diese Bezirke umfassen nur einzelne Dörfer,

deutschen Ländern, Königreichen und Fürstentümern unterschiedlich geregelt, noch immer mussten sie Schutzgeld und Sonderabgaben zahlen, waren vom Staatsdienst und von den Lehrberufen an Universitäten ausgeschlossen und unterlagen erheblichen Einschränkungen im Wohnrecht und in der Eheschließung.

Selbst das Engagement einflussreicher Fürsprecher, wie etwa des hohen preußischen Beamten Christian Wilhelm von Dohm (1751–1820), der eine fortschreitende Gleichstellung für ein Gebot der Staatsraison hielt – damit „die Juden nützlichere Glieder der bürgerlichen Gesellschaft" und „für unsere Staaten brauchbarer" werden –, zeigte zunächst wenig Wirkung. In seiner Schrift „Über die bürgerliche Verbesserung der Juden", zu der er von

Preußisches Emanzipationsedikt, Berlin, 11. März 1812

Moses Mendelssohn angeregt worden war, hatte Dohm bereits 1781 an die Entscheidungsträger in Preußen und den anderen deutschen Territorien appelliert, Gleichberechtigung, Religionsfreiheit und volle ökonomische Freiheit auch den Juden zu gewähren. Dohms Forderungen fanden zwar zahlreiche Anhänger, stießen aber im preußischen Staatsapparat auf Widerstand.

Mit dem Siegeszug der französischen Armeen und der Besetzung deutscher Territorien durch die Truppen Napoleons veränderte sich die politische und rechtliche Situation. Nachdem Preußen große Gebiete an Napoleon hatte abtreten müssen, erhielten einige deutsche Länder fortschrittliche Verfassungen, die auch den Juden Gleichberechtigung gewährten; beispielhaft hierfür war das Königreich Westfalen (1807–1813) unter der Herrschaft von Napoleons Bruder Jérome, in dessen Dienst auch Dohm getreten war.

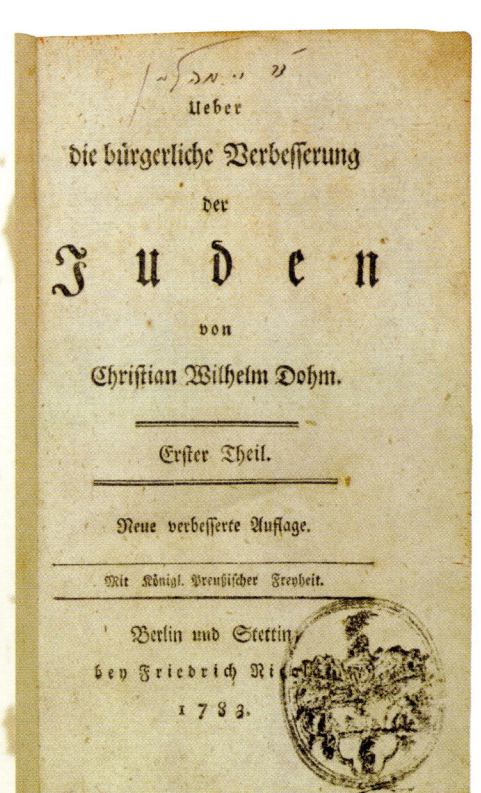

Christian Wilhelm Dohm, „Ueber die bürgerliche Verbesserung der Juden", Berlin und Stettin: Nicolai, erweiterte Auflage 1783

Ein Schritt vor, zwei Schritte zurück

Nach der militärischen Niederlage in Preußen setzte erneut eine Reformdiskussion um die Frage nach der bürgerlichen Gleichberechtigung der Juden ein. Es sollte allerdings noch einige Jahre dauern, bis aus solchen Forderungen politische Konsequenzen gezogen wurden. Erst der liberale Staatskanzler Freiherr Karl August von Hardenberg legte König Friedrich Wilhelm III. einen progressiven Gesetzentwurf vor, der modifiziert am 11. März 1812 als königliches Edikt in Kraft trat. Dreißig Jahre, nachdem Dohms Schrift erschienen war, erklärte Preußen die Juden zu „Einländern und Preußischen Staatsbürgern" und gewährte ihnen damit die Gleichstellung, für die sie so lange gekämpft hatten.

Das preußische Emanzipationsedikt schien einen entscheidenden Durchbruch für die Rechte der jüdischen Bürger zu bedeuten. Doch die Umsetzung der neuen Gesetzeslage erwies sich als schwierig. Nur drei Jahre später, auf dem Wiener Kongress, bei dem das europäische Staatensystem neu geordnet und der Deutsche Bund konstituiert wurde, scheiterte das Vorhaben, das Emanzipationsedikt auf alle 40 Mitgliedstaaten des Deutschen Bundes auszudehnen. Die Stimmung schlug um, die Ideale der Aufklärung wichen einer Reaktion, die Teile des deutschen Bürgertums prägte. Schon im Jahre 1812, als das Emanzipationsedikt in Kraft trat, hatten sich Vertreter der deutschen Romantik öffentlich gegen die ‚Franzosenherrschaft' und damit auch gegen eine Gleichstellung der Juden gewandt. So hatte Clemens von Bretano vor der Christlich-deutschen Tischgesellschaft ausgeführt, dass man die Juden, „diese von den ägyptischen Plagen übriggebliebenen Fliegen ... überall mit Ekel, Humanität, Hasenpelzen und Weissfischen genugsam einfangen" könne.

Äußerungen führender Intellektueller und antijüdische Schriften verfehlten nicht ihre Wirkung. Im August 1819 brachen in verschiedenen Städten von Würzburg bis Hamburg Pogrome aus, die an mittelalterliche Verfolgungen erinnerten.

oben: „Hepp! Hepp!", Kupferstich von Johann Michael Voltz, 1819

unten: Judenfeindlicher Flugzettel aus Hamburg, 1819

Unter dem Ruf „Hepp! Hepp!" und „Jude, verreck!" plünderte der Mob jüdische Häuser und Geschäfte. Auch die rechtliche Stellung der Juden kam zu einem Stillstand, manche Rechte wurden ihnen wieder genommen. So durften sie in Preußen durch eine Verordnung von 1812 nicht mehr Lehrer, Professoren oder andere Staatsbeamte werden. Die neuerlichen Restriktionen riefen aber auch Widerstand hervor und ließen die Diskussion über die „Judenfrage", die politische und rechtliche Gleichstellung, wieder aufflammen.

oben: *Ehrenmedaille für Gabriel Riesser, Bronze, 1836*

rechts: *Deckelpokal der rheinischen Juden für den Bankier Abraham Oppenheim (1804–1878) aus Köln, den er 1847 als Geschenk für sein Engagement im Ersten Vereinigten Landtag erhielt*

Revolution 1848

Im Kampf um Freiheit, Bürgerrechte und nationale Einheit engagierten sich in der bürgerlichen Revolution 1848 zahlreiche Juden. Dem ersten frei gewählten Parlament, der Nationalversammlung in der Frankfurter Paulskirche, gehörten im Mai 1848 neun jüdische Abgeordnete an. Der politisch gemäßigte Hamburger Jurist Gabriel Riesser war zeitweilig ihr Vizepräsident. Fest davon überzeugt, dass es möglich sei, zugleich Jude und Deutscher zu sein, setzte Riesser auf einen deutschen Nationalstaat: „Bietet mir mit der einen Hand die Emancipation, auf die alle meine innigen Wünsche gerichtet sind, mit der anderen die Verwirklichung des schönen Traums von der politischen Einheit. Ich würde ohne Bedenken die letztere wählen; denn ich habe die feste, tiefste Überzeugung, das in ihr auch jene enthalten ist." Als er weder Privatdozent an der Universität Heidelberg werden noch die Zulassung als Anwalt in Hamburg erhalten konnte, gründete er eine Zeitschrift mit dem provokativen Titel *Der Jude*, in der er die Debatten um die Rechte der Juden in den deutschen Parlamenten kommentierte. 1860, wenige Jahre vor seinem Tod, wurde er in Hamburg zum Obergerichtsrat ernannt und war damit der erste Jude in Deutschland, der ein Richteramt bekleidete. Riessers Einsatz war es zu verdanken, dass die 1849 verabschiedete demokratische Verfassung in Paragraph 16 der „Grundrechte des deutschen Volkes" die

„Die *Wahrheit*, so lehrt die Geschichte, ist niemals den Staaten nachtheilig gewesen, wohl aber das *Verhüllen* derselben. Nicht der freimüthige Schriftsteller, nur die *Verfolgung* desselben hat von jeher den Regierungen Gefahr gebracht.“

JOHANN JACOBY

entscheidende Klausel enthielt: „Durch das religiöse Bekenntnis wird der Genuss der bürgerlichen und staatsbürgerlichen Rechte weder bedingt noch beschränkt.“ In weiteren Staaten wurden in den folgenden Wochen ähnliche Gesetze zur Gleichstellung verkündet. Doch die Revolution scheiterte, die progressive Verfassung wurde nicht umgesetzt.

Als Riessers „Glaubens- und Leidensgenosse“ sah sich der Königsberger Arzt Johann Jacoby (1805–1877), der eine zentrale Rolle in der demokratischen Bewegung in Deutschland spielte. Für Jacoby war die Gleichstellung aller Juden eine „heilige Pflicht“, aber nur als Teil des allgemeinen Freiheitskampfes zu verwirklichen. „Wie ich selbst Jude und Deutscher zugleich bin“, schrieb Jacoby, „so kann in mir der Jude nicht frei werden ohne den Deutschen und der Deutsche nicht ohne den Juden; wie ich mich selbst nicht trennen kann, ebenso wenig vermag ich die Freiheit des einen von dem anderen zu trennen.“ Seine Flugschrift von 1841, in der er das Programm der demokratischen Opposition in Preußen zusammengefasst und die Einlösung des Verfassungsversprechens angemahnt hatte, trug ihm eine Verurteilung zu drei Jahren Festungshaft ein; wenige Jahre später wurde er für seine Forderung nach Einberufung einer Gesamtvertretung des deutschen Volkes erneut verhaftet. Enttäuscht über das Scheitern der Paulskirchenversammlung schloss sich Jacoby schließlich der Sozialdemokratie an.

„Endlich im sicheren Hafen“

„Alle noch bestehenden, aus der Verschiedenheit des religiösen Bekenntnisses hergeleiteten Beschränkungen der bürgerlichen und staatsbürgerlichen Rechte werden hierdurch aufgehoben“, beschloss der Reichstag des Norddeutschen Bundes am 3. Juli 1869. Nach dem Scheitern der Revolution von 1848 stellte dieses Gesetz erneut einen Durchbruch dar. Als Bismarck zwei Jahre später die deutschen Länder unter Preußens Führung ‚einigte‘, wurde seine Geltung auf das gesamte neue Deutsche Reich ausgedehnt. „Endlich“, schrieb der jüdische Politiker Raphael Kosch, „sind die Juden in den sicheren Hafen eingelaufen.“

Die formale Gleichstellung war damit endlich, nach langem Vor und Zurück, erreicht. Die Jahre 1848 und 1869/1871 läuteten für die Juden eine neue Zeit ein: Zahlreicher und prominenter in der Politik vertreten als je zuvor, zogen sie nun als gewählte Abgeordnete in die Parlamente ein.

Dankadresse der rheinischen Juden an Abraham Oppenheim, 1847

Minjan oder Jahrzeitandacht eines jüdischen Soldaten nach der Schlacht bei Wörth, Holzstich nach einem Gemälde von Moritz Daniel Oppenheim, 1870. Ein jüdischer Soldat betet mit Kameraden am Todestag seines Vaters.

Moritz Elstätter, der langjährige Finanzminister von Baden, wurde als erster bekennender Jude Regierungsmitglied.

Die beiden bedeutendsten deutsch-jüdischen Politiker der liberalen Ära waren Eduard Lasker (1829–1884), ein überzeugter Preuße, und der aus Mainz stammende Ludwig Bamberger (1823–1899). 1848 gehörten beiden zum radikalen Flügel der demokratischen Bewegung. Bamberger war wegen seiner Teilnahme am pfälzischen Aufstand sogar in Abwesenheit zum Tode verurteilt worden und hatte fliehen müssen; 1868 kehrte er nach fast zwanzigjährigem Exil als erfolgreicher Bankier zurück. Seit den 60er Jahren unterstützten beide mit der Nationalliberalen Partei Bismarcks Ziel der Reichseinheit. Lasker entwarf 1866 ihr Parteiprogramm und wirkte maßgeblich an der Ausarbeitung eines neuen Bürgerlichen Gesetzbuches mit. Bamberger, einer der ersten Direktoren der Deutschen Bank, erwarb sich bei der Schaffung eines einheitlichen Finanzsystems Ver-

dienste. Beide stimmten 1878 für Bismarcks Reichsgesetz „wider die gemeingefährlichen Bestrebungen der Sozialdemokratie". Lasker bereute diesen Schritt später, denn das so genannte Sozialistengesetz bedeutete das Ende des Liberalismus. Bismarck gab die Freihandelspolitik auf. Bamberger, engagierter Befürworter des Freihandels, dem er „Fortschritt, Frieden, Freiheit" zurechnete, und Lasker wurden nicht wiedergewählt.

Bismarcks Kehrtwendung signalisierte das Ende der kurzen liberalen Phase. Sie verhalf den konservativen Kräften zu gesellschaftlichem Einfluss, die darauf aus waren, wie die *Allgemeine Zeitung des Judentums* schrieb, „gründlich die Principien des Mittelalters ... wieder zur Geltung zu bringen".

Der moderne Antisemitismus

Schon die Vertreter antimoderner Tendenzen innerhalb der Romantik hatten die säkulare Gesellschaft, den liberalen Staat, die geldgestützte Wirtschaft bekämpft. Die jüdische Bevölkerung wurde aufgrund ihrer abweichenden Berufsstruktur mit diesen Errungenschaften der Moderne identifiziert, und zwar umso heftiger, je mehr wirtschaftliche Not und soziale Umwälzungen seit den 70er Jahren des 19. Jahrhunderts die Enttäuschung über die unerfüllten Versprechen des Liberalismus nährten. Der aufkommende „Antisemitismus" popularisierte diese Haltung nun rasch in breiten Bevölkerungskreisen. Im Gegensatz zum christlichen Antijudaismus wurden die Juden nicht als Religionsgemeinschaft, sondern als „Rasse" angefeindet.

Mit dem Hofprediger Adolf Stoecker, von Kaiser Wilhelm I. 1874 nach Berlin berufen, wurde der Antisemitismus zur politischen Bewegung. Stoecker war ein geschickter Redner, der die Massen anzog, und, mit gleichsam offizieller Autorität von Thron und Altar ausgestattet, erheblichen Einfluss auf die konservative Gesellschaft ausübte. Er gründete die Christlich-Soziale Arbeiterpartei (später Christlich-Soziale Partei), die eine große Anhänger-

schaft im Mittelstand und bei der ländlichen Bevölkerung fand.

Mit Ausnahme der Sozialdemokratie, die sich
auf ihrem Parteitag 1891 unter August Bebel entschieden vom Antisemitismus distanzierte, ließ sich
das antijüdische Ressentiment am Ausgang des Jahrhunderts in nahezu allen gesellschaftlichen Milieus
finden: im politischen Katholizismus ebenso wie im
protestantischen Bürgertum, unter den Studenten
wie bei den Landwirten, in Kunst und Kultur wie im
Handlungsgehilfenverband.

Nachdem der Historiker Heinrich von
Treitschke, der einflussreichste Vertreter der natio-
naldeutschen Geschichtswissenschaft, in den
Preußischen Jahrbüchern die Formel „Die Juden
sind unser Unglück" geprägt hatte, wurde der
Antisemitismus auch in akademischen Kreisen
salonfähig. Treitschke half, den Antisemitismus als
Lehrmeinung zu sanktionieren. „Was er sagte, war
damit anständig gemacht", konstatierte sein ent-
schiedener Gegner, der Althistoriker Theodor
Mommsen, der zusammen mit Rudolf Virchow,
Rudolf von Gneist, Johann Droysen und 76 anderen
Wissenschaftlern 1881 eine Schrift zur Verteidigung
des Judentums verfasste. Widerstand kam auch von
jüdischer Seite. 1893 gründete Raphael Löwenfeld

(1854–1910) in Berlin den Central-Verein deutscher
Staatsbürger jüdischen Glaubens, der die Abwehr
des Antisemitismus zum Ziel hatte. Der Vereins-
zweck bestand darin, „die deutschen Staatsbürger
jüdischen Glaubens ohne Unterschiede der religiösen und politischen Richtung zu sammeln, um sie in
der tatkräftigen Wahrung ihrer staatsbürgerlichen
und gesellschaftlichen Gleichstellung sowie in der
unbeirrbaren Pflege deutscher Gesinnung zu
bestärken".

Albertine Mendelssohn-Bartholdy,
geb. Heine als Braut,
Gemälde von August Theodor
Kaselowsky, 1835

Tradition und Wandel – Der Leb

Wie in anderen Religionen gibt es auch im Judentum einen religiösen Lebenszyklus. Wichtige Lebensstationen wie Geburt, Erwachsenwerden, Familiengründung und Tod werden mit einer speziellen Zeremonie markiert, die das private Ereignis in die Gemeinschaft einbindet.

Brit Mila

Jude ist, wer von einer jüdischen Mutter geboren wurde oder gemäß den halachischen Vorschriften zum Judentum konvertiert ist. Als Zeichen des Bundes mit Gott gilt die *Brit Mila*, die Beschneidung, durch die das männliche Kind in die Gemeinschaft Israels aufgenommen wird. Sie erfolgt in der Regel am achten Tag nach der Geburt, da, laut der Tora, Abraham seinen Sohn Isaak am achten Tag beschnitten hat. Am Tag der Brit Mila erhält der Neugeborene seinen Namen, der Name des Mädchens wird anlässlich des ersten Schabbat-Gottesdienstes nach der Geburt in der Synagoge verkündet.

Bar und Bat Mizwa

„Ein Fünfjähriger ist reif für die Bibel, ein Zehnjähriger für die Mischna, ein Dreizehnjähriger für die Erfüllung der Gebote" (Sprüche der Väter 5, 24). Mit Vollendung des 13. Lebensjahres wird der jüdische Junge mündig, ein *Bar Mizwa*, Sohn der Gebote. Er ist nun vollwertiges Mitglied der Gemeinde mit allen Rechten und Pflichten, die das Religionsgesetz festlegt. Zum ersten Mal wird er beim Minjan, der Versammlung von zehn Männern, die zur Ausübung eines Gottesdienstes anwesend sein müssen, mitgezählt.

Mädchen werden bereits mit Vollendung des 12. Lebensjahres religionsmündig. Früher wurde von Mädchen erwartet, dass sie mit der Haushaltsführung und vor allem der Kaschrut und den halachischen Vorschriften vertraut waren, die sich auf das Haus und die Familie beziehen. Seit dem 19. Jahrhundert gibt es im Kreise der Reformgemeinden auch eine Feier für Mädchen, die *Bat Mizwa* heißt, Tochter der Gebote.

Oblate mit Darstellung der Lebensstufen, vermutlich Berlin, 1909

Van Stufe zu Stufe.

Hochzeitsbaldachin (Chuppa) von Saskia Weishut-Snapper, aus handbemalten und bestickten, historischen und zeitgenössischen Textilien, Amsterdam, 2001

...szyklus

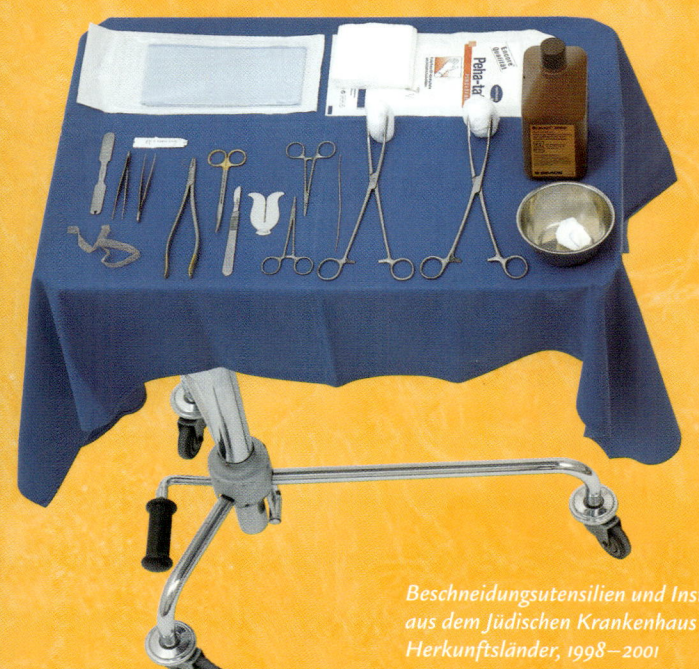

Beschneidungsutensilien und Instrumententisch
aus dem Jüdischen Krankenhaus Berlin, verschiedene
Herkunftsländer, 1998–2001

Hochzeit

Ehe und Familie besitzen einen hohen Stellenwert im Judentum, wie schon der Wunsch zum Ausdruck bringt, den man dem Säugling mit auf den Weg gibt: „Möge er zur Tora, zur *Chuppa* und zu guten Taten heranwachsen." Heirat und Kinder gehören zur natürlichen und gottgewollten Lebensordnung. Am Hochzeitstag selbst fastet das Paar bis nach der Zeremonie, um sich würdig auf die Ehe vorzubereiten. Die Trauung wird meist von einem Rabbiner ausgeführt. Sie kann überall gefeiert werden, in der Synagoge oder im Freien. Zwei männliche Zeugen müssen zugegen sein.

Bei der Trauung steht das Paar unter der Chuppa, einem Traubaldachin, der das Heim des Paars symbolisiert und selbst zum Symbol der Hochzeit geworden ist, weshalb man Hochzeit auf Hebräisch auch „Chuppa" nennt. Im ersten Teil der Zeremonie (Verlobung) spricht der Rabbiner den Segen über den Wein, von dem das Paar trinkt. Dann folgt der eigentliche Rechtsakt: Der Bräutigam schenkt der Braut den Ehering und spricht die Antrauungsformel, der Rabbiner verliest die *Ketubba*, den Ehevertrag. Darauf erfolgt der zweite Teil, die Trauung. Sieben Segenssprüche werden gesagt, wieder trinkt das Paar Wein, und dann zertritt oder zerschlägt der Bräutigam ein Glas, um auch in dem Moment des größten persönlichen Glücks an die Zerstörung des Tempels zu erinnern.

Tod und Beerdigung

Seit dem Mittelalter hat fast jede Gemeinde eine *Chewra Kaddischa* (Heilige Vereinigung). Diese Beerdigungsbruder- oder -schwesternschaft hat die Aufgabe, Kranke zu besuchen, Sterbende zu begleiten und nach dem Tod für eine würdige Bestattung zu sorgen. Jüdische Beerdigungen sind betont schlicht, der Sarg besteht aus einfachen Brettern – im Tod sind alle Menschen gleich, ob sie im Leben arm oder reich waren. Wegen der traditionellen Vorstellung von der Auferstehung der Toten wird die Erdbestattung gefordert. Aus demselben Grund sind jüdische Friedhöfe auf ewig angelegt und haben Namen wie „Haus des Lebens" oder „Haus der Ewigkeit". Die Beerdigung soll eigentlich noch am Tag des Todes, spätestens am nächsten Tag erfolgen.

*Rabbiner Anton Nehemia Nobel vor der Synagoge
am Börneplatz in Frankfurt am Main, um 1915*

„… zu großen Schöpfungen"

Die Entstehung des modernen Judentums

Im Verlauf der europäischen Aufklärungsbewegung begannen die Juden, eigene Traditionen mit einem neuen Blick zu betrachten. Gleichzeitig wuchs der Wunsch, sich in die deutsche Gesellschaft zu integrieren – althergebrachte Denkweisen und Bräuche erschienen vielen dabei als Hindernis. Reformen wurden notwendig, auch um den Übertritt zum Christentum, mit dem manche liebäugelten, zu verhindern. Rabbiner und Theologen, Wissenschaftler und Philosophen erprobten im Laufe des 19. Jahrhunderts neue Formen des Judentums, die den veränderten Bedürfnissen und Lebensumständen der jüdischen Bevölkerung und den Erwartungen der christlichen Umwelt entsprachen. Sie verbanden auf unterschiedliche Weise jüdische Traditionen mit Elementen der sie umgebenden Kultur und füllten sie mit neuem Leben. Das moderne deutsche Judentum, das nun entstand, wurde schließlich zum Vorbild für jüdische Gemeinschaften in anderen Ländern der Welt.

Leopold Zunz, Gemälde eines anonymen Künstlers, um 1875

Wissenschaft des Judentums

Unter dem Eindruck der „Hepp-Hepp"-Unruhen schloß sich Ende 1819 eine Gruppe junger Männer im Verein für Cultur und Wissenschaft der Juden zusammen. Zu seinen Gründungsmitgliedern gehörten der Jurist und Hegel-Schüler Eduard Gans (1798–1839), der sich 1825 taufen ließ, um eine Professur an der Berliner Universität anzunehmen, und der Rabbiner und Philologe Leopold Zunz (1794–1886), der zum wichtigsten Vertreter der Wissenschaft des Judentums wurde. Auch Heinrich Heine trat dem Verein bei. Die jungen Intellektuellen wandten sich dem Studium der jüdischen Geschichte und ihrem Platz in der Weltgeschichte zu – ein

Einem Abtrünnigen

O des heilgen Jugendmutes!
O, wie schnell bist du gebändigt!
Und du hast dich, kühlern Blutes
Mit den lieben Herrn verständigt.

Und du bist zu Kreuz gekrochen,
Zu dem Kreuz, das du verachtest,
Das du noch vor wenig' Wochen
In den Staub zu treten dachtest!

O, das tut das viele Lesen
Jener Schlegel, Haller, Burke –
Gestern noch ein Held gewesen,
Ist man heute schon ein Schurke.

HEINRICH HEINE (1797–1856)
Dieses Gedicht schrieb Heinrich Heine unter dem Eindruck des Übertritts seines Freundes Eduard Gans zum Christentum. Heine selbst war kurze Zeit vorher konvertiert. Das Gedicht fand sich in Heines Nachlass, es ist unwahrscheinlich, dass es Gans bekannt war.

hohes Ziel, verbunden mit der Hoffnung, ein Judentum ausfindig zu machen, mit dem sie sich wieder identifizieren könnten und das einen Platz in der europäischen Gesellschaft verdiente.

Der Verein löste sich 1824 auf, weder hatte er ausreichende Unterstützung bei der Jüdischen Gemeinde finden noch sich gegen den wachsenden Druck von außen behaupten können. Zunz entwickelte das Konzept der Wissenschaft des Judentums weiter. Ihr erstes bedeutendes Werk, Zunz' 1832 erschienene Schrift „Die gottesdienstlichen Vorträge der Juden, historisch entwickelt", befasste sich mit einem zentralen Thema der Reformdebatte. Sie widerlegte den Standpunkt der orthodoxen Rabbiner wie der preußischen Regierung, dass die deutsche Sprache im jüdischen Gottesdienst nicht zulässig sei. Ein wichtiges Projekt der Wissenschaft des Judentums war die Erstellung einer jüdischen Enzyklopädie, an der Zunz mitwirkte. Ein solches Werk „über jüdische Sachen", schrieb er 1841 an den Herausgeber Bernhard Beer, erfordere Zeit: „... so sollten die Kräfte sich erst concentrieren zu großen Schöpfungen".

Reform des Gottesdienstes

Die Reformbemühungen konzentrierten sich seit Beginn des 19. Jahrhunderts auf den Gottesdienst. Man wünschte sich mehr Ordnung, Würde und Feierlichkeit in der Synagoge und orientierte sich dabei an protestantischen Vorbildern. Einen der ersten Versuche, eine reformierte Andacht ins Leben zu rufen, unternahm das Königlich Westfälische Konsistorium der Israeliten in Kassel, wo die Juden unter der Regierung von Napoleons Bruder Jerome die Bürgerrechte erhalten hatten. Das Konsistorium hatte sich zur Aufgabe gemacht, die innere Reform der Juden und damit ihre gesellschaftliche Integration voranzutreiben.

Tora-Aufsätze, Berlin, um 1763, Silber

Israel Jacobsohn, Gemälde von Georg Friedrich Adolph Schöner, um 1820

Sein Präsident wurde Israel Jacobson (1768–1828), ein wohlhabender Bankier und Kämpfer für die Emanzipation, der 1801 in dem kleinen Ort Seesen im Harz eine jüdische Reformschule gegründet hatte. 1810 gliederte Jacobson seiner Schule eine Synagoge an, den so genannten Jacobstempel. Hebräische und lateinische Bibelverse in den Portalgiebeln deuteten auf die Gemeinsamkeiten von Christentum und Judentum hin. Auf dem Dach schlug ein kleiner Glockenturm die Stunde. Die Gottesdienste wurden hier zum ersten Mal von Chorgesang, deutschen Chorälen und Orgelmusik begleitet. Viele Gebete, die traditionell von der ganzen Gemeinde gesprochen wurden, wies man ausschließlich dem *Kantor* zu. Jacobson führte eine deutsche

Predigt ein, die weniger der Belehrung als der Erbauung dienen sollte, und eine Konfirmationszeremonie für Jungen und Mädchen. Vor allem an der Einführung der Orgelmusik, von der Orthodoxie als Verchristlichung des Gottesdienstes abgelehnt, entzündeten sich bald hitzige Diskussionen.

Jacobson leitete den Einweihungsgottesdienst in seinem Tempel selbst. Im Schlußgebet gab er seiner Hoffnung auf eine Annäherung von Christentum und Judentum Ausdruck: „Vor allem aber laßt uns lebhaft erkennen, daß wir mit allen Bekennern andrer Gotteslehren Brüder sind, ... Brüder endlich, welche unter deiner Führung einem gemeinschaftlichen Ziele entgegenwandeln, und zuletzt ... sich auf demselben Pfade begegnen werden."

Als das Königreich Westfalen und mit ihm das Konsistorium der Israeliten 1813 aufgelöst wurde, ging Jacobson nach Berlin. Dort richtete er 1815, anläßlich der Bar Mizwa seines Sohnes, in seinem Wohnhaus einen Gottesdienst nach Seesener Muster ein. Der Andrang war so groß, dass die Synagoge bald in das geräumigere Haus des Zuckerfabrikanten Jakob Herz Beer (1769–1825), Vater des Komponisten Giacomo Meyerbeer, verlegt werden musste. Im Dezember 1823 wurde der Beersche Tempel, in dem auch Leopold Zunz predigte, auf Befehl des preußischen Königs geschlossen. Bei der Regierung waren Beschwerden orthodoxer Gemeindemitglieder eingegangen, die daraufhin in einer „Allerhöchsten Kabinets-Ordre" jede Änderung des jüdischen Gottesdienstes in Form und Sprache untersagte. Damit war den Reformbemühungen in Preußen vorerst ein Ende gesetzt.

Religiöse Positionen

In den 1830er Jahren begannen akademisch gebildete Rabbiner, Entwürfe zur Erneuerung der jüdischen Religion auszuarbeiten. Unterschiedliche Positionen zwischen Reform und Orthodoxie bildeten sich heraus, deren Vertreter und Anhänger heftige Kontroversen untereinander austrugen.

Tora-Schild von Casimir Ernst Burcky, Berlin, um 1796, Silber

Der wichtigste Repräsentant der jüdischen Reformbewegung, Abraham Geiger (1810–1874), sah im Judentum eine lebendige Religion, die sich veränderte und weiterentwickelte. Wo es nötig erschien, sollten alte Formen durch neue ersetzt werden. Geiger wandte sich – auch aus emanzipationspolitischen Gründen – deutlich gegen die nationalen Elemente der jüdischen Messiashoffnung: „Das Judentum ... muß von allen volkstümlichen Elementen ... gesondert werden; ... wir bekennen vielmehr, daß wir dem Lande, in dem wir leben, innigst als unserem Vaterlande angehören."

Für die Breslauer jüdische Gemeinde brachte Geiger 1854 ein Gebetbuch heraus, das zur Grundlage für die meisten in Deutschland gebräuchlichen liberalen Gebetbücher wurde. Alle Stellen, die auf die Rückkehr nach Zion, die Hoffnung auf einen persönlichen Messias und den Opferdienst im Jerusalemer Tempel hinwiesen, hatte er umgeschrieben oder gestrichen. Sein Amt als Rabbiner in Breslau hatte Geiger 1840 nur gegen den erbitterten Widerstand des orthodoxen Oberrabbiners Salomon Tiktin antreten können, der sich sogar an den Breslauer Polizeipräsidenten gewandt hatte, um die Wahl Geigers für ungültig erklären zu lassen. Der Streit zwischen der liberalen und der orthodoxen Fraktion in der Gemeinde wurde schließlich durch die Einrichtung von zwei getrennten Kultuskommissionen beendet, die in der Wahl ihrer Rabbiner, in der Gestaltung der Gottesdienste und des Religionsunterrichts freie Hand hatten.

Samson Raphael Hirsch (1808–1888), Geigers Gegenspieler und Bonner Studienfreund, begründete eine moderne Orthodoxie. Die Neo-Orthodoxie war darum bemüht, die Emanzipation und Aneignung allgemeiner Bildung mit dem traditionellen Judentum in Einklang zu bringen. Zwischen jüdischer Tradition und moderner Kultur sah Hirsch keinen Widerspruch, im Gegenteil: Gerade die Erfüllung der Gebote und das Vorleben der göttlichen Lehre sei die Mission Israels in der Welt. Hirschs

Abraham Geiger, postumes Porträt von Lesser Ury, um 1907

„Ich liebe Deutschland, trotzdem, dass mich, den Juden, dessen Staatseinrichtungen verstoßen. Fragt die Liebe nach einem Grund? Ich fühle mich mit seiner Wissenschaft, mit seinem ganzen Ernste verwebt, und wer wird den Nerv seines Daseins ungestraft durchschneiden?"

ABRAHAM GEIGER

Deckelpokal mit Widmung an Rabbiner Dr. Wolff, Silber, teilvergoldet, von Wilhelm Heinicke, Berlin, datiert laut Inschrift 1857

Religionsgesellschaft gründete eigene Schulen, in denen neben religiösen auch weltliche Fächer unterrichtet wurden. In den Gottesdienst führte Hirsch eine deutsche Predigt und Chorgesang ein, die Rabbinerrobe, die er trug, unterschied sich kaum von der seiner liberalen Kollegen. Gegner dieser Neuerungen diffamierten Hirschs Position als „Schinkenorthodoxie". Doch waren es gerade diese Änderungen im Zeremoniell, die das traditionelle Judentum für viele wieder zugänglich machten. Zu den Mitgliedern der Israelitischen Religionsgesellschaft gehörten so angesehene und wohlhabende Bürger der Stadt wie die Bankiersfamilie Rothschild.

Mit Unterstützung des liberalen jüdischen Abgeordneten Eduard Lasker setzte Hirsch 1876 im Preußischen Landtag das so genannte Austrittsgesetz durch, das es Juden ermöglichte, aus ihrer Ortsgemeinde auszutreten und sich einer Separatgemeinde anzuschließen, ohne ihre Zugehörigkeit zum Judentum zu verlieren. Doch zu Hirschs bitterer Enttäuschung tat die Mehrzahl der Mitglieder seiner Gemeinde diesen Schritt nicht – sie zogen es vor, neben ihrer Mitgliedschaft in der Israelitischen Religionsgesellschaft weiterhin der Hauptgemeinde anzugehören.

Zacharias Frankel (1801–1875), der in Prag aufgewachsen war und in Pest in Ungarn studiert hatte, wurde zum Vordenker der konservativen oder „positiv-historischen" Richtung im deutschen Judentum. Er lehnte die radikale Reform ebenso ab wie einen starren Traditionalismus und wurde so zum „Mann der rechten Mitte". Er befürwortete moderate Neuerungen, sofern sie sich aus dem Judentum selbst heraus legitimieren ließen. In seinem programmatischen Aufsatz „Über Reformen im Judenthume" schrieb er 1844: „Aussöhnung des Glaubens mit dem Leben, Fortschritt innerhalb des Glaubens, Erhaltung und Veredelung, Regeneration des Judenthums aus und durch sich selbst; dieses ist der Kreis, in welchem die Bestrebungen sich bewegen müssen: was über diesem hinausliegt, hat aufgehört Juden-

Losung lautete „Tora im Derech Erez", die Verbindung eines toratreuen Lebens mit der aktiven Teilnahme an der deutschen Kultur, Wirtschaft und Gesellschaft.

Im August 1851 trat Hirsch, ein mitreißender Redner, sein Amt als Rabbiner der Israelitischen Religionsgesellschaft in Frankfurt am Main an. Ihre Mitglieder hatten sich zusammengeschlossen, da sie sich in der von Reformanhängern dominierten Hauptgemeinde an den Rand gedrängt fühlten. Die

thum zu sein; wem auch dieser Kreis zu weit ist, der ziehet Stagnation und Auflösung dem Leben und Wirken vor."

1836 wurde Frankel zum Oberrabbiner in Dresden berufen, 1854 übernahm er die Leitung des neu gegründeten Jüdisch-Theologischen Seminars in Breslau, der ersten modernen Ausbildungsstätte für Rabbiner. Neu war im Breslauer Seminar das historisch-kritische Studium der nachbiblischen Schriften, das in den traditionellen Talmudschulen nicht üblich war. Neben ihrer siebenjährigen Ausbildung wurde von den Rabbinatskandidaten ein Universitätsstudium verlangt. Die Absolventen des Breslauer Seminars fanden als Rabbiner und Lehrer Anstellung in zahlreichen jüdischen Gemeinden Deutschlands und sorgten so für die Verbreitung von Frankels Ideen. Das Jüdisch-Theologische Seminar wurde zum Vorbild für ähnliche Institutionen in aller Welt, darunter das einflussreiche Jewish Theological Seminary in New York.

„Seit Paulus von Tarsus Tagen hat das Judentum nicht einen solchen inneren Feind erlebt, der

Das Jewish Theological Seminary in New York in den 1940er Jahren

dessen ganzen Bau bis auf die Grundfesten erschütterte", urteilte der Historiker Heinrich Graetz über einen der radikalsten und umstrittensten Vertreter des Reformjudentums: Samuel Holdheim (1806–1860). Holdheim war in der Provinz Posen in orthodoxem Milieu aufgewachsen und erst im Alter von dreißig Jahren mit der Reformbewegung in Berührung gekommen. 1847 führte die Jüdische Reformgemeinde in Berlin unter Holdheims Leitung spektakuläre Neuerungen in ihre Gottesdienste ein: Die meisten Männer beteten ohne Kopfbedeckung, die Frauen saßen nicht auf den Emporen, sondern mit den Männern, nur durch den Mittelgang getrennt, im Synagogenraum, die Gebete wurden fast vollständig auf Deutsch gesprochen, und der Hauptgottesdienst wurde vom Schabbat auf den Sonntag verlegt. Orgelmusik und ein gemischter Chor begleiteten den Gottesdienst.

Modell der Synagoge
in der Glockengasse in Köln
Baumeister:
Ernst Friedrich Zwirner

Für Holdheim hatte das Religionsgesetz jede Verbindlichkeit verloren. Das Judentum sollte sich ganz den religiösen Bedürfnissen der modernen Juden anpassen: „Weil wir unsere väterliche Religion treu und aufrichtig, aber nicht mit leidenschaftlicher Verblendung lieben, sind wir um so inniger und lebhafter von dem Wunsche beseelt ... alles, was als ein fremdes Element ihrem wesentlichen, geistig sittlichen Gehalte nicht zugehört, aus dem unnatürlichen Zusammenhang mit ihr scheiden zu sehen." Doch Holdheims Rigorismus fand auch in Reformkreisen nur wenige Anhänger. Nach seinem Tod versuchten seine Gegner, die Beisetzung auf dem für Rabbiner vorgesehenen Teil des Friedhofs zu verhindern, allerdings ohne Erfolg. Abraham Geiger hielt die Grabrede.

Jüdische Schulen

Die von den Aufklärern David Friedländer und Isaac Daniel Itzig 1778 gegründete Freyschule für jüdische Knaben in Berlin galt als Modell für die moderne jüdische Bildung. Wenige Jahre nach der Verordnung von 1819, die christlichen Schülern den Besuch jüdischer Schulen untersagte, musste sie jedoch schließen. Andere Schulen waren nach ihrem Vorbild entstanden, wie die Königlichen Wilhelmsschule in Breslau oder die Herzogliche Franzschule in Dessau, die auch Mädchen aufnahm und nach den pädagogischen Ideen der christlichen Philanthropisten unterrichtete. Zur berühmtesten jüdischen Schule entwickelte sich das Philanthropin, unter Mithilfe von Mayer Amschel Rothschild in Frankfurt am Main 1804 gegründet, das radikaler als die anderen Schulen mit der traditionellen Erziehung brach und Mitte des 19. Jahrhunderts wieder zu einer Simultanschule wurde, an der jüdische Lehrer und Schüler den christlichen gleichgestellt waren.

Während die liberal akzentuierten Schulgründungen von einer interessierten Öffentlichkeit diskutiert und als positive Beispiele für die Erziehung der Juden zu „nützlichen Staatsbürgern" in

die Emanzipationsdebatte einbezogen wurden, blieben moderne Schulversuche der Orthodoxie von solchem Echo unberührt. Auch sie öffneten sich neuen pädagogischen Konzepten, wie die Hachscharath Zwi, gegründet 1795 in Halberstadt, oder die Talmud-Tora-Schule in Hamburg, die 1805 gegründet wurde.

In der zweiten Hälfte des 19. Jahrhunderts stieg der Anteil der jüdischen Schüler an den städtischen Elementarschulen erheblich, besonderen Zulauf erhielten die Gymnasien und Lyzeen. Von wenigen Ausnahmen abgesehen ging der Besuch jüdischer Schulen durch den Akkulturations- und Assimilationsprozess der deutschen Juden erheblich zurück.

Den unterschiedlichen Konzepten einer jüdischen Erziehungs- und Religionsreform war eines gemeinsam: Ihre Protagonisten teilten die Überzeugung, dass die Teilnahme am politischen und gesellschaftlichen Leben in Deutschland und die Bewahrung der religiösen und kulturellen Eigenart möglich sei. In der Mehrzahl der jüdischen Gemeinden in Deutschland setzten sich schließlich die Reformanhänger durch. Die religiösen Gegensätze, die den innerjüdischen Diskurs im 19. Jahrhundert bestimmt hatten, verloren allmählich an Bedeutung. In der Weimarer Zeit wurden sie von den nicht minder heftig geführten Kontroversen zwischen Liberalen und Zionisten abgelöst.

„Wenn ich nun ... gestehen soll, was mich, die Frau, dazu getrieben hat, Rabbiner zu werden ...: der Glaube an meinen Beruf und meine Liebe zu den Menschen ... So hat ein jeder die Pflicht, ob Mann, ob Frau, nach den Gaben, die Gott ihm schenkte, zu wirken und zu schaffen."

REGINA JONAS (1902–1944)
Sie wurde 1935 als erste Frau der Welt zur Rabbinerin ordiniert.

*ganz links: Blick in die Judengasse in Frankfurt,
um 1860*

*links: Einweihung der Hauptsynagoge in der
Judengasse in Frankfurt am Main,
23. März 1860*

*Hintergrund: Der östliche Teil der Judengasse,
um 1890*

„Zu den ahnungsvollsten Dingen, die den Knaben und auch wohl den Jüngling bedrängten, gehörte besonders der Zustand der Judenstadt, eigentlich die Judengasse genannt, weil sie kaum aus etwas mehr als einer einzigen Straße besteht, welche in früheren Zeiten zwischen Stadtmauer und Graben wie in einem Zwinger mochte eingeklemmt worden sein."

Schwankend zwischen Faszination und Abwehr erinnert sich Goethe an seine Besuche in der überfüllten Judengasse in Frankfurt am Main, an das Gewimmel der Menschen und den fremdartigen Akzent ihrer Sprache. Er begann *Jiddisch* zu lernen, besuchte öfter die Synagoge und wohnte einer Beschneidung, einer Hochzeit und dem Laubhüttenfest, *Sukkot*, bei.

Die Judengasse in Frankfurt

Wie war dieses *Ghetto* entstanden? Frankfurt war lange die einzige Stadt, die Juden auf Dauer duldete. Auf Befehl des Kaisers Friedrich III. mussten die Juden 1462 ihre Quartiere verlassen und zogen in die Häuser „Am Wollgraben" vor der Stadtmauer. Die Messe- und Handelsstadt zog weitere jüdische Familien an, neue Gebäude entstanden, und zu Beginn des 17. Jahrhunderts bestand die Gemeinschaft bereits aus annähernd 3000 Bewohnern. Durch das Verbot, zusätzliche Grundstücke zu kaufen, und die Anordnung, die drei Tore bei Nacht zu schließen, verschlechterten sich die Lebensbedingungen. Die Gasse wurde enger: Man war gezwungen, zu beiden Seiten vierreihig zu bauen und die Gebäude aufzustocken. Vorder- und Hinterhäuser verschachtelten sich so sehr ineinander, dass Fenster und Türen, die übereinander standen, zu verschiedenen Häusern gehören konnten. Aufgrund des Platzmangels wohnten oft mehrere Parteien gemeinsam in einem Haus. Die etwa 400 Meter lange und an ihren engsten Stellen nur drei Meter breite Straße ließ wenig Lichteinfall zu, der Gesundheitszustand der Bewohner war vor allem wegen der unzureichenden sanitären Anlagen immer gefährdet – ansteckende Krankheiten konnten sich schnell verbreiten. Der Dichter Ludwig Börne, der hier aufgewachsen war, vermerkte bedauernd: „Kinder hatten keinen Hofraum, kein Gärtchen im Innern des Hauses, wo sie ihre kindlichen Spiele ausüben konnten."

In seiner Abgeschlossenheit war das Ghetto in Deutschland einzigartig, eine Welt überschaubarer Gegensätze: Arme und Reiche wohnten hier eng beieinander, Familienfeiern und Festtage, Hochzeiten und Beschneidungsfeste sorgten für ein Gefühl der Geborgenheit. Seit 1761 wurden Hausnummern vergeben, die alten Hauszeichen aber, die Namen wie „Gelbe Rose", „Goldene Krone" oder „Zum grünen Schild" trugen und an Stangen über der Straße hingen, blieben.

Das Ende des Ghettos wurde 1796 durch das Bombardement der französischen Truppen eingeleitet, bei dem die Hälfte aller Häuser abbrannte – 1808 fielen die Tore. Wenn auch die jüdische Bevölkerung der christlichen rechtlich noch nicht gleichgestellt war, so verschwanden doch die diffamierenden Regeln und Vorschriften, die das Leben der jüdischen Bevölkerung jahrhundertelang eingeengt hatten. In seiner Predigt zur Einweihung der neuen Hauptsynagoge forderte der Rabbiner Leopold Stein 1860, die „abscheuliche Gasse" abzureißen. 1884 fiel das letzte Gebäude dem Abbruch der Judengasse zum Opfer. Nur das Stammhaus der Bankiersfamilie Rothschild blieb noch erhalten, bis es 1944 durch Bomben zerstört wurde.

Die fünf Brüder Rothschild,
Lithographie nach Gemälden von
Moritz Daniel Oppenheim, 1852

Schuhhaus Leiser in der Friedrichstraße in Berlin,
Postkarte, Ende der 1920er Jahre

Berlin bei Nacht

„Hier leben lass mich!"

Auf dem Weg in die Moderne

Der Zug fuhr in den Anhalter Bahnhof. Berlin war erreicht, ich rief: Eli, Herr der Engel! Hier leben lass mich! Errette meine Seele, auf Dich trau ich!" – derart hoffnungsfroh traf der zwanzigjährige Alfred Kerr 1887 in Berlin ein und gab damit einer Dynamik Ausdruck, die die nichtjüdische und mehr noch die jüdische Bevölkerung in der zweiten Hälfte des 19. Jahrhunderts erfasst hatte. Die aufstrebenden Städte, an erster Stelle Berlin, wurden zum Sinnbild eines neu anbrechenden Zeitalters, einer Ära der Umwälzung aller überkommenen Lebensverhältnisse.

Schon der letzte Schritt zur Emanzipation, die formale Gleichstellung im neuen Deutschen Reich, sowie die inneren Reformen des Judentums hatten sich in einer Phase vollzogen, in der sich die politische Landschaft Mitteleuropas entscheidend veränderte. Die sich nun überall durchsetzenden Tendenzen nationaler Einigung wurden dabei nicht zuletzt von einer wirtschaftlichen und sozialen Wachstumsdynamik begünstigt, die dem Kaiserreich einen unerhörten Aufschwung bescherte: Zwischen 1871 und 1910 wuchs die Bevölkerung von 41 auf 65 Millionen; der Anteil der Menschen, die in Großstädten lebten, verdoppelte sich, ebenso das durchschnittliche Pro-Kopf-Einkommen; Fortschritte in Wissenschaft und Technik revolutionierten den gesellschaftlichen Alltag; neue Fertigungsverfahren begründeten den Massenkonsum; neue Medien und Dienstleistungen trafen auf ein zunehmend interessiertes und zahlungskräftiges Publikum; elektrisches Licht ließ die Städte in bis dahin unbekanntem Glanz erstrahlen und sie zu Magneten für die Menschen aus der ländlichen Umgebung, aber auch aus weiter Entfernung werden.

An der Spitze dieses Modernisierungsprozesses stand seit dem Beginn der Industrialisierung die Stadt Berlin. Durch den raschen Ausbau des Eisenbahnnetzes wurde sie zum Verkehrsknotenpunkt und in der Folge auch zur größten Industriestadt Deutschlands. 1849 noch bei 400 000, hatte die rasant wachsende Einwohnerzahl 1905 die Zwei-Millionen-Marke überschritten. Als 1920 mit umliegenden Städten und Vorortgemeinden Groß-Berlin gegründet wurde, betrug die Zahl über 4 Millionen.

Auch die jüdische Einwohnerzahl Berlins war von etwa 36 000 im Jahre 1871 auf 144 000 im Jahre 1910 stark angewachsen. Damit lebten beinahe ein Viertel aller Juden Deutschlands in der Kaiserstadt. Ihr Anteil an der Berliner Bevölkerung betrug konstant etwa vier Prozent, im gesamten Reich etwa ein Prozent, doch während die Gemeinde in Berlin zunahm, schrumpften andere wichtige Zentren jüdischen Lebens in Deutschland, wie Posen, das im frühen 19. Jahrhundert noch die größte jüdische Gemeinde Preußens war.

Der Prozess der Verbürgerlichung großer Teile des deutschen Judentums war zugleich ein Prozess der Urbanisierung, der zudem früher und tiefgreifender eingesetzt hatte als innerhalb der nichtjüdischen Bevölkerung. Der Aufschwung der

Plakat von Louis Oppenheim für das Bekleidungsgeschäft S. Adam in Berlin, 1910/11.
Fritz Adam begann in den 20er Jahren, Abenteuerfilme auszustatten, nach dem Aprilboykott 1933 emigrierte die Familie nach London. Sein Sohn Ken, 1921 als Klaus Adam in Berlin geboren, führte die Tradition weiter: Filme wie „2001 – Odyssee im Weltraum" und die James Bond-Reihe wurden mit seiner Ausstattung legendär.

Hintergrund: Illustration von Barthold Asendorpf zu Georg Hermanns Roman „Jettchen Gebert" (1906), um 1932: Rückkehr durchs Brandenburger Tor – die Geberts verbrachten den Sommer in Charlottenburg

„Wer dem Werbefilm verfällt, ist verloren für die Welt."

JULIUS PINSCHEWER (1883–1961)
Pionier des Werbefilms

„Nun, nun, was soll geschehen,
wird doch nicht so schlimm sein.
Man wird schon nicht verkom-
men. Berlin ist groß. Wo tausend
leben, wird noch einer leben."

ALFRED DÖBLIN (1878–1957)
„Berlin Alexanderplatz"

großen Städte, allen voran Berlin als Handelszentrum, bot der jüdischen Bevölkerung vielfältige
wirtschaftliche Möglichkeiten. Während 1907 lediglich zwölf Prozent der Gesamtbevölkerung in
Handel und Verkehr tätig waren, zeigt die Statistik
der jüdischen Berufsstruktur hier einen Anteil von
60 Prozent.

    Im späten 19. und im frühen 20. Jahrhundert
setzte sich der soziale Aufstieg eines erheblichen
Teils der jüdischen Bevölkerung fort. Abgesehen von
einer kleinen wohlhabenden Oberschicht und einer
etwas größeren Unterschicht, gehörten Juden in
Stadt und Land dem mehr oder minder gesicherten
Mittelstand an. Der Modernisierungsschub in Berlin, in der Stadt selbst euphorisch als „Aufstieg zur
Weltstadt" begrüßt, vollzog sich unter maßgeblicher
Beteiligung aller Schichten jüdischer Einwohner. Ihr
überdurchschnittlicher Bildungsgrad unterstützte
ihre Teilnahme an der radikalen Erneuerung der
urbanen Strukturen. 1911 waren jüdische Studenten
an den preußischen Universitäten fünfmal stärker
vertreten, als es dem Bevölkerungsanteil der Juden in
Preußen entsprach, jüdische Frauen stellten in Preußen bereits 14 Prozent der weiblichen Studierenden.

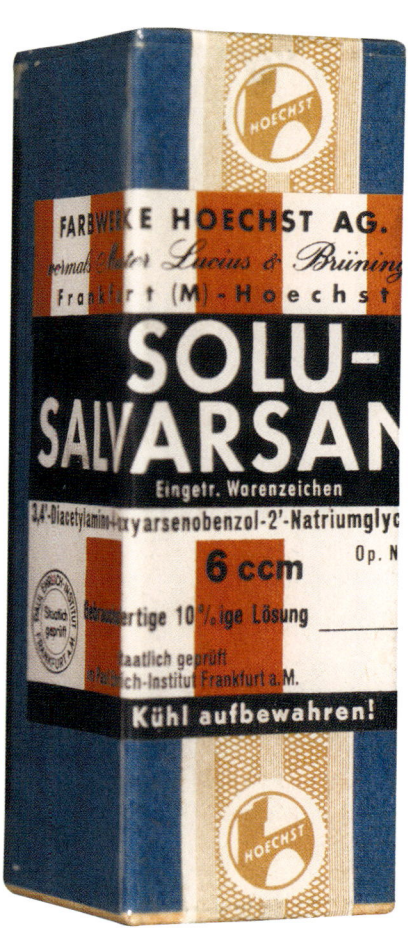

*Salvarsan-Ampullen –
das erste Mittel gegen
Syphilis, entwickelt
von Paul Ehrlich*

    Im krassen Gegensatz zu diesen Tendenzen
sozialen Aufstiegs und der ‚Akademisierung' der
Juden gerade in Berlin stand das starre, konservative
System des Wilhelminismus, das Juden nicht gene-
rell als gleichrangig akzeptierte. Im gesellschaftlichen Umgang wurden bestenfalls individuelle
Ausnahmen zugelassen, der Zugang zu den traditionellen Eliten in Militär, Justiz, und Verwaltung
wurde Juden aber fast ausnahmslos verweigert. Vor
allem die jüngere jüdische Generation, die die rechtliche Gleichstellung schon als selbstverständliche
Voraussetzung ansah, geriet geradezu zwangsläufig
auf den Weg der Modernisierung und Reform, der
Erfindung und Einführung neuer Verkaufs-, Kon-
sum- und Kommunikationsformen, neuer Berufs-
felder, Wirtschaftszweige und Forschungsgebiete.

*Georg Wertheim,
Gemälde von
Emil Orlik, 1930*

Warenwelten

Innovations- und Risikofreudigkeit bewiesen insbesondere die im Waren- und Produktenhandel tätigen jüdischen Kaufleute. Kleine, familiär geführte Einzelhandelsgeschäfte hatten sich vor allem auf den Verkauf von Textilien, Schuhen, Nahrungs- und Genussmitteln spezialisiert. Nun passten sie ihre Betriebe den sich wandelnden Bedingungen an, indem sie ihr Angebot verbreiterten, Filialen eröffneten oder neue Vertriebsformen wie den Versandhandel oder das Warenhausgeschäft entdeckten.

Wie viele andere nutzte auch Georg Wertheim (1857–1939) die Möglichkeiten, die der Weg in die Konsumgesellschaft eröffnete. Mit seinen Brüdern trat er nach Abschluss ihrer Lehre in das kleine Geschäft seiner Eltern Abraham und Ida Wertheim in Stralsund ein. Da es in dem kleinen Laden, der zunächst nur aus einem Raum der elterlichen Wohnung bestanden hatte, keinen Lagerraum gab, mussten die Produkte, die zunächst zu günstigen Konditionen von Verwandten

bezogen wurden, möglichst kurzfristig verkauft werden. Die Gewinnspanne war so niedrig kalkuliert, dass dies nur durch einen großen Absatz auszugleichen war. Die Preise wurden also festgesetzt, nicht, wie bisher üblich, mit den Kunden ausgehandelt. Als weiteres Geschäftsprinzip schafften sie den Kaufzwang für die Kundschaft ab.

Es gelang der Familie Wertheim, das Geschäft zu etablieren. Zunächst bezog man größere Räumlichkeiten und gründete bald darauf eine Filiale in Rostock. 1890 eröffnete Georg Wertheim am Moritzplatz seine erste Berliner Filiale, vier Jahre später ließ er das erste Warenhaus errichten, mit dem ein neuer Gebäudetyp entstand, dem alle weiteren folgten. Mit seinem prachtvollen Lichthof und großzügigen Treppenaufgängen wurde das 1897/98 an der

*Handschuhe und Rechnungen aus dem
Kaufhaus Wertheim*

Wertheim
Es sinken wie im Lichtfontänenfall
Im Messelbau Brokat- und Seidenstreifen,
Erwartend einen buntumklung'nen Ball
Und ringeln sich in Arabeskenschleifen.

Die Dame sagt: Dies Muster ist apart.
Verkäufer beugen sich zum Boden nieder
Und steh'n, in Dienstbereitschaft schier erstarrt.
Die Dame sagt: ich komme wieder. –

KARL SCHÖNBERG

Leipziger Straße nach Entwürfen von Alfred Messel gebaute Warenhaus Wertheim zu einem Wahrzeichen des modernen Berlin. Die meisten und größten dieser neuen ‚Tempel des Konsums‘ mit mondäner Ausstattung, die vor allem in Berlin, aber auch in München, Nürnberg, Chemnitz oder Düsseldorf entstanden, sind mit den Namen Wertheim und Hermann Tietz, später auch Salman Schocken verbunden. Adolf Jandorfs 1907 eröffnetes und noch heute legendäres Kaufhaus des Westens (KaDeWe) war das damals größte und eleganteste Warenhaus in Deutschland, mit ihm setzte sich die aufkommende Konsumgesellschaft ihr eigenes Denkmal.

Foto einer unbekannten Frau aus dem Schnellfoto-Automaten bei Wertheim, Berlin, um 1925

Innenansicht des Kaufhauses Wertheim in Berlin, Leipziger Straße, um 1913 – die Skulptur „Allegorie der Arbeit" im Lichthof wurde liebevoll ‚Frau Wertheim‘ genannt

„Ein Land wird modernen Wirtschaftsformen erschlossen, ein Eisenbahnnetz wird errichtet, eine umwälzende Erfindung der praktischen Verwertung zugeführt ... Wie wenige machen sich wohl klar, daß zu alledem nicht nur technischer Erfindungsgeist, Organisationstalent, menschliche Arbeit und politische Unterstützung gehören, sondern auch ein schaffender und ordnender finanzieller Geist.“

CARL FÜRSTENBERG (1850–1933)

Unternehmerische Initiative

Auch in kapitalintensiven Transportunternehmen wurden Juden zu Wegbereitern der Moderne. 1870 gründete Wilhelm Kunstmann die größte Reederei Preußens in Stettin. Eduard Arnhold versorgte mit seiner Flotte von Kohlenschleppern die Berliner mit oberschlesischer Kohle, und als Generaldirektor machte Albert Ballin (1857–1918) die Hamburg-Amerika Paketfahrt AG (Hapag) zur wichtigsten Transatlantiklinie und größten Reederei der Welt, mit deren Schiffen Millionen von Auswanderern den Weg nach Übersee antraten. Als Sohn eines einfachen Auswanderungsagenten geboren, ergriff Ballin die Chance, die das Geschäft mit der Migration bot. Handelspolitische Überlegungen und Offenheit gegenüber technischen Innovationen waren sein Erfolgsrezept. Als einer von wenigen so genannten Kaiserjuden beriet er Wilhelm II. in Wirtschaftsfragen.

Die prominenteste jüdische Berufsgruppe bildeten zweifellos die Bankiers, denen im Rahmen des Industrialisierungsprozesses wegen des steigenden Finanzbedarfs eine zentrale Rolle zufiel. Bedeutung und Einfluss der privaten Bankhäuser nahmen jedoch stetig ab. Hatte etwa Gerson von Bleichröder (1822–1893) als Bankier Bismarcks und des Deutschen Reiches noch eine ökonomisch und politisch wichtige Rolle gespielt, so traten nun Aktiengesellschaften mit ihrem immensen Kapitalaufkommen als Finanziers und Akteure im Aufbau einer modernen Wirtschaft in den Vordergrund. Auch hier waren jüdische Persönlichkeiten als Gründungsväter und

Modell des Schnelldampfers „Imperator“, 1912
links: Albert Ballin und Kaiser Wilhelm II., um 1914

Emil Rathenau an seinem Schreibtisch, um 1910

leitende Angestellte maßgeblich beteiligt. So ging die Dresdner Bank 1872 aus der jüdischen Privatbank Michael Kaskel hervor. Die damaligen Inhaber, Carl und Felix von Kaskel, hatten sich gemeinsam mit 13 weiteren Bankiers und Anlegern von Eugen Gutmann (1840–1925) überzeugen lassen, eine Aktiengesellschaft zu gründen. Gutmann, dessen Namen heute das zentrale Bankgebäude der Dresdner Bank AG am Pariser Platz in Berlin trägt, wurde leitender Direktor der Dresdner Bank, der er bis 1920 verbunden blieb. Als einer der ersten Bankdirektoren in Deutschland betrieb Gutmann die Gründung zahlreicher Filialen und entwickelte das Privatkundengeschäft: „Auch der kleinste Beamte, ja jedes Dienstmädchen muß ein Depositenkonto haben."

Finanziert von der Berliner Handelsgesellschaft, einer Aktienbank, der Carl Fürstenberg vorstand, wollte der Unternehmer Emil Rathenau

(1838–1915) den Lebensstandard der Menschen verbessern und die Städte in hellem Licht erstrahlen lassen. Rathenau hatte schon früh „den unersättlichen Elektrizitätshunger der Menschheit" erkannt und bereits 1881 die Lizenz der Patente Thomas Alva Edisons für Deutschland erworben. Kurz darauf gründete er die Deutsche Edison Gesellschaft (DEG) und ließ in der Markgrafenstraße in Berlin die erste öffentliche Kraftstation in Deutschland bauen. Damit war 1885 der entscheidende Schritt zur Stromversorgung des ganzen Landes getan. Unter hohem persönlichem Risiko hatte Rathenau eine richtige unternehmerische Entscheidung getroffen: Die Allgemeine Elektrizitätsgesellschaft (AEG), in die sich die DEG 1887 umbenannte, wuchs in kurzer Zeit zu einem Großkonzern heran, der in allen Bereichen der Starkstromtechnik vertreten war und neue Industriezweige entwickelte. Als Emil Rathenau 1915 starb, übernahm sein Sohn Walther, der wenige Jahre später Außenminister der Weimarer Republik wurde, die Leitung des Unternehmens.

Plätteisen aus AEG-Produktion, 1910

$$\mathcal{E} = \frac{mc^2}{\sqrt{1 - \frac{q^2}{c^2}}} \qquad (28)$$

„Nur Sehnsucht macht Suchen erfolgreich."

ALBERT EINSTEIN

Wissenschaft

Die zweifellos größte Anziehungskraft auf die jüngere Generation der deutschen Juden ging von den akademischen Berufen aus, in denen ihr Anteil in den Jahren um die Jahrhundertwende prozentual stärker anstieg als in jeder anderen Berufsgruppe. Gerade der wirtschaftliche Erfolg der Elterngeneration ermöglichte es vielen jungen Juden, ein Studium zu absolvieren. Man wollte oft nicht mehr in die Fußstapfen des Vaters treten, sondern strebte nach intellektueller und künstlerischer Tätigkeit in den Bereichen Wissenschaft, Medien und Kultur.

Da hier die beruflichen Aussichten trotz formaler Gleichstellung eingeschränkt blieben und eine Staatsanstellung als Lehrer, Professor oder Richter wegen des anhaltenden Antisemitismus schwer zu erlangen war, drängten die meisten jüdischen Akademiker in die so genannten freien Berufe und wurden Anwälte, Notare, Ärzte oder Tierärzte. Selbst wer den Sprung in eine Universitätslaufbahn geschafft hatte, wie beispielsweise der Physiker und Erfinder der Neonröhre Leo Arons (1860–1919), musste mit Intrigen und Entlassung rechnen. Im Falle

Arons, zugleich SPD-Mitglied und einer der Wegbereiter der Gewerkschaftsbewegung, wies der Kaiser das Preußische Kultusministerium sogar höchstpersönlich an, den Berliner Privatdozenten „sofort aus der Universität und seinem Amt hinauszubefördern".

Arons, der zusammen mit Walter Rathenau in Straß-
burg studiert hatte, fand später eine Anstellung in
dessen AEG.

Die Mehrzahl der jüdischen Studenten bereitete sich deshalb von vornherein auf eine spätere
Selbständigkeit vor. Hieraus erklärt sich unter anderem eine Konzentration auf das Medizinstudium,
später verschoben sich die Proportionen in Richtung
rechts- und geisteswissenschaftlicher Fächer. Der
Arztberuf hatte eine lange Tradition unter Juden,
und viele jüdische Mediziner erlangten Anerkennung
als Forscher und Pioniere – wie der Nobelpreisträger
der Medizin, Paul Ehrlich (1854–1915), auf dessen
Forschungen die Chemotherapie beruht, oder der
Begründer der Sexualwissenschaft, Magnus Hirschfeld (1868–1935).

Auch in anderen Wissenschaftszweigen taten
sich jüdische Forscher hervor, die zumeist, wie Ehrlich und Hirschfeld, keine Universitätsprofessur
innehatten, sondern an Fachkliniken oder in Forschungseinrichtungen beschäftigt waren, deren bedeutendste die Kaiser-Wilhelm-Gesellschaft – heute
Max-Planck-Gesellschaft – darstellte: Hier forschte
Fritz Haber (1868–1934), der 1918, zusammen mit
Carl Bosch, den Nobelpreis für Chemie erhielt. An
einem Kaiser-Wilhelm-Institut fand auch Albert
Einstein (1879–1955) optimale Arbeitsbedingungen.
Neben ihren bahnbrechenden Entdeckungen
verdeutlichen gerade Haber und Einstein auf unterschiedliche Weise die Doppelgesichtigkeit der For-

*Paul Ehrlich in seinem
Arbeitszimmer, um 1910*

schung: Einstein appellierte an Moral und Verantwortung des Wissenschaftlers; Haber demonstrierte
durch sein Handeln im Ersten Weltkrieg gerade die
Notwendigkeit eines solchen Appells. Die Verleihung
des Nobelpreises an Haber und Bosch war stark
umstritten. Die Preisträger waren für die Ammoni-
aksynthese geehrt worden, ein Verfahren, das nicht
nur die Produktion stickstoffhaltigen Düngers
erlaubt, sondern auch die Herstellung von Spreng-
stoff. Der Patriot Haber, der sich und seine Forschung in den Dienst des Militärs stellte, wurde zum
Vater des Gaskrieges.

*links: Fritz Haber mit Soldaten und
der millionsten Gasgranate, um 1915*

*links oben: Auszug aus Albert Einsteins Manuskript
zur speziellen Relativitätstheorie, 1912*

*Hintergrund: Gebäude des Instituts für
Sexualwissenschaft, Berlin-Tiergarten, 1920*

„Ich werde eine Zeitschrift gründen, die wilden Juden; eine kunstpolitische Zeitschrift und ich schreib an Karl Kraus einen Brief, ungefähr so, hör: ... wollen Sie mein Journal der wilden Juden so unter der Hand mitdrucken lassen; die Fackel merkts gar nicht und ich habe eine Existenz. Ihr Sie bewundernder Jussuf, Prinz. Meinst Du er täts Franzlaff?"

ELSE LASKER-SCHÜLER
an Franz Marc, 1913

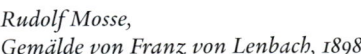

Rudolf Mosse,
Gemälde von Franz von Lenbach, 1898

Medien, Kunst und Kultur

Dass die Preisverleihung an Haber auch öffentlich debattiert wurde, dass sich überhaupt eine ‚Öffentlichkeit' konstituieren konnte, ist in erster Linie den Medien zu verdanken, die sich ab 1900 rasch entwickelten. In Berlin hatten Rudolf Mosse (1843–1920) und Leopold Ullstein (1826–1899) und seine Söhne ihre Verlage zu bedeutenden Zeitungskonzernen ausgebaut. Die überregionale Organisation des Annoncengeschäfts, das die Eigenfinanzierung von Zeitungen sicherte, und die 1904 erteilte Zulassung zum Straßenverkauf von Zeitungen, die bis dahin reine Abonnement-Blätter gewesen waren, ließen eine Massenpresse entstehen, die die Zeitungsstadt Berlin zur kulturellen Mitte des Landes machte. Populäre Blätter wie Ullsteins *Berliner Morgenpost* erlebten eine Auflagenexplosion; mit der *BZ am Mittag* (ab 1904), der „schnellsten Zeitung der Welt", oder dem *8-Uhr-Abendblatt* (ab 1910) wurde darüber hinaus ein Format – mit regelmäßiger Berichterstattung, Schlagzeilen und Pressefotos in den Artikeln – entwickelt, das als ‚Boulevardpresse' den Geschmack eines Massenpublikums traf. Auf dem neuen Feld des Fotojournalismus gelang um 1930 zunehmend auch Fotografinnen der jüngeren Generation – Lotte Jacobi, Yva, Aenne Biermann – der Durchbruch.

Information und Aufklärung behielten jedoch gegenüber der reinen Erbauung oder Unterhaltung eindeutig Priorität. Für Mosse sollte die Zeitung „ein Ratgeber und Mitstrebender sein, der bald anfeuernd, bald warnend und zurückhaltend, bald bestimmend, bald opponierend den Plan ebnen will". Einen solchen „zivilisatorischen" Auftrag machten sich viele Journalisten und Publizisten zu eigen. Beispielhaft für den liberalen, unabhängigen Geist jener Zeit ist der legendäre Chefredakteur des *Berliner Tageblatts* Theodor Wolff (1868–1943),

Berliner Tageblatt
Hier einzeln käuflich!

Reklameschild für das „Berliner Tageblatt", um 1905

nach dem heute einer der renommiertesten Journa-
listenpreise benannt ist und dessen Leitartikel –
neben den Essays, Glossen und Kritiken von Alfred
Kerr, Julius Bab, Maximilian Harden oder Ernst
Feder – landesweite Beachtung fanden.

　　　Zwischen 1890 und 1933 entwickelte sich
eine Zeitschriftenkultur, die undenkbar ist ohne
die Namen von Max Osborn, Siegfried Jacobsohn,
Willy Haas und Paul Westheim. In Herwarth
Waldens (1878–1941) Künstlerforum *Der Sturm* erschienen Gedichte von Else Lasker-Schüler neben
Radierungen von Oskar Kokoschka, Erzählungen
von Alfred Döblin neben Graphiken der russischen
Avantgarde. Aus der Verbindung von Wort und
bildender Kunst enstand ein breit gefächertes künst-
lerisches Netzwerk.

　　　Maler wie Max Liebermann und Lesser Ury
verhalfen der Moderne in Deutschland zum Durchbruch. Mit Ludwig Meidner und Jakob Steinhardt,
Otto Freundlich und Felix Nussbaum waren auch in

*Max Liebermann, Selbstporträt
mit Strohhut, 1929*

*Ludwig Meidner, Selbstporträt
an der Staffelei, 1912*

links: Max Reinhardt,
um 1925

rechts: Otto Brahm in
seiner Loge im Deutschen
Theater, Gemälde von
Lesser Ury, 1901

den folgenden Kunstströmungen im frühen 20. Jahrhundert jüdische Künstler stets daran beteiligt, neue Sichtweisen und Darstellungsformen zu erproben. Als Galeristen waren es Paul Cassirer, Herwarth Walden oder Alfred Flechtheim, die – erfolgreich, aber stets mit hohem Risiko und unter Anfeindungen – die Kunst der europäischen Avantgarde ausstellten und durchsetzten. Von der frühen Moderne bis zum „Neuen Bauen" der 20er Jahre zählten Architekten wie Otto Kaufmann und Erich Mendelsohn zu den herausragenden Vertretern ihres Faches.

Theatermacher wie Otto Brahm und Max Reinhardt spiegelten das Leben der Gesellschaft mit

zeitgenössischen Dramen auf der Bühne. Gerade Reinhardt (1873–1943), Mitbegründer der Salzburger Festspiele und bis 1933 Direktor des Deutschen Theaters und der Kammerspiele in Berlin, gilt als Pionier des modernen Theaters. Mit musikalisch bewegten Massenszenen verzauberte er Kritiker und Publikum. Damit habe er, so urteilte Gerhard Hauptmann, einen neuen Stil „in meisterlicher Freiheit auf die gesamte Substanz der deutschen Theater angewandt". Komponisten wie der Begründer der Zwölftonmusik Arnold Schönberg polarisierten mit ihren Werken das Publikum, sensibilisierten es aber zugleich für die neuen Dimensionen der Kunst.

Waren jüdische Künstler maßgeblich an der ästhetischen Produktion der Moderne beteiligt, so traf dies ebenso für die Vermittlung und Verbreitung zeitgenössischer Kultur durch Verleger, Publizisten, und Kritiker zu. Der Verleger Samuel Fischer (1859–1934) brachte dem deutschen Leser die moderne deutsche und Weltliteratur nahe. Kurt Wolff (1887–1963) machte seinen Verlag zum wichtigsten Forum junger Expressionisten wie Carl Einstein und veröffentlichte Schriftsteller wie Max Brod, Franz Kafka oder Franz Werfel.

Kunstgeschichtler einer jüngeren jüdischen Generation, wie Richard Krautheimer oder Erwin Panofsky, unterstützten die literarische und künstlerische Kritik der Zeit. Kritische Geister aus Philosophie und Soziologie legten – oft an einer akademischen Laufbahn gehindert – grundlegende Arbeiten zur Analyse und Reflexion gesellschaftlicher Ent-

Walter Benjamin, „Einbahnstraße",
Umschlagmontage von Sasha Stone,
Berlin: Rowohlt, 1928

„Wir ersehnen in allem ein Fortbestehen
unserer selbst; wir führen nur Feder und
Meißel, um dem Augenblick Dauer zu
verleihen; nach uns soll keine Sintflut
kommen; wir wollen nicht die letzten
sein; wir lieben die Geschlechter, die wir
in uns tragen, und sie sollen unseren
Spuren folgen."

GEORG HERMANN (1871–1943)
„Sehnsucht"

*Fritzi Massary in der
Operette „Eine Frau
die weiß was sie will" im
Metropol-Theater, Berlin, 1932,
und mit Oskar Strauss bei
der Probe zu „Eine Frau
die weiß was sie will"*

wicklungen vor. Georg Simmel mit seiner 1900
erschienenen „Philosophie des Geistes", Siegfried
Kracauer mit seiner Studie über „Die Angestellten"
(1930) und Walter Benjamin mit seiner Kurzprosa-
und Aphorismensammlung „Einbahnstraße" (1928)
wirkten hier als Bahnbrecher einer Theorie der
Moderne.

    „Aus unserer großen Stadt schallt der Schrei,
das Getöse der Technik; die Furcht vor dem Tode
trägt ein warnendes Gesicht hinter geschminkten
leeren Masken, die Sehnsucht aber steigt sofort in
den Mond", beschreibt Else Lasker-Schüler 1932 in
ihrem Prosaband „Konzert" das Spannungsfeld
dieser Epoche und die Anziehungskraft der
Großstadt: „Unsere Stadt Berlin ist stark und
furchtbar, und ihre Flügel wissen, wohin sie
wollen. Darum kehrt der Künstler doch
immer wieder zurück nach Berlin, hier ist
die Uhr der Kunst, die nicht nach, noch
vorgeht".

Tradition und Wandel – Der Schabbat

Schabbat ist der Ruhetag in der jüdischen Woche und gleichzeitig der höchste Feiertag im Judentum. Seine Existenz gründet sich auf drei Ereignisse, die in der Tora erzählt werden: Den Ursprung bildet die Schöpfungsgeschichte zu Beginn des 1. Buch Mose. Nach sechs Tagen der Erschaffung der Welt ruhte Gott am siebten Tage. Am Schabbat wird auch des Auszuges aus Ägypten gedacht. Das Schabbatgebot bildet einen Teil der Zehn Gebote, die den Israeliten am Berg Sinai von Gott übergeben wurden.

Was tut man am jüdischen Ruhetag?

Ruhen heißt keinerlei Arbeit verrichten und dadurch nichts Neues zu erschaffen, die Welt nicht zu verändern. Die Juden glauben, dass sich die Welt am Schabbat in einem besonderen, heiligen Zustand befindet, sie steht für 25 Stunden still. Die Rabbiner unterschieden in der Tora 39 Hauptarbeiten, die beim Bau des Stiftzelts am Berg Sinai verrichtet wurden und am Schabbat verboten sind. Von ihnen leiten sich alle weiteren Verbote ab. Die bekannteren beziehen sich auf das Kochen und Backen und, in neuerer Zeit, das An- und Ausschalten von elektrischen Geräten.

Alle Arbeiten müssen vor Beginn des Schabbats verrichtet werden. Der Freitag ist der Tag, an dem man sich gründlich auf den Festtag vorbereitet. Die Wohnung wird sauber gemacht, eine reichhaltige Mahlzeit gekocht, der Tisch feierlich gedeckt. Kurz vor Sonnenuntergang zündet die Frau des Hauses die beiden Schabbatkerzen an und sagt einen Segensspruch. Damit beginnt der Schabbat. Die Familie geht dann vielleicht in die Synagoge zur *Kabbalat Schabbat*, wo in traditionellen Liedern und Gebeten der Schabbat wie eine Braut oder Königin empfangen wird.

Schabbat-Ofen, Niederlande, 19. Jahrhundert

Die Kiddusch-Zeremonie

Wenn man aus der Synagoge nach Hause kommt, werden die Kinder gesegnet, danach beginnt der häusliche Teil der Schabbatfeier mit dem *Kiddusch*, der Heiligung. Man bedankt sich bei Gott dem Schöpfer, der Wein und Brot gibt, die symbolisch für das tägliche Auskommen stehen, und heiligt so die Handlung des Essens und Trinkens. Nach dem Segen über den Wein erfolgt das Händewaschen, danach spricht man den Segen über die beiden geflochtenen Brote (*Challot* oder *Barches*), die auf dem Tisch liegen und von einem Tuch bedeckt sind. Jeweils nach dem Segensspruch trinken alle Anwesenden von dem Wein und essen ein Stück Brot, wodurch der Kiddusch eine integrative, familienverbindende Bedeutung erhält. Danach beginnt die festliche Mahlzeit.

Hawdala-Set von Yaacov Greenvurcel,
Silber und Holz, Jerusalem, 2001

Schabbat-Leuchter
„Zum Gedächtnis an die Zerstörung
des Tempels" von Zelig Segal,
Silber, Jerusalem, 1988–2001

Besamim-Büchse, Messing, versilbert
Württembergische Metallwarenfabrik
Geislingen/Steige, um 1890–1910

„Eine gute Woche"

Auch für den Ausgang des Schabbat gibt es eine spezielle Zeremonie, die *Hawdala* – Trennung, Unterscheidung. Am Samstagabend nach Sonnenuntergang, 25 Stunden nach Beginn, endet der Schabbat. Ein bis zum Rande gefüllter Becher Wein steht für die Fülle des Schabbats und des göttlichen Segens. Eine Kerze, aus mehreren Strängen geflochten, wird entzündet. Der Duft von Gewürzen aus der *Besamim-Büchse* – Nelken, Zimt und Muskatblüten – soll den Abschied vom Schabbat erleichtern. Nach dem Sprechen des Hawdala-Segens wird die Kerze mit dem Wein ausgelöscht. Mit dem Erlöschen der Flamme endet der Schabbat, man wünscht sich „Schawua tow", „eine gute Woche", kann wieder Licht machen und seinen gewohnten Tätigkeiten nachgehen.

„Vom Ghetto nach Zion", die Grafik von Ephraim Moses Lilien war
das Motiv der offiziellen Postkarte für den 5. Zionistenkongress 1901 in Basel.
Ausschnitt aus einem Rundbrief des Jüdischen Nationalfonds, Köln, 1907.

Judenfragen

Zwischen Schtetl und „Judenstaat"

Um die Jahrhundertwende wuchs das Unbehagen der jüngeren Generation an der deutsch-jüdischen bürgerlichen Gegenwart. Im säkularisierten Alltag schien das Judentum in leeren Formen zu erstarren und „sich auf den ersten Sederabend, der immer mehr zu einer Komödie mit Lachkrämpfen wurde", zu beschränken, wie Franz Kafka 1919 in seinem „Brief an den Vater" schreibt. Was Nietzsche in seinem Wort, dass Gott tot sei, zur Epoche der Industrialisierung feststellte, betraf auch die verbürgerlichten und fortschrittsgläubigen Juden, die viele ihrer Traditionen aufgaben. Die Jugend begann zu fragen, welche Bedeutung, welchen Sinn Herkunft und Tradition noch hatten. Solche Fragen gaben den Anstoss zu einer „jüdischen Renaissance" (Martin Buber), die in einer Mischung aus Rückbesinnung und Zukunftsvision unterschiedliche Ausprägungen erfuhr.

Beispielhaft für die innere Zerrissenheit und die Identitätssuche ist der Werdegang von Franz Rosenzweig (1886–1929). Der Sohn einer angesehenen, akkulturierten Familie in Kassel stand kurz davor, zum Christentum überzutreten, wie es einige seiner Freunde und Verwandten bereits getan hatten. Die Religion, die er aufzugeben bereit war, wollte er zuvor jedoch kennen lernen. Seine intensiven Studien führten ihn seinen jüdischen Ursprüngen zurück und Rosenzweig wurde zu einem der profundesten Denker des modernen Judentums. In seinem – während des Ersten Weltkriegs verfassten – Hauptwerk „Der Stern der Erlösung" versuchte er, das verschüttete jüdische Selbstverständnis wieder freizulegen, und überdachte das Verhältnis zum Christentum neu. Juden und Christen sollten sich wieder mit dem positiven Gehalt ihrer Tradition identifizieren.

Die zionistische Bewegung

Die jüdische Welt wurde erschüttert, als Russland, nach der Ermordung Zar Alexanders II., in eine Krise stürzte. Hatte man gehofft, das westliche Modell der Emanzipation würde sich auch in Russland durchsetzen, so wurde diese Hoffnung gründlich enttäuscht. Der aufflammende Antisemitismus, vom russischen Staat nicht nur nicht verhindert, sondern geduldet und unterstützt, löste die schlimmsten Verfolgungen seit den Kosakenpogromen aus. Bereits kurz nach dem ersten Pogrom in Odessa 1882 war in Berlin eine aufsehenerregende Schrift erschienen: „Autoemancipation! Mahnruf an seine Stammesgenossen von einem russischen Juden". Leon Pinsker (1821–1891), ein junger Mediziner aus Odessa, zog darin bittere Bilanz: „Das jüdische Volk hat kein eigenes Vaterland, wenn auch viele Mutterländer; es hat kein Zentrum, keinen Schwerpunkt, keine eigene Regierung, keine Vertretung. Es ist überall anwesend und nirgends zu Hause." Freiheit und Sicherheit sei für die Juden nur in einem „eigenen Land" zu gewährleisten. Wo dieses „eigene Land" liegen sollte, war in der Frühzeit der Bewegung noch offen, aber die jahrtausendealte religiöse Bindung an das zerstörte Jerusalem legte es nahe, dass die jüdische Nationalidee bald mit einer Rückkehr nach *Zion* verbunden wurde. Die Zionssehnsucht war so alt wie die Diaspora. „Zion" bezog sich im Alten Testament zunächst auf die Jebusiterburg in Jerusalem, die nach der Eroberung durch David „Davidstadt" genannt wurde. Mit dem Wachstum der Stadt umfasste der Begriff bald auch den Tempelberg und sein Heiligtum, später wurde Zion zum Synonym für ganz Palästina.

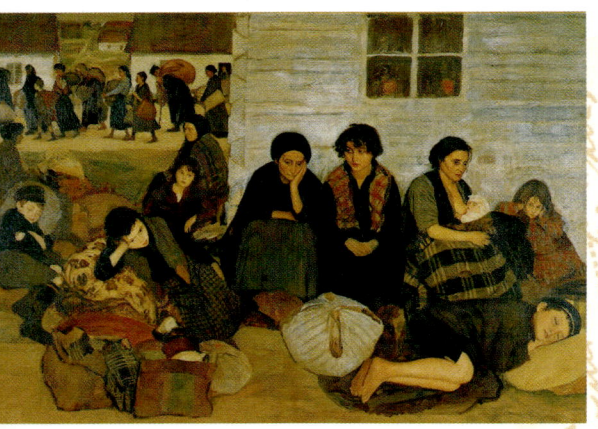

*Nach dem Pogrom,
Gemälde von Maurice Minkowski,
um 1910*

*Hintergrund: Feldpostkarte
von Franz Rosenzweig
mit einem Teil des Manuskripts
„Stern der Erlösung", 1918*

„Wir wollen unseren Haushalt streng koscher führen, so daß jeder Jude, auch der orthodoxeste, bei uns essen kann. Aber ich will meine Freiheit behalten, bei jedem nichtjüdischen Freund essen zu können."

EDITH SCHEINEMANN-ROSENZWEIG, GEB. HAHN (1895–1979)
Ehefrau und Mitarbeiterin von Franz Rosenzweig

Unterschiedliche politische Erwartungen knüpften sich an dieses „eigene Land". Die Vorstellung einer sozialistischen, herrschaftsfreien Gemeinschaft vermischte sich mit nationalstaatlich-territorialen Auffassungen. Erst Theodor Herzl (1860–1904) war die charismatische Persönlichkeit, der es gelang, eine internationale Bewegung ins Leben zu rufen, die öffentliche Resonanz fand und ihre politische Energie auf die Errichtung eines „Judenstaats" richtete. Herzl, Sohn einer Budapester Kaufmannsfamilie, hatte als Pariser Korrespondent der Wiener Zeitung *Neue Freie Presse* über den Prozess gegen den französischen Hauptmann Alfred Dreyfus berichtet, der als antisemitisch motivierter Justizskandal in ganz Europa großes Aufsehen erregte. In seinem Verlauf war Herzl zu der Überzeugung gelangt, dass die Juden eine durch einen gemeinsamen Feind geeinte Nation seien, die ihr Selbstbestimmungsrecht nur in einem eigenen Staat würde verwirklichen können. Als im Frühjahr 1896 sein Buch „Der Judenstaat" erschien, in dem er die Judenfrage zu einer „Weltfrage" erklärte, „die im Rate der Kulturvölker zu regeln ist", sprach er all jenen aus dem Herzen, die von dem Niedergang der bürgerlich-liberalen Werte enttäuscht waren.

Schon ein Jahr später fand in Basel der Erste Zionistische Kongress statt, auf dem 196 Delegierte

Theodor Herzl, Porträt von Hermann Struck, 1903

Wandteppich mit Theodor Herzl vor einer Ansicht des Davidturms in Jerusalem, um 1920

*Etikett der Weinsorte
„Chateau Queen of
Sheba", Société
Coopérative Vigneronne
des Grandes Caves,
Richon-le-Zion &
Zichron-Jacob Ltd. in
Palästina, 1920er Jahre*

aus 16 Ländern verkündeten: „Der *Zionismus* erstrebt für das jüdische Volk die Schaffung einer öffentlich-rechtlich gesicherten Heimstätte in Palästina." Hier wurde auch der sechszackige Stern Magen David, wörtlich: Schild Davids, zum Symbol der neuen Vereinigung gewählt. Theodor Herzl gab seiner Befriedigung über den Verlauf des Kongresses in einer Tagebuchnotiz Ausdruck: „In Basel habe ich den Judenstaat gegründet. Wenn ich das heute laut sagte, würde mir ein universelles Gelächter antworten. Vielleicht in fünf Jahren, jedenfalls in fünfzig wird das jeder verstehen."

Dem Programm folgten schon sehr bald konkrete Schritte. Auf dem 5. Zionistenkongress, wiederum in Basel, wurde 1901 der Jüdische Nationalfonds (JNF) gegründet, mit dessen finanziellen Ressourcen – der JNF gab Aktien aus und sammelte Spenden – ab 1907 in Palästina Land erworben wurde. Zum zionistischen Idealbild und Symbol der Nationalen Renaissance wurden die jungen Pioniere, *Chaluzim*, die ihr Leben in den Dienst des Aufbaus der angestrebten Heimat stellten. Um die Jugend für die *Alija*, die Einwanderung nach *Erez Israel*, zu rüsten und zugleich dem antisemitischen Zerrbild vom körperlich unterlegenen Juden entgegenzutreten, entstanden zahlreiche Sportvereine, in denen

Kinder und junge Männer dem von Max Nordau propagierten Ideal des „Muskeljuden" nacheiferten.

Ebenfalls auf dem 5. Zionistenkongress trat erstmals eine innerzionistische Opposition auf den Plan, die die Vernachlässigung der religiösen und kulturellen Dimensionen in der Bewegung beklagte. Der „Demokratischen Fraktion" um Martin Buber (1878–1965) und dem Künstler Ephraim Moses Lilien (1874–1925) ging es allerdings nicht um Spaltung, sondern um konstruktive Kritik. Insbesondere mit Liliens Hilfe erhielt der Zionismus in der Folge ein erkennbares, einheitsstiftendes Erscheinungsbild, das zur Identifikation vieler Anhänger mit den Zielen der Bewegung beitrug. Indem er jüdische Motive mit dem zeitgenössischen europäischen Jugendstil verband, entwarf Lilien eine Ikonographie für die zionistische Bewegung. Alte Juden mit langen Bärten, heroische Themen aus den heiligen Schriften, idealisierte Porträts des Heiligen Landes, die hinter den Pyramiden aufgehende Sonne, auf der das Wort „Zion" strahlt – Lilien wählte Bilder, die sich an der Symbolsprache anderer politischer Emanzipationsbewegungen orientierte; so gehörte etwa die aufgehende Sonne seit der Französischen Revolution zum festen Repertoire der politischen Bildersprache.

*Weinernte in Rischon
Le Zion, Palästina,
um 1925*

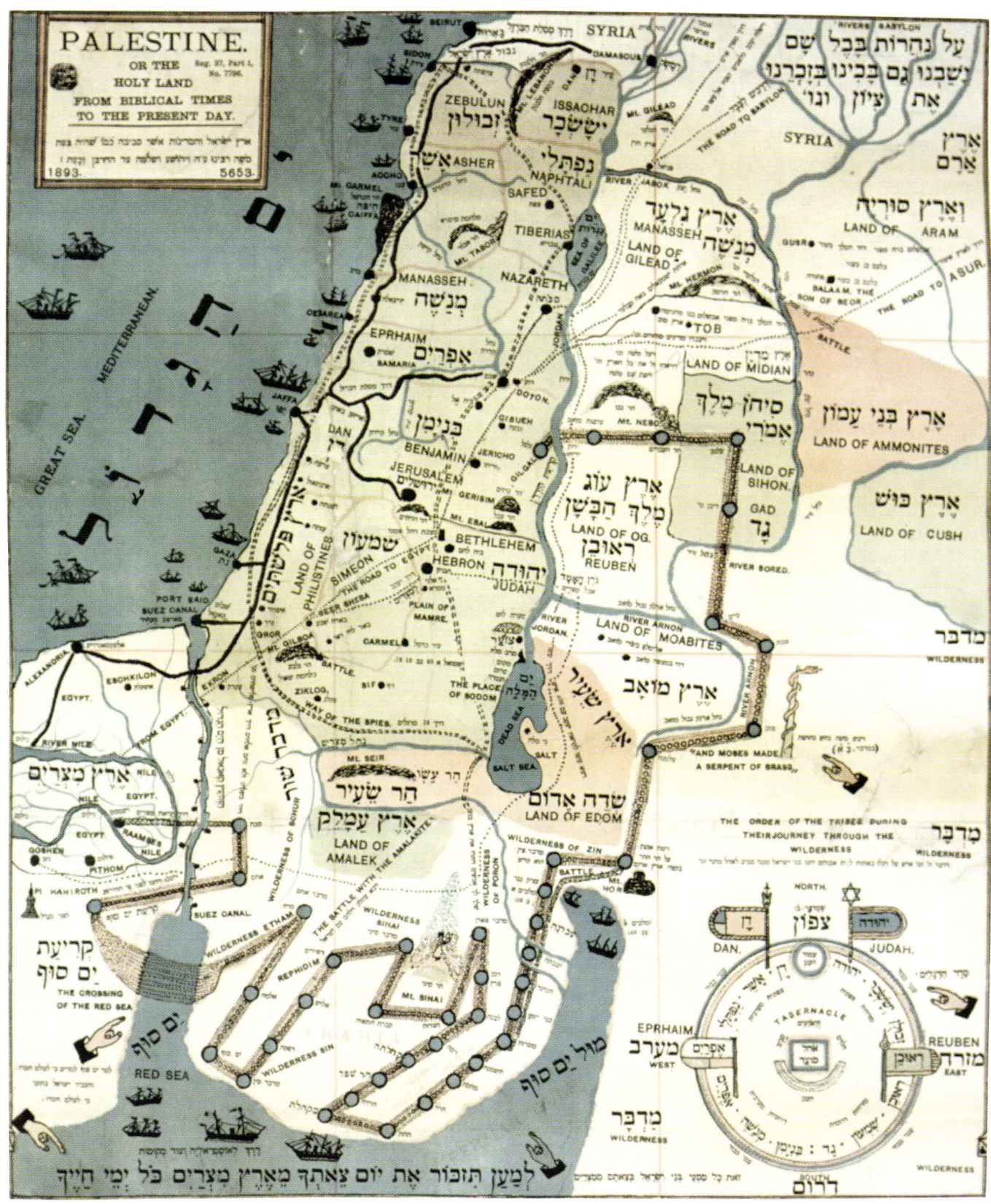

Palästina-Karte „A New and Original Biblical Map
of the Holy Land", von Jacob Goldzweig, Haifa 1893

Ostjuden

Um wirtschaftlichem Elend und den gewaltsamen Verfolgungen zu entgehen, verließen zwischen 1881 und 1914 weit mehr als eine Million osteuropäischer Juden ihre Heimat in Richtung Westen, die meisten mit dem Ziel Amerika. Deutschland war für die überwiegende Mehrzahl der Migranten lediglich eine Zwischenstation auf der Route nach Übersee. Eine kleine Anzahl von Ostjuden siedelte sich in Deutschland an. Für die immer stärker werdende rassistische Judenfeindschaft wurden diese Einwanderer zu einer willkommenen Projektionsfläche für Ressentiments und Verhetzung.

Der Kontakt mit dem Ostjudentum, besonders mit einer strengeren religiösen Praxis und der Mystik des *Chassidismus*, wurde für deutsch-jüdische Intellektuelle zu einem Schlüsselerlebnis.

Postkarte zum Fest des Makkabi-Weltverbands in Ostrava, 1929

Die Erfahrungen, die jüdische Soldaten und Berichterstatter während des Weltkrieges an der Ostfront in Polen und Russland machten, prägten ein neues Ideal, wie Sammy Gronemanns (1875–1952) autobiographischer Bericht von seiner Tätigkeit als Dolmetscher für Jiddisch, „Hawdoloh und Zapfenstreich", beschreibt.

Gronemanns Darstellung des religiösgemeinschaftlichen Lebens in Osteuropa trug maßgeblich zur positiven Neubewertung des Ostjudentums bei. Der Rechtsanwalt, Schriftsteller und Journalist schrieb ohne Pathos, doch mit liebevoller Satire über das „Chaos", das in den Synagogen zwischen Kowno und Warschau herrschte. „Fasten und Trauern an Bußtagen versteht man eben halb und halb auch im Westen, aber die richtige Freude, die Freude an der Lehre, am Gesetz, die kennt man nur dort", berichtete er vom Debattieren, Singen und Tanzen im Betsaal. „Worüber jubeln alle diese Leute? Was ist schließlich diese Tora, deren Fest man feiert? Ein Gesetz, das unzählige Gebote und Verbote enthält, alle Lebensgenüsse einschränkt und große Steuern auferlegt! Kann man sich vorstellen, dass sich irgendein europäisches Volk über sein Bürgerliches Gesetzbuch oder Strafgesetzbuch freut? Oder gar über die Steuergesetze?" Gronemann resümierte: „Dort im Osten fühlt man sich eben seiner Sache und seines Besitzstandes sicher, während man im Westen an der dünnen Front immerfort einen Durchbruch fürchtet. – Diese Synagoge … ist das Zentrum jüdischen Willens und jüdischer Kraft geblieben."

Im Gegensatz zu dem von seinen Traditionen entfremdeten assimilierten ‚Westjudentum' wurde das *Schtetl* zur Vision einer intakten, in Selbstbewusstsein und Würde lebenden, authentischen jüdischen Gemeinschaft. Dieser ‚Ostjudenkult' nahm eine sozialistisch-utopische Wendung und fand in zahlreichen literarischen und künstlerischen Werken

Ausdruck. In Martin Bubers „Chassidischen Geschichten" oder Joseph Roths Buch „Juden auf Wanderschaft" stand die „oberflächliche" Welt der deutschen Juden in Kontrast zu der echten Religiosität und Spiritualität der Ostjuden: „Jüdische Juden", so die zentrale Botschaft, waren nur noch im Osten zu finden. Lange habe er geglaubt, schrieb etwa Alfred Döblin in seiner „Reise in Polen", „was ich in Deutschland sah, die betriebsamen Leute, wären die Juden, die flinken Intellektuellen, die zahllosen unsicheren unglücklichen feinen Menschen. Ich sehe jetzt: das sind abgerissene Exemplare, weit weg vom Kern des Volkes, das hier lebt und sich erhält."

Eine solche Vision beflügelte auch die Phantasie jüdischer Künstler, wie Lilien, Joseph Budko, Ludwig Meidner oder Uriel Birnbaum. Die Radierungen und Lithographien Hermann Strucks (1876–1944) etwa, die Arnold Zweigs Buch „Das ostjüdische Antlitz" 1919 illustrierten, verliehen dem Pathos des Autors einen prägnanten ästhetischen Ausdruck. Auch der bedeutende Expressionist Jakob Steinhardt (1887–1968) schöpfte seine religiöse Ekstase und seine apokalyptischen Visionen nach eigenem Bekunden aus der Begegnung mit Ostjuden, in deren Gesichtern er seine eigenen Vorfahren zu entdecken glaubte.

Die „Kraft der Synthese"

Das Spektrum der Positionen war breit und vielfältig. Mitunter wurden die Auseinandersetzungen auch in die nichtjüdische Öffentlichkeit getragen. Zionisten und Antizionisten erhoben gegenseitig Vorwürfe; beklagten die einen den Verlust der jüdischen Substanz aufgrund der Assimilation, geißelten die anderen einen übersteigerten jüdischen Nationalismus. Der Central-Verein deutscher Staatsbürger jüdischen Glaubens vertrat dabei die liberale Mehrheit; die Zionistische Vereinigung für Deutschland erklärte die Mitgliedschaft in beiden Vereinen für unvereinbar.

Auf dem Weg ins Bethaus,
Gemälde von Jakob Steinhardt, 1921

Moses schaut auf das Gelobte Land,
Pastell von Lesser Ury, 1927/28

Zwei Frauen,
Gemälde von Joseph Budko, 1925

In der Atmosphäre dieser Auseinandersetzungen spielte die Sympathiebekundung des Soziologen Werner Sombart in seiner 1912 veröffentlichten Schrift „Die Zukunft der Juden" eine wichtige Rolle. Sombart behauptete, es läge „im Interesse der deutschen Volksseele", wenn durch die Entstehung eines jüdischen Staates Deutschland „von der Umklammerung durch den jüdischen Geist" befreit würde. Als einige Zionisten die antisemitisch gefärbten Äußerungen Sombarts als Bestätigung ihrer Forderungen aufnahmen, fühlten sich Vertreter der deutsch-jüdischen Organisationen aus den eigenen Reihen angegriffen. Am 5. Februar 1914 veröffentlichten sie in allen wichtigen Tageszeitungen eine „Erklärung" mit 300 Unterschriften, in der sie sich scharf von den Zionisten distanzierten.

Der Philosoph Hermann Cohen (1842–1918), einer der exponiertesten Unterzeichner dieser Erklärung, lehnte zwar den politischen Zionismus ab, doch war auch für diesen bedeutenden Repräsentanten des liberalen deutschen Judentums die ostjüdische Religiosität die wichtigste Quelle des Judentums. Drei Monate nach der antizionistischen „Erklärung" unternahm er, vor dem Hintergrund des Kiewer Ritualmordprozesses um Mendel Beilis, eine Vortragsreise nach Russland. Seine Vorträge vor Tausenden von Zuhörern in St. Petersburg, Moskau und anderen russischen Städten wurden zu Solidaritätskundgebungen für sein Anliegen, zwischen beiden Kulturwelten zu vermitteln. Cohen plante, jüdische Schulen in Osteuropa einzurichten, um die „Wissenschaft des Judentums" im Osten zu etablieren, doch machte der Beginn des Ersten Weltkriegs diese Pläne zunichte.

Cohen, der in seinem Spätwerk „Religion der Vernunft aus den Quellen des Judentums", 1919 posthum erschienen, seine grundlegenden Meditationen über die Religion zusammenfasste, hatte Vorbehalte gegen die Konfessionalisierung der Religion. Seine geschichtsphilosophische Hoffnung bestand darin, dass das kosmopolitische Deutschtum in Verbindung mit dem messianischen Judentum einen wesentlichen Faktor des Weltfriedens bilden könne. Auch sein Schüler Franz Rosenzweig stand dem Zionismus skeptisch gegenüber. Sein Konzept vom „Neuen Lernen" trug durch seine Wendung zum praktischen jüdischen Leben dazu bei, dass die nachfolgende Generation aus den Wirren der Assimilation einen neuen Weg fand. In dem von ihm 1920 gegründeten Freien Jüdischen Lehrhaus in Frankfurt am Main wollte er durch Bildung „ins Leben" führen, „von der Peripherie ins Zentrum zurück; vom Außen ins Innen", um die Leerstellen zu füllen, die der Verlust religiöser Traditionen hinterlassen hatte.

Der Lehrer und Freund Rosenzweigs, Rabbiner Anton Nehemia Nobel (1871–1922), beschrieb gerade den Widerspruch einer deutschen und jüdischen Identität, der vielen unüberbrückbar schien, 1921 in einem Brief an Max Warburg, als verbindende „Kraft": „Es unterliegt für mich keinem Zweifel, dass die Geschichte Israels nicht nur religiös zu werten ist. Sie ist zugleich Trägerin nationaler Entfaltung ... In dieser nationaljüdischen Welt wurzele ich ... Aber ich kann mir dieses mein Leben auch nicht ohne Goethe, den Dichter der Deutschen, denken. Es ist irgendeine Kraft der Synthese in mir, die beide Nationalismen verbindet und verbündet. Ich verstehe, dass sie beide stark genug sind, um bündnisfähig zu sein."

Hermann Cohen, Gemälde
von Max Liebermann, 1913

Ostjuden im Ruhrgebiet

Das Ruhrgebiet wird noch heute vor allem mit seinen Industriedenkmälern in Verbindung gebracht, den Zeugen einer einst blühenden Schwerindustrie. Es war eine der wenigen Regionen Deutschlands, die Einwanderer aus nah und fern anlockten. Deutschland galt meist als Auswanderungsland. Vergessen wurden dabei die Hunderttausende, die etwa aus Russland und Polen einwanderten. Ohne sie wäre der industrielle Aufschwung des Landes nicht möglich gewesen. Manche von ihnen waren Juden.

Der Segeroth, das Viertel der Einwanderer in Essen, um 1900

Transit Deutschland

Insgesamt reisten von 1871 bis zum Ersten Weltkrieg mehr als fünf Millionen Menschen aus Russland und Österreich-Ungarn über Bremen und Hamburg nach Übersee, um einer desolaten wirtschaftlichen Situation in den Heimatländern zu entfliehen. Die jüdische Bevölkerung wurde außerdem von verheerenden Pogromen bedroht, so 1881 nach der Ermordung Zar Alexanders oder 1903 in Kisinev. Nach dem Ersten Weltkrieg nahm die Auswanderung ab. Schätzungen gehen von einem Anteil der jüdischen Migranten von 13% (1880) bis 79% (1906) aus. Zwischen 1903 und 1914 wanderten weit über 1 Million Juden aus Russland aus. Nur ein sehr geringer Teil der Migranten ließ sich tatsächlich in Deutschland nieder.

Organisiert wurde der Transit durch Deutschland von den großen Schifffahrtsgesellschaften HAPAG und Lloyd, die in Zusammenarbeit mit den deutschen Behörden drei Viertel der Ausreisenden beförderten. Von festgelegten Grenzstationen ging es per Sonderzug zu Verkehrsknotenpunkten wie dem Transitbahnhof Berlin-Ruhleben, der mit Desinfektions- und Quarantänestationen ausgestattet war, und von dort an die Nordsee.

Im Ruhrgebiet

Die Anzahl der polnischen und russischen Juden in den Städten des Ruhrgebiets ist nicht genau festzustellen. Etwa 4000 Juden haben kurz nach dem Ersten Weltkrieg unter Tage gearbeitet, hinzu kamen noch Arbeiter in der Schwerindustrie. Während des Krieges war die Zahl sicherlich höher, als Juden teils freiwillig, teils unter Zwang nach Deutschland kamen, um den Arbeitskräftemangel in den Industriegebieten auszugleichen.

Manche jüdische Gemeinden verzeichneten nach dem Ersten Weltkrieg einen hohen Anteil ausländischer Juden – etwa in Duisburg, Dortmund oder Essen –, was nicht ohne Konflikte blieb. Ostjuden integrierten sich in bereits bestehende Organisationen, gründeten aber auch eigene Kultur- und Betvereine und schufen sich politische Interessenvertretungen. Sie lebten in Mietskasernen, die mit der Industrialisierung aus dem Boden gestampft worden waren, oder in den vorindustriellen Vierteln, den Altstadtkernen, ohne Komfort und sanitäre Einrichtungen.

„Der Schnorrer oder der neueingewanderte Staatsbürger", Postkarte, um 1900

Der „neueingewanderte Staatsbürger"

Die Geschichte erzählt von einer Minderheit, deren Status in Deutschland doppelt gefährdet war. Wie alle Ausländer waren Juden mit polnischer oder russischer Staatsangehörigkeit oder als „Staatenlose" von Ausweisung bedroht, die unter Zuhilfenahme veränderbarer Bestimmungen jederzeit ausgesprochen werden konnte.

Sie waren Fremde, die sich in ihrer neuen Umgebung erst eine wirtschaftliche und gesellschaftliche Stellung erarbeiten mussten. Insbesondere jüdische Einwanderer aber waren mit negativen Stereotypen konfrontiert, die bei deutschen Juden, den Behörden und in der Öffentlichkeit die Wahrnehmung der Einwanderer dominierten. „Ostjuden" galten als rückständig, laut und hässlich. Die Beamtenschaft hatte das Bild vom „neueingewanderten Staatsbürger" im Kopf, einem verwahrlosten, Krankheiten übertragenden Juden, der sich innerhalb kurzer Zeit zum Schaden der Alteingesessenen eine goldene Nase verdient.

Noch heute liegt der Spurensuche nach ostjüdischem Leben in Deutschland eine romantische, pittoreske Vorstellung vom Leben im polnischen Schtetl zugrunde, das ‚die Ostjuden' nach Deutschland importiert hätten, von einem Leben, fest verankert in traditioneller Kultur und Religion, arm, aber zufrieden, bei fröhlicher Musik. Das Leben der Arbeiter im Kohlenpott hatte damit nur wenig gemein.

Der Kaufmann Richard
Stern mit dem Eisernen
Kreuz während des Boykotts
jüdischer Einrichtungen vor
seinem Geschäft in Köln,
1. April 1933

„Aus dem Traume erwacht"

Vollendung und Zerstörung der Emanzipation

In seiner 1921 erschienenen Autobiographie „Mein Weg als Deutscher und Jude" stellte Jakob Wassermann (1873–1934) resigniert fest, es sei vergeblich, für „das Volk von Dichtern und Denkern" zu leben und zu sterben, „sie sagen: er ist ein Jude". Damit bezog sich der Schriftsteller auf eine konkrete Ernüchterung, die er selbst erlebt hatte: Wenige Jahre zuvor waren Tausende deutscher Juden für ihre Heimat, für Deutschland, in den Krieg gezogen und gefallen.

Der Ausbruch des Ersten Weltkrieges wurde von den meisten Deutschen begrüßt und bejubelt. Das von Kaiser Wilhelm II. im nationalen Überschwang im August 1914 ausgesprochene Wort: „Ich kenne keine Parteien mehr, ich kenne nur noch Deutsche" wurde von der jüdischen Bevölkerung als Versprechen empfunden. Sie hofften, ihr Patriotismus und ihre Loyalität würden den Antisemitismus widerlegen und noch bestehende Emanzipations-defizite endlich überwinden. Noch am selben Tag veröffentlichte der Central-Verein deutscher Staats-bürger jüdischen Glaubens einen flammenden Auf-ruf: „In schicksalsernster Stunde ruft das Vaterland seine Söhne unter die Fahnen. Dass jeder deutsche Jude zu den Opfern an Gut und Blut bereit ist, die die Pflicht erheischt, ist selbstverständlich. Glau-bensgenossen! Wir rufen Euch auf, über das Maß der Pflicht hinaus Eure Kräfte dem Vaterlande zu widmen!" Ähnliche Bekenntnisse gaben auch der Verband der deutschen Juden und die Zionistische Vereinigung für Deutschland ab.

Mobilmachung 1914 –
Das Ehepaar Fritz und Emma
Schlesinger verabschiedet den
Kavalleristen Ludwig Börnstein
Unter den Linden in Berlin

In ihrem Patriotismus unterschieden sich die deutschen Juden in nichts von ihren nichtjüdischen Landsleuten. Selbst aus dem Ausland, aus Palästina, kamen ausgewanderte Juden zurück, um dem Vater-land beizustehen. Stimmen gegen den Krieg gab es dagegen kaum: Karl Kraus, Sigmund Freud oder Theodor Wolff, die in der allumfassenden Kriegs-begeisterung eine Abkehr von Vernunft und Huma-nismus sahen, blieben einsame und angefeindete Rufer in der Wüste.

Der Geist von 1914

„Ich freue mich auf den Krieg." Mit diesen Worten zog etwa der 40-jährige sozialdemokratische Reichs-tagsabgeordnete und Rechtsanwalt Ludwig Frank (1874–1914), dessen Jahrgang wahrscheinlich gar nicht mehr eingezogen worden wäre, freiwillig in den Kampf. Zu seinem Einsatz hatte er sich auch ent-schlossen, um Misstrauen gegenüber Juden abbauen zu helfen und ihre soziale und politische Integration voranzutreiben. Er sollte ihn nur drei Tage überle-ben. Am 31. August an die Front verlegt, fiel er am 3. September 1914 südöstlich von Lunéville in Loth-ringen – einer von mehr als 12 000 deutsch-jüdischen Soldaten, die im Ersten Weltkrieg starben.

Andere, wie der Rechtsanwalt Julius Fliess (1876–1955), wurden schwer verwundet. Auch Fliess, ebenfalls bereits 38 Jahre alt, hatte sich mit großer Begeisterung gleich nach der Mobilmachung frei-willig gemeldet. Nach einem Kopfschuss rechtsseitig erblindet, galt er als nicht mehr ‚kriegsverwendungs-fähig', doch meldete er sich immer wieder an die Front. Für seinen Einsatz wurde er nicht nur zum Leutnant befördert, sondern mit sämtlichen militä-rischen Orden geehrt, dem Eisernen Kreuz I. und II. Klasse, dem silbernen Verwundetenabzeichen, dem

Ehrenkreuz für Frontkämpfer, dem Hessischen Ehrenkriegszeichen, dem österreichischen Militärverdienstkreuz und etlichen mehr.

Doch die Hoffnungen auf uneingeschränkte Anerkennung wurden schon bald enttäuscht. Je länger der Krieg dauerte, umso mehr verflog der „Geist von 1914". Frustration und anhaltendes Ressentiment nährten antisemitische Angriffe. Die Unterstellung etwa, Juden würden sich der Wehrpflicht und dem Frontdienst entziehen, diente als Anlass für eine „Judenzählung" im deutschen Militär. Als konfessionelle Statistik getarnt, ordnete das Kriegsministerium am 11. Oktober 1916 die Erfassung aller wehrpflichtigen Juden an. Dies wurde von der jüdischen Bevölkerung insgesamt und insbesondere von den Frontkämpfern als tiefe Demütigung empfunden. Ernüchterung und Wut machten sich breit. Der bis dahin stets auf Ausgleich bedachte Central-Verein forderte 1918, die Zeit der Mäßigung zu beenden und „zum Angriff überzugehen", während die zionistische Zeitschrift *Ost und West* prophetisch verkündete, „dass wir uns auf einen Judenkrieg nach dem Krieg gefasst machen müssen".

Weimarer Republik

Als nach vier Jahren Krieg, ab November 1918, die Waffen schwiegen, gab die Ausrufung der Republik erneut Hoffnung: Tatsächlich wurde die Emanzi-

> „Noch nie, so hatte unser Kaiser in seinem Aufruf an das deutsche Volk gesagt, war Deutschland überwunden, wenn es einig war. Und einig waren wir."
>
> EUGEN FUCHS (1856–1923)
> *Jurist und Mitbegründer des Central-Vereins deutscher Staatsbürger jüdischen Glaubens über den Beginn des Ersten Weltkriegs*

pation der deutschen Juden nach Ablösung der Monarchie durch die Demokratie vollendet.

Die am 31. Juli 1919 verabschiedete Weimarer Verfassung beseitigte die letzten Einschränkungen der politischen Integration. Die Paragraphen 109 und 128 verboten eine Diskriminierung aus religiösen Gründen im öffentlichen Dienst, Artikel 136 bestätigte die bereits 1871 festgelegte Unabhängigkeit der bürgerlichen Rechte vom religiösen Bekenntnis: „Die bürgerlichen und staatsbürgerlichen Rechte und Pflichten werden durch die Ausübung der Religionsfreiheit weder bedingt noch beschränkt. Der Genuß bürgerlicher und staatsbürgerlicher Rechte sowie die Zulassung zu öffentlichen Ämtern sind unabhängig von dem religiösen Bekenntnis. Niemand ist verpflichtet, seine religiöse

Orden und Auszeichnungen für Julius Fliess aus dem Ersten Weltkrieg, 1914–1918

Überzeugung zu offenbaren." Jüdische Gemeinschaften wurden darüber hinaus als Körperschaften des öffentlichen Rechts anerkannt. Nun war jüdischen Deutschen kein gesellschaftlicher Bereich mehr verschlossen – die vollständige staatsbürgerliche Gleichberechtigung war endlich erreicht.

Dieser neue staatsrechtliche Rahmen wurde von vielen deutschen Juden, die ihre Interessen in der Öffentlichkeit vertraten, genutzt und ausgefüllt. Die Emanzipationserfolge mussten jedoch in einen politischen Alltag übersetzt werden, der von einer fortdauernden antisemitischen Grundstimmung geprägt war. Die rechtsnationalen Parteien und Vereinigungen, wie der Deutschvölkische Schutz- und Trutzbund oder die Nationalsozialistische Deutsche Arbeiterpartei (NSDAP), schürten systematisch diese Ressentiments. In großen Teilen der Presse wurden Juden für nahezu alle Krisensymptome verantwortlich gemacht: Sie und andere „Vaterlandsverräter" hätten der lange siegreichen deutschen Armee den Dolch in den Rücken gestoßen und würden nun, als Großkapitalisten, auch noch von der Niederlage profitieren.

Im parlamentarischen Untersuchungsausschuss über die tatsächlichen Ursachen des Zusammenbruchs von 1918 arbeitete der sozialdemokratische Reichstagsabgeordnete Julius Moses (1868–1942) aktiv mit. Als Berichterstatter über die Frage des Verhaltens des Deutschen Reichstages im Weltkrieg wies er auch die Legende der angeblichen „Drückebergerei" entschieden zurück und deckte 1929 die Förderung einer antisemitischen Schrift durch die Notgemeinschaft Deutscher Wissenschaften – Vorläuferin der Deutschen Forschungsgemeinschaft – auf. Moses, ein überzeugungskräftiger und schlagfertiger Redner, gehörte zu den zahlreichen Parla-

mentariern jüdischer Herkunft, die seit Beginn der Weimarer Republik maßgeblich an der Neuordnung der Gesellschaft und dem Aufbau demokratischer Strukturen mitwirkten. Als gesundheitspolitischer Sprecher der SPD-Fraktion erwarb der praktizierende Arzt, der dem Reichstag fast über die gesamte Dauer der Republik angehörte und sich stets auch als Vertreter jüdischer Interessen engagierte, hohes überparteiliches Ansehen. 1942 wurde er, 74-jährig, nach Theresienstadt deportiert.

Ein Jude als Außenminister

Die wechselvolle Geschichte des Kampfes um die Emanzipation zeigt sich exemplarisch an der Person des Unternehmers, Schriftstellers und Politikers Walther Rathenau, in dessen Werdegang sich die Hoffnungen der jüdischen Bevölkerung zu verwirklichen schienen. 1867 als Sohn des AEG-Gründers Emil Rathenau geboren und seit 1899 im Vorstand der Firma, hatte Rathenau während des Ersten Weltkrieges die Kriegsrohstoffabteilung im preußischen Kriegsministerium aufgebaut und war 1921 zum Reichsminister für den Wiederaufbau ernannt worden. Im Januar 1922 wurde Rathenau, Mitglied der Deutschen Demokratischen Partei (DDP), zum Reichsaußenminister berufen. Zuvor wegen seiner angeblichen „Erfüllungspolitik" gegenüber den Siegermächten angefeindet, wurde er endgültig zur Zielscheibe rechtsnationaler Kräfte; der nationalsozialistischen Propaganda galt er als Personifizierung der „Judenrepublik".

„Knallt ab den Walther Rathenau – die gottverfluchte Judensau", war an Berliner Hauswänden zu lesen – und tragischerweise fand die Parole bald Gehör: Am 24. Juni 1922, keine fünf Monate im Amt, wurde der Außenminister in der Berliner Königsallee

Personal-Bogen.

1. Name und Vornamen. (Rufnamen unterstreichen)	Rathenau, Dr. Walther
2. Tag und Jahr der Geburt.	29. September 1867
3. Ort der Geburt. In welchem Staate gelegen?	Berlin
4. Welche Staatsangehörigkeit besitzen Sie gegenwärtig?	Preussen
5. Zu welcher Konfession be- kennen Sie sich?	*Diese Frage entspricht nicht der Verfassung*
6. Name der Eltern. Stellung des Vaters.	Geheimer Baurat Dr.ing. und Dr.phil.h.c. Emil Rathenau, Mathilde geb. Nachmann Generaldirektor der A.E.G.
7. Sind Sie verheiratet? Wenn ja, seit wann? Welchen Namen führte Ihre Gattin bis zu ihrer Vermählung? Stand des Vaters der Frau.	nein
8. Schulbesuch. Wo und auf welchen Anstalten?	Wilhelms-Gymnasium Berlin
9. Haben Sie, (gegebenenfalls wo und wie lange) studiert? Welcher Fakultät haben Sie angehört?	Berlin, Strassburg, Berlin Technische Hochschule München
10. Haben Sie promoviert? Wenn ja, wann und wo?	Universität Berlin 1889 zum Dr.phil.

Der Personalbogen des Reichsministers Dr. Walther Rathenau, Berlin, 15. Februar 1922. Unter Punkt 5 vermerkt er „Diese Frage entspricht nicht der Verfassung".

links: Walther Rathenau, postumes Gemälde von Emil Orlik, 1926

in seinem Wagen erschossen. Als Täter wurden Mitglieder der rechtsradikalen Organisation Consul ermittelt, die mit dem Deutschvölkischen Schutz- und Trutzbund in Verbindung stand. Der Trutzbund wurde daraufhin verboten, seine 200 000 Mitglieder in 530 Ortsgruppen gingen in der Folge nahezu geschlossen in der NSDAP auf.

Das Entsetzen, das der Mord über alle Parteien hinweg und auch in weiten Teilen der Bevölkerung auslöste, war groß, doch wuchs auch der Einfluss deutschnationaler antidemokratischer Kräfte. Zwar war ein von Adolf Hitler zusammen mit „vaterländischen Verbänden" im Jahr 1923 versuchter Staatsstreich kläglich misslungen, doch nach den Wahlen vom Mai 1924 konnten die Deutschnationale Volkspartei (DNVP) 96 und der nationalsozialistische Völkische Block 32 Abgeordnete in den Reichstag entsenden. Die Verhältnisse blieben weitgehend stabil, bis mit dem Börsenkrach von 1929 und der

*„An alle Frontkameraden und Deutsche!",
Flugblatt verfasst von dem ehemaligen
Frontkämpfer Richard Stern, Köln, Ende März 1933*

folgenden Wirtschaftskrise, mit der Angst vor dem sozialen Abstieg antisemitische Propaganda weithin Gehör fand. Vergeblich versuchte der Central-Verein, 1927 mit etwa 70 000 Mitgliedern die größte jüdische Organisation der Weimarer Republik, durch Aufklärungsarbeit und Publikationen wie die wöchentlich erscheinende *C.V.-Zeitung*, den Antisemitismus abzuwehren.

Zerstörung der Emanzipation

„Der Jude ist wohl Rasse, aber nicht Mensch", hatte Adolf Hitler 1923 verkündet und seither keinen Hehl daraus gemacht, wen er für die sozialen und wirtschaftlichen Probleme des Landes verantwortlich machte. Das wird auch der Mehrheit der Deutschen bekannt gewesen sein, die den „Führer" der Nationalsozialistischen Deutschen Arbeiterpartei (NSDAP) am 5. März 1933 in freier Wahl mit 43,9 Prozent der Stimmen in seinem Amt bestätigte, nachdem er am 30. Januar 1933 von Reichspräsident Hindenburg zum Reichskanzler ernannt worden war.

    Die Situation der jüdischen Bevölkerung verschlechterte sich in Deutschland mit der Machteinsetzung Hitlers augenblicklich. Die im Reichstag vertretenen Parteien – mit Ausnahme der Sozialdemokraten und der bereits verbotenen Kommunisten – machten am 23. März den Weg in die Diktatur frei, indem sie die neue Regierung ermächtigten, Gesetze zu erlassen, und zwar auch solche, die nicht im Einklang mit der Verfassung standen („Ermächtigungsgesetz"). Kurz nach der Wahl kam es bereits zu einer ersten systematischen Gewaltaktion, die die Aushöhlung des Rechtsstaats und die Gefährdung der in Deutschland lebenden Juden erkennen lassen konnte. Am Samstag, dem 1. April 1933, fand ein landesweiter Boykott jüdischer Einrichtungen statt.

Unter der Losung „Deutsche, kauft nicht bei Juden!" wurden vor allen jüdischen Läden, Anwaltskanzleien und Arztpraxen Männer der paramilitärischen NSDAP-Gliederungen SA und SS aufgestellt und jeder am Eintritt gehindert; mehrfach kam es zu gewaltsamen Übergriffen. Die explizite Kennzeichnung jüdischer Läden und die Enthemmung antisemitischer Gewalt nahmen unmittelbar Einfluss auf die wirtschaftliche Situation vor allem jüdischer Kleinhändler, von denen viele den Großteil ihrer nichtjüdischen Kundschaft und damit häufig die Existenzgrundlage verloren. Zugleich offenbarte die Aktion den deutschen Juden ihre Recht- und Wehrlosigkeit im sich etablierenden NS-Staat.

Einen noch tieferen Einschnitt in die deutsch-jüdische Geschichte markiert das kurz darauf, am 7. April 1933, erlassene „Gesetz zur Wiederherstellung des Berufsbeamtentums" das alle bis dahin erreichten Emanzipationserfolge aufhob und erstmals seit 1869 wieder ein Sonderrecht für Juden schuf. Paragraph 3 des Gesetzes, den so genannten Arierparagraphen, sah Reichsinnenminister Frick als „das Kernstück" an. Hier wurden das rechtliche Kriterium der Staatsangehörigkeit durch das der Rasse ersetzt und die Einwohner Deutschlands fortan in „Arier" und „Nicht-Arier" eingeteilt. Dieses Gesetz, das „Nicht-Arier" vom Staatsdienst aus-

nalsozialisten bald vorüber sein würde, dass es sich um eine kurze, im Schutz der Öffentlichkeit und des Auslands zu überbrückende Durststrecke handele, die vor allem auf die Wirtschaftskrise zurückzuführen sei, so ließ sich diese Hoffnung nicht lange aufrechterhalten. „Wie ein fürchterlicher Alpdruck", schrieb 1933 der Maler Max Liebermann (1847–1935), „lastet die Aufhebung der Gleichberechtigung auf uns allen, besonders aber den Juden, die, wie ich, sich dem Traume der Assimilation hingegeben hatten ... So schwer es mir auch wurde, ich bin aus dem Traume, den ich mein langes Leben geträumt habe, erwacht."

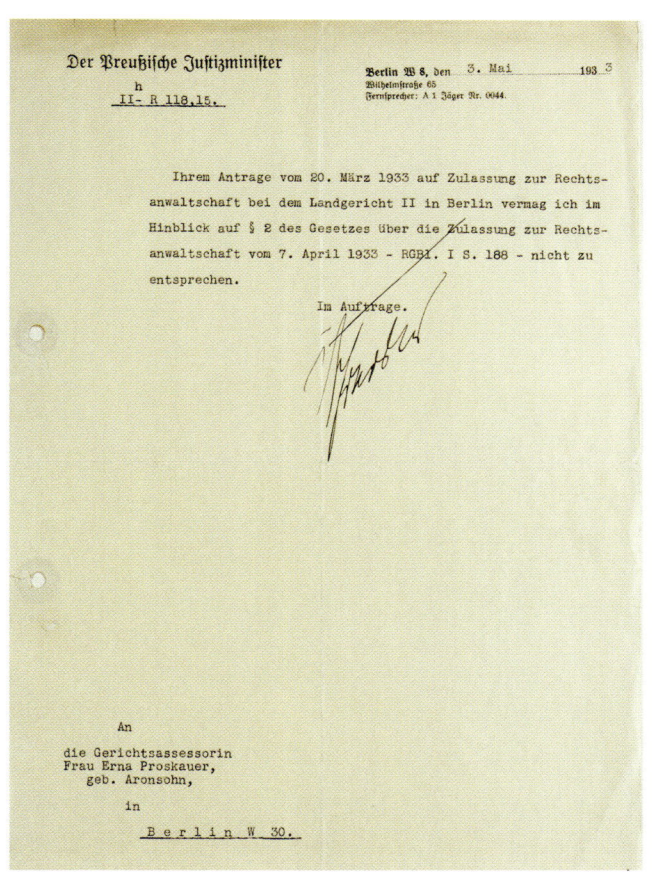

schloß, wurde zum Vorbild der umfassenden antijüdischen Gesetzgebung der Nationalsozialisten, die eine Vielzahl kleiner und kleinster Verordnungen nach sich zog. In der Folge verloren Hochschullehrer, Rechtsanwälte, Ärzte und Beamte nur deshalb ihre Anstellung, weil sie Juden waren. Die Rechtsgleichheit war aufgehoben.

Glaubten zunächst viele – auch viele nichtjüdische Deutsche –, dass die Herrschaft der Natio-

Ablehnung des Zulassungsantrags als Rechtsanwältin für Erna Proskauer, Berlin, 3. Mai 1933

links: Der Aprilboykott – Menschenansammlung vor dem Schuhgeschäft Leiser in der Tauentzienstraße in Berlin, 1. April 1933

„Nesthäkchen und
der Weltkrieg", Berlin:
Meidinger, um 1920

„Unvergessliche Tage, diese herrlichen August-
tage des ersten siegreichen Vordringens der deutschen Truppen, der großen opferfreudigen Begeisterung der Daheimgebliebenen! Jedem der
jungen Kinder, die da für das Vaterland schafften,
gruben sie sich unauslöschlich für das ganze
Leben in die Seele."

Durchdrungen von glühendem Patriotismus und Siegesgewissheit beschreibt die Jugend-
buchautorin Else Ury in ihrer 1922 erschienenen
Erzählung „Nesthäkchen und der Weltkrieg"
diese ersten Kriegstage.

Else Ury, 1877 als Berliner Tabakfabrikantentoch-
ter geboren, blieb, wie es sich für höhere Töchter
im Kaiserreich gehörte, nach dem Mädchenly-
zeum im Haushalt der Familie. Wie die Mehrheit
der akkulturierten jüdischen Minderheit in
Deutschland verstand sie sich als Deutsche jüdischen Glaubens. Unter Pseudonym hatte sie
Gedichte und Aufsätze veröffentlicht, bis sie 1906
erste literarische Anerkennung erhielt. Ihr größter
Erfolg war die von 1918 bis 1925 veröffentlichte
zehnbändige „Nesthäkchen"-Reihe, die bis heute
eine Auflage von fast sieben Millionen hat.

„Nesthäkchen" ist die Geschichte der Berliner
Arzttochter Annemarie Braun. Dank ihrer „glück-
lichen Natur" meistert sie jede Lebenssituation in
ausgelassener Sorglosigkeit. Allerdings ist „Nesthäkchen" nie perfekt, ihr widerfährt manches
Missgeschick. Der dargestellte soziale Hintergrund und die versteckten Erziehungsabsichten
bleiben dem bürgerlichen Milieu verpflichtet, aus
dem die Autorin selbst stammte. Im Gegensatz
zu anderen Jugendbuchautorinnen, wie der
„Trotzkopf"-Verfasserin Emmy von Rohden, in
deren Tradition Else Ury steht, verarbeitet sie
Zeitereignisse wie den Ersten Weltkrieg.

Wie zahlreiche Deutsche – Juden und
Nichtjuden – begrüßte auch Else Ury den Ersten
Weltkrieg. Sie engagierte sich tatkräftig in der
Kriegsfürsorge des Nationalen Frauendienstes.
Dieses Engagement und die Kriegsbegeisterung
finden sich in dem Band „Nesthäkchen und der

„Nesthäkchen" und der Nationalismus

Weltkrieg" wieder. „Nesthäkchen" arbeitet begeistert im Junghelferinnenbund. Übersteigerter Nationalismus wird in der Episode um die so genannte Deutsch-Polin Vera deutlich, die von ihr schikaniert wird: „Wer mit der spricht ... verrät sein Vaterland." Erst nachdem Veras Vater als Frontsoldat für Deutschland gefallen ist, ändert Annemarie ihre Haltung. Der Krieg dient Else Ury als Erziehungsmittel: „Begeisterte Liebe zum Vaterlande, grenzenlose Opferfreudigkeit für die draußen Kämpfenden. Den erhebenden Stolz, ein deutscher Knabe und ein deutsches Mädchen zu sein, und die gleichzeitig daraus erwachsende Pflicht, trotz der Jugend seinen Platz in dieser schweren Zeit voll auszufüllen." Den verlorenen Krieg muss die kaisertreue Else Ury als schwere Niederlage empfunden haben. 1950 wurde dieser Band aus der Serie herausgenommen.

Von ihren Tantiemen kaufte sich die erfolgreiche Schriftstellerin 1926 in ihrem geliebten Ferienort Krummhübel im Riesengebirge ein Haus, das sie „Nesthäkchen" nannte. Kaum mehr als ein Jahrzehnt konnte sie diese Ferienidylle genießen, da sie im NS-Staat nach der „Verordnung über den Einsatz jüdischen Vermögens" vom 3. Dezember 1938 zum Zwangsverkauf ihres Grundeigentums verpflichtet war. Seit 1934 war sie als jüdische Autorin aus dem Reichsverband Deutscher Schriftsteller ausgeschlossen und hatte somit Berufsverbot, aus den Volksbüchereien verschwanden ihre Jugendbücher spätestens 1937. Dennoch blieben ihre Geschichten beliebt. Trotz der zunehmenden Entrechtung und Diskriminierung entschied sie sich, nicht zu emigrieren, weil sie ihre Mutter nicht allein zurücklassen wollte. Im Januar 1943 wurde Else Ury nach Auschwitz deportiert.

Else Ury, um 1938

Hintergrund:
„Haus Nesthäkchen", um 1938

In den Ausstellungsräumen des Jüdischen Museums
in der Oranienburger Straße, Berlin, um 1935

Das Jüdische Museum wurde am 24. Januar 1933
eröffnet, sechs Tage später erfolgte die Machtüber-
nahme der Nationalsozialisten. Für die gesellschaftlich
und kulturell zunehmend isolierten Juden wurde das
Museum zu einem Ort der geistigen Anregung. Nach
dem Novemberpogrom 1938 wurde es geschlossen.

„Nehmt ihn auf, den Davidsschild"

Die Reaktion auf die nationalsozialistische Verfolgung

Jüdisches Selbstbewusstsein und jüdischer Selbstbehauptungs-
wille sind die Eigenschaften, mit denen wir uns innerlich wapp-
nen gegen all das, was immer wieder auf uns eindringt", schrieb
Hans Wollenberg 1934 in der Zeitschrift des Reichsbundes jüdischer
Frontsoldaten *Der Schild*. Wollenberg brachte damit eine Haltung
zum Ausdruck, die für viele der deutschen Juden unter dem zunehmenden Druck im nationalsozialistischen Deutschland kennzeich-
nend wurde. Mit dem Machtantritt der NSDAP im Januar 1933 war
der Antisemitismus staatliche Politik geworden. Es wurde deutlich,
dass das heterogene deutsche Judentum seine Kräfte bündeln
müsse, um auf die nationalsozialistische Entrechtungspolitik aktiv
und einheitlich reagieren zu können.

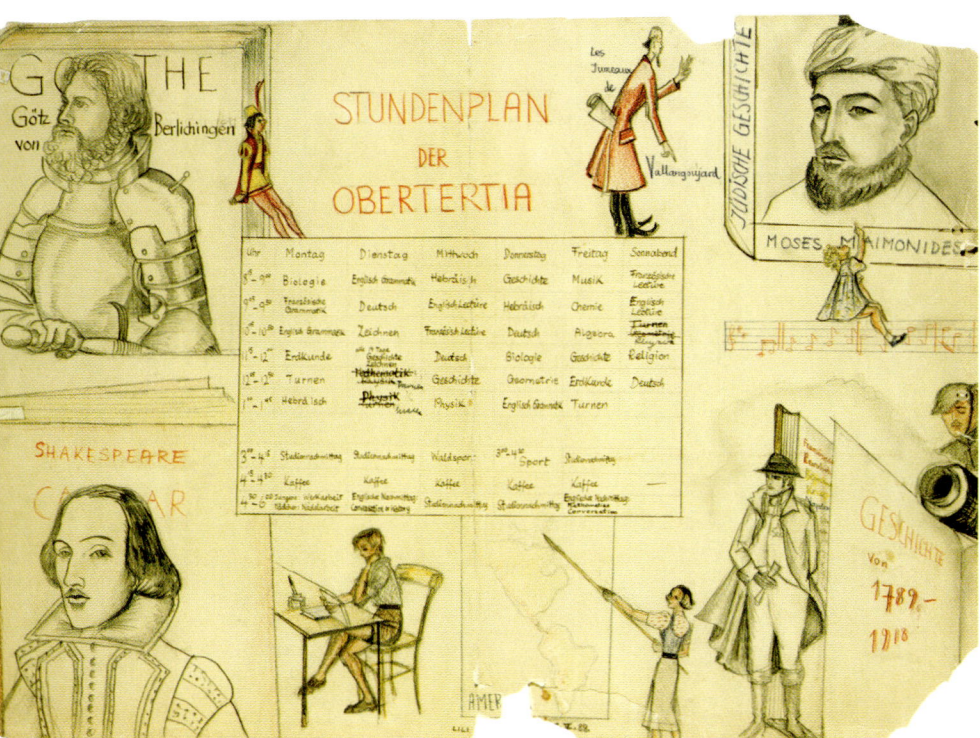

Stundenplan von Lilly Cassel, Schülerin der Privaten Jüdischen Waldschule Kaliski in Berlin-Grunewald, 1938

Unter der Führung des bekannten Rabbiners Leo Baeck (1873–1956) konstituierte sich am 17. September 1933 die erste gesamtjüdische Organisation für alle etwa 560 000 jüdischen Deutschen: die Reichsvertretung der deutschen Juden. Neben der Vertretung jüdischer Interessen gegenüber dem NS-Staat und der Festigung des inneren Zusammenhalts des Judentums bestand ihre vorrangige Aufgabe in dem Aufbau eines umfassenden Selbsthilfewerks. Eine zentrale Wohlfahrtsstelle sammelte bei den Gemeindemitgliedern Geld, um die Folgen der Repressionen und des „Gesetzes über die Wiederherstellung des Berufsbeamtentums" vom 7. April 1933 aufzufangen und die aus Arbeitslosigkeit und Geschäftsruin entstandene Not zu lindern. Darüber hinaus wurde ein jüdisches Schul- und Gesundheitswesen aufgebaut, in dem arbeitslos gewordene Lehrer und Mediziner eine neue Anstellung fanden. Der im April 1933 eingeführte Numerus clausus für Juden an den öffentlichen Schulen und Universitäten löste einen Ansturm auf jüdische Schulen aus. Zwei Drittel aller jüdischen Schüler besuchten bereits 1937 eine jüdische Schule, die sie auf eine Zukunft außerhalb Deutschlands vorbereitete. Die Förderung der Auswanderung wurde zu einer der wichtigsten Aufgaben der Reichsvertretung.

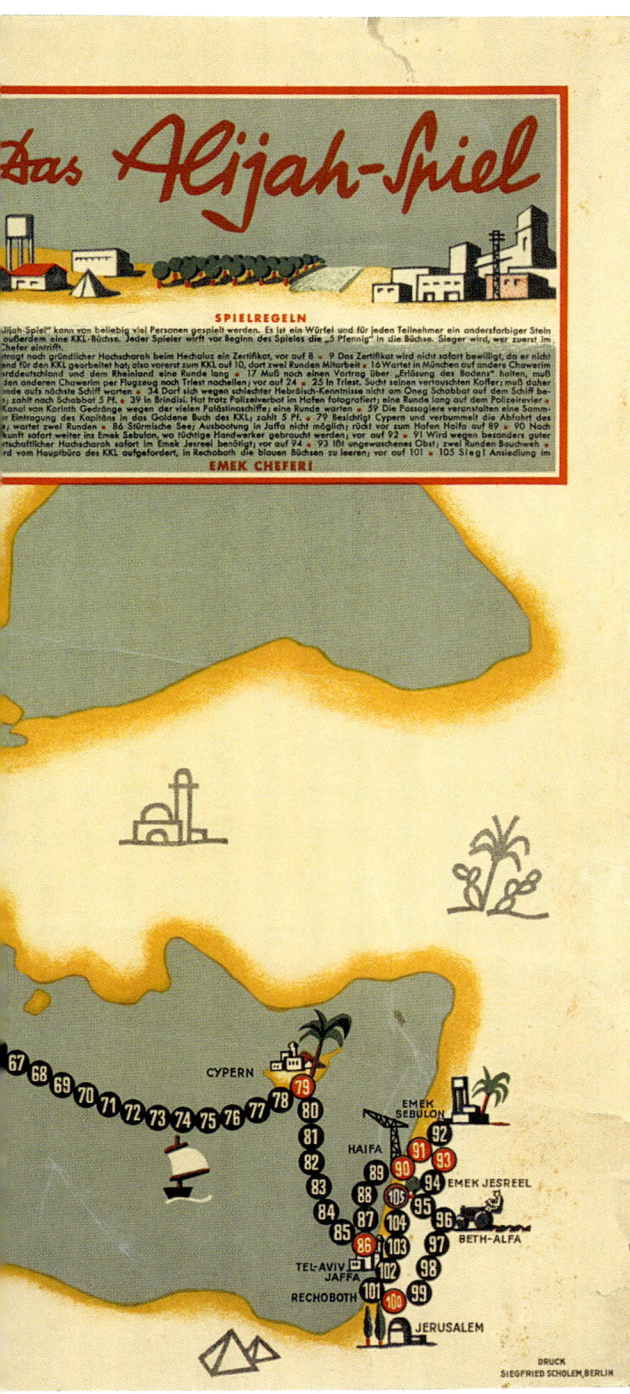

Alijah-Spiel, mit dem Kinder auf die Einwanderung nach Palästina vorbereitet wurden, Berlin, 1930–1934

rechts: Benefizveranstaltung der Jüdischen Winterhilfe in Berlin, 1937

Mit der Jüdischen Winterhilfe entstand im Oktober 1935, nachdem Juden aus dem Winterhilfswerk des Deutschen Volkes ausgeschlossen worden waren, eine effektive Organisation: Schnell und unbürokratisch wurden Bedürftige mit Nahrungsmitteln, Heizmaterial und Kleidung unterstützt; 30 000 Menschen nahmen im Winter 1936/37 diese Hilfeleistungen in Anspruch.

Jüdischer Kulturbund

Im Sommer 1933 wurde, auf Initiative des Theaterregisseurs Kurt Baumann (1907–1983), des ehemaligen stellvertretenden Intendanten der Deutschen Oper Kurt Singer (1885–1944) und des Dramaturgen und Schriftstellers Julius Bab (1880–1955) der Kulturbund deutscher Juden gegründet. Die Berufseinschränkungen des „Berufsbeamtengesetzes" konnten zwar nicht unmittelbar auf den Kulturbereich angewendet werden, führten jedoch zu einer sukzessiven Verdrängung jüdischer Schriftsteller, Künstler und Schauspieler aus ihren Beschäftigungsverhältnissen. Die nationalsozialistischen Behörden hatten das Projekt unter der Bedingung genehmigt, dass alle Kosten für das kulturelle Veranstaltungsprogramm „jüdischer" Darsteller für ein „jüdisches" Publikum selbst getragen würden; 1935 musste er sich auf Anordnung der Geheimen Staatspolizei in Jüdischer Kulturbund umbenennen.

Den Initiatoren war die Ambivalenz ihres Projektes durchaus bewusst, doch die sich eröffnenden Handlungs- und Einflussmöglichkeiten wogen schwerer als die Zweifel. „Was mich betrifft", schrieb Julius Bab im Mai 1933 an den Schriftsteller Georg Hermann, „so mache ich augenblicklich den Versuch, den Ghettowinkel, in den man uns ja unleugbar und ziemlich endgültig hineingedrängt hat, einigermaßen erträglich zu machen."

Als der Kulturbund am 1. Oktober 1933 mit einer Aufführung von Lessings „Nathan der Weise" sein Programm eröffnete, zählte er bereits 12 500 Mitglieder. Dem Ehrenpräsidium gehörten namhafte Vertreter des deutschen Judentums an wie Leo Baeck, Martin Buber, Georg Hermann, Max Liebermann, Franz Oppenheimer und Jacob Wassermann, im Vorstand waren Mitglieder aller wichtigen jüdischen Organisationen vertreten. Berlin wurde zum Vorbild: Überall in Deutschland wurden regionale Kulturbünde gegründet, die insgesamt bald mehr als 2000 Künstlern – wenn auch meist nur auf Gelegenheitsbasis – Beschäftigung boten und ihren Abonnenten ermöglichten, ein reichhaltiges alternatives Kulturangebot jenseits des NS-Kulturbetriebs zu erleben. Mitarbeiter und Publikum gleichermaßen konnte der Jüdische Kulturbund auf diese Weise sozial und moralisch stärken, bis er am 11. September 1941, wenige Tage, bevor die deutschen Juden den „gelben Stern" tragen mussten, zwangsweise aufgelöst wurde.

Kurt Katsch als Nathan der Weise in der Premierenveranstaltung des Kulturbundes Deutscher Juden in Berlin, 1. Oktober 1933

Stoffbahn mit aufgedruckten „Judensternen"

„Tragt ihn mit Stolz, den gelben Fleck!"

Große Unterstützung fanden die Aktivitäten des Kulturbundes in der jüdischen Publizistik, die jede Maßnahme, die jüdische Selbstachtung zu erhalten, unterstützte. Seit dem Frühjahr 1933 hatte die jüdische Presse immer stärker zu Solidarität aufgerufen und versucht, das Gemeinschaftsgefühl zu stärken: „Ja-sagen zum Judentum", gerade jetzt. Und obwohl im Oktober 1933 rund 1300 Journalisten ihre Arbeit verloren, als mithilfe des „Schriftleitergesetzes" das Pressewesen in Deutschland gleichgeschaltet wurde, konnten die wenigen jüdischen Zeitungen noch bis zu ihrer erzwungenen Auflösung im November 1938 weiter publizieren und versuchen, den Diffamierungen und der Hetze der restlichen Presse entgegenzutreten.

Die zweimal wöchentlich erscheinende *Jüdische Rundschau* etwa, die 1896 als Zentralorgan der deutschen Zionisten gegründet worden war, steigerte ihre Auflage von 10 000 Exemplaren im Jahre 1932 auf 40 000 im Folgejahr. Die Leser honorierten den Mut, mit dem diese Zeitung die zunehmende Entrechtung kommentierte. „Tragt ihn mit Stolz, den gelben Fleck!" – war der Leitartikel von Robert Weltsch überschrieben, mit dem er zu einem neuen Selbstbewusstsein aufrief: „Juden, nehmt ihn auf, den Davidsschild, und tragt ihn in Ehren." Das „angegriffene Judentum" müsse sich zu sich selbst bekennen, forderte Weltsch. Daneben kam der jüdischen Presse aber auch die Rolle zu, über Auswanderungsmöglichkeiten zu informieren und damit Zukunftsperspektiven aufzuzeigen – und Hoffnung zu spenden.

Die Segregation wurde mit den Nürnberger Gesetzen vom 15. September 1935 festgeschrieben. Das so genannte Gesetz zum Schutze des deutschen Blutes und der deutschen Ehre verbot unter anderem die Eheschließung zwischen Juden und Nichtjuden, „gemischte" Liebesbeziehungen wurden als „Rassenschande" unter Strafe gestellt. Das „Reichsbürgergesetz" legte rassenideologisch die Definition des deutschen Staatsbürgers über die Abstammung fest und degradierte Juden zu Bürgern zweiter Klasse. Die Nürnberger Gesetze veranlassten die Reichsvertretung, die erkannte, dass es für die jüdische Jugend keine Zukunft in Deutschland geben würde, sich noch stärker auf die Auswanderungsförderung zu konzentrieren.

Innerhalb der jüdischen Gemeinschaft gewann die zionistische Strömung an Boden, die in der Auswanderungspraxis bereits seit Jahrzehnten Erfahrungen gesammelt hatte. So verfügte etwa der Hechaluz („Der Pionier"), eine zionistische Palästina-Organisation, über mehr als 80 Hachschara-Lager (hebräisch Ertüchtigung für einen höheren Zweck), in denen Jugendliche wie Erwachsene in handwerklichen und landwirtschaftlichen Berufen ausgebildet wurden, um für die Alija, die Einwanderung nach Palästina, gerüstet zu sein. Jüdische Jugendbünde, die Jüdische Jugendhilfe, die Reichsvertretung, Gemeinden und private Träger folgten dem Beispiel und gründeten zahlreiche neue Lehrstätten.

rechts: Aus Protest gegen die Nürnberger Rassengesetze 1935 hisste Martin Fried-Lander diese Fahne in den „jüdischen Nationalfarben" blau-weiß vor dem Fenster seiner Wohnung in der Linienstraße in Berlin

ganz rechts: Schmuckteil, möglicherweise eines Tora-Schilds aus der zerstörten Synagoge in der Berliner Fasanenstraße, aufgefunden nach dem Novemberpogrom 1938

Vertreibung in die Emigration

„Es war nie Ausreise, immer nur Flucht", bemerkte die Schriftstellerin Adrienne Thomas, die bereits 1933 nach Frankreich geflohen war. Durch seine gesellschaftliche und wirtschaftliche Vertreibungspolitik trieb das NS-Regime gezielt immer mehr jüdische Menschen in die Emigration.

Etwa 17 000 Juden polnischer Staatsangehörigkeit wurden am 27. und 28. Oktober 1938 von der Gestapo verhaftet und aus Deutschland abgeschoben. Tausende der im Zuge dieser so genannten Polenaktion Vertriebenen lebten, soweit sie bei ihren Angehörigen keine Aufnahme fanden, monatelang bei Zbaszyn (Bentschen) an der deutsch-polnischen Grenze. Unter katastrophalen Bedingungen waren sie dort in Pferdeställen und ausgedienten Militärbaracken untergebracht, unter ihnen die Familie Grynszpan aus Hannover. Vom Schicksal seiner Familie erschüttert, verübte der 17-jährige Herschel Grynszpan ein Attentat auf den deutschen Botschaftssekretär Ernst vom Rath in Paris. Dieses Attentat bot den Nationalsozialisten einen willkommenen Anlaß für ein staatlich organisiertes Pogrom gegen die deutsch-jüdische Bevölkerung. Am 9. November 1938 wurden in ganz Deutschland 7500 Geschäfte und über 70 Synagogen durch einen inszenierten „Wutausbruch des Volkes" zerstört. Weitere zweihundert Synagogen standen in Flammen, 91 jüdische Bürger wurden ermordet, mehrere Zehntausend verhaftet und in die Konzentrationslager nach Dachau, Buchenwald und Sachsenhausen verschleppt. Darüber hinaus hatte die jüdische Bevölkerung in der Folge eine „Sühneleistung" von einer Million Reichsmark aufzubringen, die prozentual auf das Vermögen der einzelnen jüdischen Bürger umgerechnet wurde; alle Versicherungs-

ansprüche der Geschädigten wurden kassiert, die Besitzer der Geschäfte aufgefordert, die durch den „Volkszorn" entstandenen Schäden umgehend zu beheben.

Die Zerstörung der jüdischen Geschäfte markierte zugleich den Abschluß der Verdrängung der Juden aus der Wirtschaft, die im November 1938 bereits weitgehend vollzogen war. Ab sofort wurde Juden jede Form des Einzelhandels, Versandes, Handwerks, des Markt- und Messegeschäftes sowie der Besuch kultureller Veranstaltungen untersagt. Die wenigen noch aktiven jüdischen Firmen befanden sich im Prozess der Auflösung oder „Arisierung". Damit war die deutsche Wirtschaft praktisch „judenfrei".

Affidavit für die USA, Bürgschaft von Arthur C. Josephs für Heinz Rosenthal, New York, 13. März 1939. Rosenthal ist 1943 in Auschwitz verschollen.

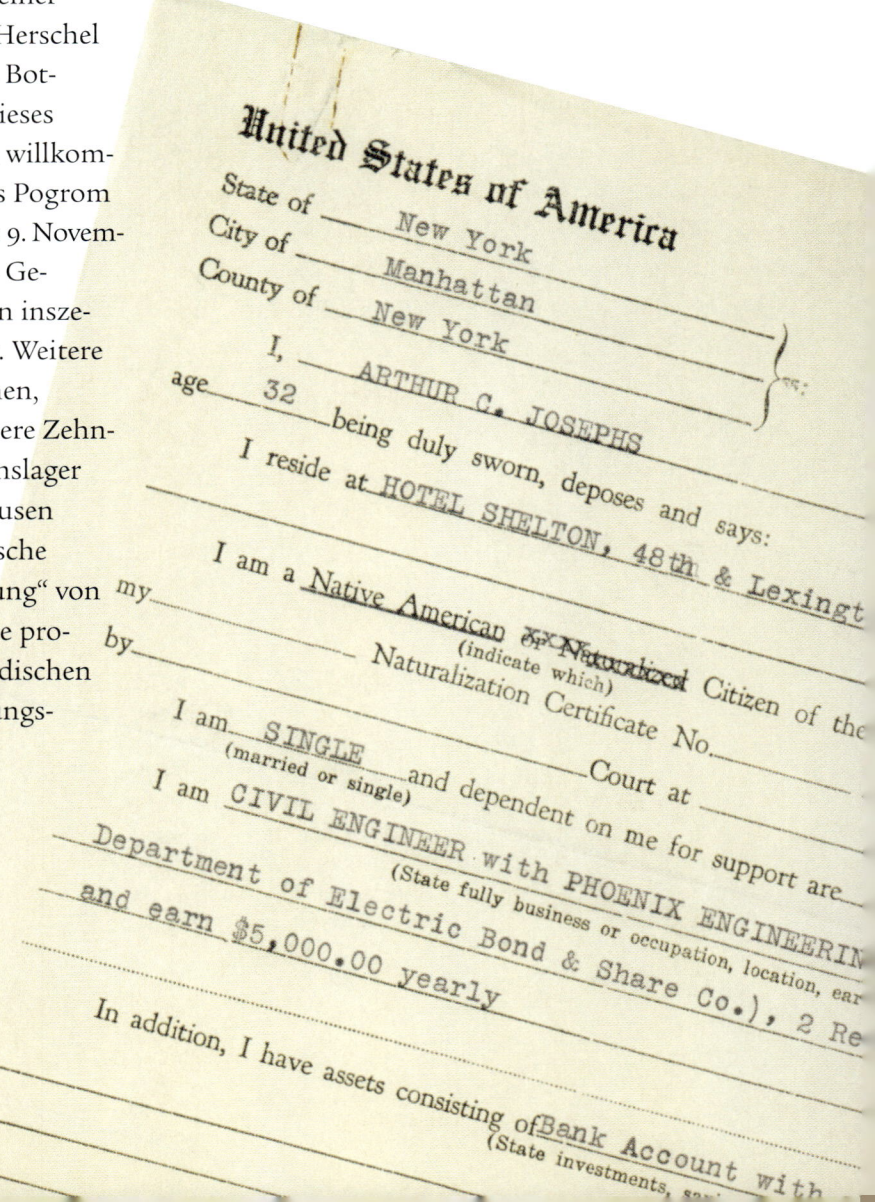

Hatten bis einschließlich 1938 etwa 130 000 jüdische Deutsche das Land verlassen – die meisten von ihnen in die USA oder nach Palästina, das einzige Land, in dem konkrete Vorbereitungen für eine größere Einwanderung getroffen worden waren –, ergriffen nach dem Novemberpogrom noch einmal so viele die Flucht. Auch im Ausland löste die nun unverhohlene Vertreibung Empörung aus, einige Länder lockerten kurzfristig ihre Einwanderungsbestimmungen. So beschloss etwa die britische Regierung in Reaktion auf das Novemberpogrom die zusätzliche Aufnahme von 10 000 Kindern aus Deutschland und Österreich, deren Transport von englischen Hilfsvereinen in Zusammenarbeit mit der Reichsvertretung der Juden in Deutschland organisiert wurde – die meisten dieser Kinder sahen ihre Eltern nicht wieder. Zu den prägenden Erfahrungen des Exils gehörten nicht nur die Trennung von Angehörigen, Angst und Unsicherheit über das Schicksal von Familie und Freunden und der Verlust der Heimat, sondern auch das Gefühl, unerwünscht zu sein. Da die wenigen Aufnahmeländer mit zunehmendem Einwanderungsdruck die – vor allem finanziellen – Aufnahmebedingungen stetig erschwerten, wurde die internationale Zone von Shanghai zu einem der wichtigsten Zufluchtsorte für eine Vielzahl von deutschen Juden. Rund 15 000 Flüchtlinge aus Deutschland fanden im fernen China, wenn auch häufig von Armut, Hunger und Krankheit geplagt, ein vorerst lebenssicherndes Exil.

Für Auswanderungsorganisationen wie den Hilfsverein der deutschen Juden oder die Reichsvertretung, die durch Ausbildung, finanzielle Unterstützung, die Beschaffung von Papieren, die Bereitstellung von Transportmitteln, die Ausarbeitung von Fluchtrouten bei der Ausreise halfen, war die Emigration einer so großen Anzahl von Menschen eine organisatorische Meisterleistung. Hatten zu Beginn des „Dritten Reiches" mehr als eine halbe Million Juden in Deutschland gelebt, registrierte die mit rassistischen Kategorien arbeitende Volkszählung von 1939 nur noch 250 000 Menschen, die nicht auswandern wollten oder konnten – sie wollten ihre Familien nicht zurücklassen, verfügten über zu geringe finanzielle Mittel oder waren zu alt, um die Strapazen der Emigration auf sich zu nehmen.

Nachruf

Ich werde sterben, wie die Vielen sterben,
Durch dieses Leben wird die Harke gehen
Und meinen Namen in die Scholle kerben.
Ich werde leicht und still und ohne Erben
Mit müden Augen kahle Wolken sehn, ...

GERTRUD KOLMAR (1894–1943)

Die Dichterin wurde 1943 deportiert und wahrscheinlich in Auschwitz ermordet. Ihr Werk, zu ihren Lebzeiten nur teilweise veröffentlicht, wurde weitgehend gerettet und nach 1945 veröffentlicht. Zwischen 1937 und 1940 entstand das Gedicht „Nachruf".

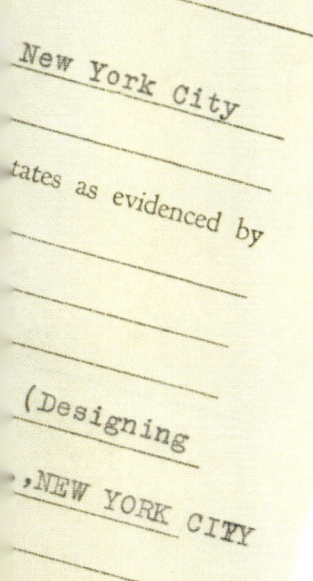

Massendeportationen

Mit dem herannahenden Krieg erreichte die Verfolgung der Juden neue Dimensionen: Am 30. Januar 1939 verkündete Hitler im Berliner Reichstag für den Kriegsfall die „Vernichtung der jüdischen Rasse in Europa". Mit dem „Gesetz über die Mietverhältnisse mit Juden" vom 30. April 1939, das die fristlose Kündigung jüdischer Mieter in „arischen" Häusern vorsah, begann die Phase der Ghettoisierung, der Konzentration aller Juden in so genannten Judenhäusern. Der „geschlossene Arbeitseinsatz", zu dem bereits ab 1938 sozial und rassisch definierte Gruppen unter Missachtung ihrer beruflichen und körperlichen Qualifikationen gezwungen wurden, wurde mit Kriegsbeginn ausgeweitet. Ab September 1940 waren alle jüdischen Frauen und Männer zu Zwangsarbeit vor allem in Industrie- und Rüstungsbetrieben verpflichtet.

Vom 19. September 1941 an, einen Monat vor der ersten großen Deportationswelle, waren alle Juden ab sechs Jahre gezwungen, einen handtellergroßen, sechszackigen, gelben Stern „sichtbar auf der linken Brustseite des Kleidungsstücks" und „fest angenäht" zu tragen; am 23. Oktober 1941 wurde allen noch in Deutschland und den besetzten Gebieten verbliebenen Juden die Auswanderung untersagt – beides vorbereitende Maßnahmen für die Massendeportationen in die Konzentrations- und Vernichtungslager, die am 24. Oktober als „Umsiedlung" angekündigt wurden. Die Reichsvertretung,

1939 in Reichsvereinigung der Juden in Deutschland umbenannt, wurde von den Behörden gezwungen, bürokratische Hilfsdienste bei der Registrierung, Konzentrierung und Kennzeichnung der Juden zu leisten. In dem verzweifelten Bemühen, die Gewalt der Gestapo einzudämmen, kooperierte sie. Doch spätestens als im Mai 1942 Nachrichten über den Massenmord an Deportierten durchdrangen, wurde offenkundig, dass die Strategie der Zusammenarbeit gescheitert war. Ab Januar 1943 wurden alle führenden Mitglieder der Reichsvereinigung deportiert, die Organisation am 10. Juni 1943 aufgelöst.

Bereits Mitte Oktober 1941 war in Belzec eine erste stationäre Gaskammer gebaut worden. Zwischen Dezember 1941 und September 1942 wurden in den besetzten Gebieten in Osteuropa fünf weitere Vernichtungslager errichtet – Kulmhof (Chelmno), Sobibor, Treblinka, Majdanek (Lublin) und als größtes Auschwitz-Birkenau. Im gesamten Deutschen Reich und in den besetzten Gebieten im Osten und Westen Europas gab es zuletzt insgesamt 22 Konzentrationslager mit mehr als 1200 Außenlagern und Außenkommandos, in denen die Zwangsverschleppten als Arbeitssklaven ausgebeutet und zu Tode gequält wurden.

Schild „Möbl. Zimmer zu vermieten" mit handschriftlicher Bemerkung „nichtarischer Haushalt", Berlin 1939–1941

Koffer von Emma Levin, den sie bei ihrer Deportation nach Theresienstadt mitnahm

Widerstand und Versuche des Überlebens

Zahlreiche Juden wehrten sich gegen die Verfolgungs- und Vernichtungsabsichten des NS-Staates. Sie weigerten sich, die Zwangsnamen „Sara" und „Israel" anzunehmen oder den „Stern" zu tragen. Widerstand reichte vom Untertauchen bis zur aktiven Gegenwehr – und bis zum Selbstmord. Die so genannte Fabrikaktion wirkte als Fanal: Im Februar 1943 wurden alle bis dahin noch verbliebenen Juden, die in Berlin Zwangsarbeit leisteten, direkt von ihren Arbeitsplätzen festgenommen und innerhalb weniger Tage nach Auschwitz deportiert – wer konnte, versuchte noch unterzutauchen. Für Juden – es sei denn, sie waren in so genannten Mischehen verheiratet – gab es nun keine Möglichkeiten der legalen Existenz mehr in Deutschland. Nach einer Schätzung überlebten nur drei von zehn Untergetauchten die Illegalität, die meisten wurden denunziert oder entdeckt und deportiert.

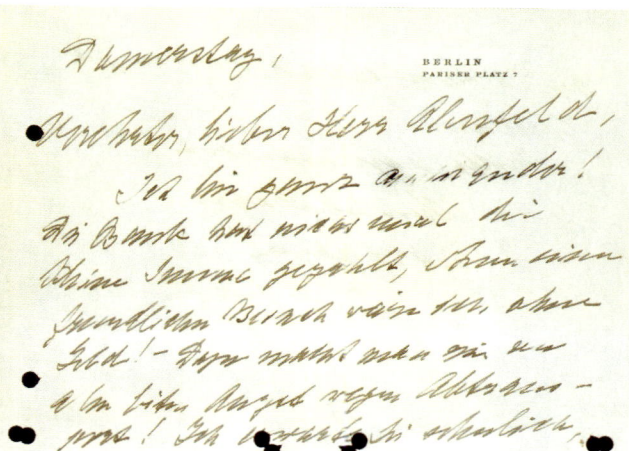

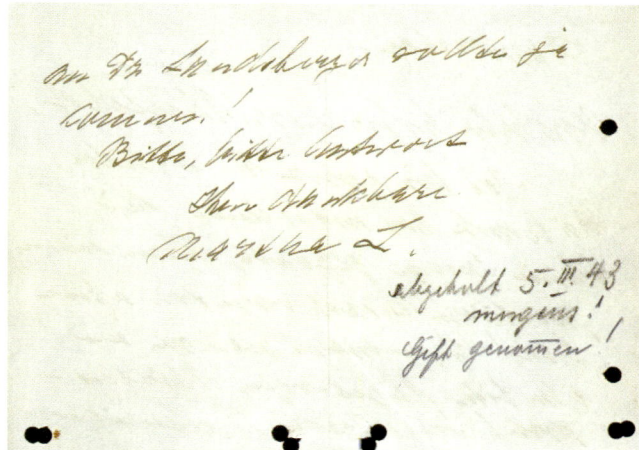

rechts und oben: Letzte Zeilen von Martha Liebermann gerichtet an Erich Alenfeld, Berlin, 4. März 1943 Die Witwe Max Liebermanns nahm sich das Leben.

Hintergrund: Häftlingsjacke aus Auschwitz, getragen von Max Majer Sprecher

Eine der Gruppen, die bis zuletzt aktiv waren, Fluchten organisierten oder untergetauchte Juden mit Quartieren, Papieren und Lebensmitteln versorgten, und deren Mitglieder bis auf wenige Ausnahmen überlebten, war der *Chug Chaluzi* („Pionierkreis"). Diese jüdischen Jugendlichen um den zionistischen Jugendführer Jizchak Schwersenz (geboren 1915) hatten sich der Deportation widersetzt und lebten illegal im Berliner Untergrund. Schwersenz, Jugendbundleiter und Lehrer, war im Sommer 1942 mit Zustimmung seiner Bundesleitung in Berlin untergetaucht. 40 junge Leute waren ihm in die Illegalität gefolgt und schlugen sich, ständig die Unterkunft wechselnd, unter anderen in der Kuppel einer Grabstätte auf dem jüdischen Friedhof Berlin-Weißensee versteckt, bis zum Kriegsende durch. Schwersenz selbst gelang 1944 die Flucht in die Schweiz.

Die Berliner Widerstandsgruppe um den Jungkommunisten Herbert Baum (1912–1942) bestand aus einem Kreis enger politischer und persönlicher Freunde. Seit dem Herbst 1941 bereiteten sich die Mitglieder auf ein Leben in der Illegalität vor. Zugleich demonstrierten sie mit offenen politischen Aktionen Widerstand. Nach einem Brandanschlag auf die antisowjetische Propagandaausstellung „Das Sowjetparadies" im Mai 1942 setzte eine Welle von Verhaftungen ein; zur Vergeltung verhaftete die Gestapo 500 Berliner Juden, die erschossen oder deportiert wurden. Zwischen Juli 1942 und September 1943 wurden 22 Mitglieder der Gruppe hingerichtet, zwei starben bereits in Untersuchungshaft – darunter Herbert Baum –, drei wurden in Auschwitz ermordet.

Aktentasche, mit der Gerd Ehrlich im Oktober 1943 über die ,grüne Grenze' in die Schweiz floh

Der Völkermord
an den europäischen Juden

Von wenigen Ausnahmen abgesehen, erfassten die Deportationen alle in Deutschland und den besetzten Gebieten verbliebenen Juden. Als die Alliierten ab Mitte 1944 die Lager nach und nach befreiten, waren unter den Millionen von Menschen, die von den Nationalsozialisten ermordet worden waren, sechs Millionen Juden aus ganz Europa. Noch kurz vor der Befreiung, als die Lager in Polen wegen der heranrückenden Roten Armee geräumt und die Insassen in weit entfernte Lager ins Reichsinnere verbracht wurden, kamen viele derjenigen, die die Torturen bis dahin überlebt hatten, auf den Todesmärschen ums Leben.

Dass jüdisches Leben in Deutschland nach der Massenvernichtung jemals wieder möglich sein würde, war für die wenigen Überlebenden undenkbar. So formulierte der langjährige Vorsitzende der Reichsvereinigung, Rabbiner Leo Baeck, der Theresienstadt überlebt hatte, im Dezember 1945: „Unser Glaube war es, dass deutscher und jüdischer Geist sich auf deutschem Boden treffen und durch ihre Vermählung zum Segen werden könnten. Dies war eine Illusion – die Epoche der Juden in Deutschland ist ein für allemal vorbei."

Passfotos jüdischer Zwangsarbeiter der Firma Ehrich & Graetz, Berlin-Treptow, 1941–1943
Eine Mitarbeiterin von Ehrich & Graetz rettete die Fotos der ehemaligen jüdischen Zwangsarbeiter ihrer Firma. Sie hatte die Passfotos bei Kriegsende von den Werksausweisen abgetrennt, sie in Cellophantütchen gesteckt und verwahrt. Ende der 80er Jahre übergab sie die beiden Keksschachteln mit den Passfotos dem Jüdischen Museum.

„Und als er dann entlassen wurde aus Sachsenhausen, da habe ich ihn nicht wiedererkannt. Er kriegte seine Papiere in die Hand gedrückt mit der Maßgabe, also innerhalb von 24 Stunden musst du raus sein aus Deutschland mit Familie", erinnerte sich Rita Metis, die 1939 als Kind mit ihrer Familie nach Shanghai floh, an die Entlassung ihres Vaters aus dem Konzentrationslager. Nur auf Vorlage von Ausreisepapieren erfolgte die Entlassung.

Wer nach Shanghai emigrierte, hatte meist keine andere Wahl. Nach dem Novemberpogrom 1938 wurde die internationale Zone in Shanghai zu einem der wichtigsten Zufluchtsorte. Gelang es, eine Schiffspassage nach China oder eine Fahrkarte für die Transsibirische Eisenbahn zu erwerben, so genügten ein Reisepass und gültige Transitvisa. Bis 1941 trafen in Shanghai 18 000 bis 20 000 Flüchtlinge ein – die meisten kamen aus Deutschland, rund ein Viertel von ihnen aus Österreich.

rechts: Vier jüdische Ärzte teilen sich eine Praxis, Shanghai 1940

Hintergrund: Auszug aus dem Stadtplan von Shanghai, um 1940

Aushang der Listen mit den Namen von Überlebenden des Holocaust, 1946

„Mr. Nobody". Holzschnitt von David Ludwig Bloch, in den 1940er Jahren im Exil Shanghai angefertigt

Exil in Shanghai

Leben im Wartesaal

Unter schwierigen materiellen Bedingungen mussten die Flüchtlinge im Exil Shanghai leben. Zumeist in ärmlichen Baracken untergebracht, litten viele an Tropenkrankheiten und unter dem extremen Klima. Die Situation verschlechterte sich, als die japanische Militärbehörde im Februar 1943 ein Ghetto für jüdische Flüchtlinge im Distrikt Honkew einrichtete. Doch trotz der widrigen Bedingungen waren sie froh, in Shanghai eine Zuflucht gefunden zu haben, und versuchten mit kulturellen Aktivitäten, die Nöte und Ängste des Exilalltags zu vergessen.

Mit dem Zustrom von Künstlern der unterschiedlichsten Sparten entwickelte sich zwischen 1939 und 1947 in Shanghai ein vielfältiges Kulturleben. Literarische Matineen, „Bunte Abende" und Soloauftritte von Sängern, Kabarettisten und Pianisten waren die beliebtesten Veranstaltungen.

Theaterstücke und Opern wurden in gemieteten Kinosälen, in Tanzhallen, Schulen und in den Wohnheimen der Flüchtlinge inszeniert. Dekorationen und Kostüme mussten improvisiert werden. Auch geeignete Theaterliteratur war rar, daher wurde eine Vielzahl von neuen Texten verfasst. Rund dreißig Stücke entstanden, darunter viele Komödien, die den Flüchtlingen zumindest eine kurzfristige Ablenkung boten.

Ende des Exils

Mit der Kapitulation der japanischen Besatzungsmacht im August 1945 konnten sich die jüdischen Flüchtlinge endlich wieder frei bewegen. Jetzt wich jedoch die quälende Ungewissheit über das Schicksal von Familienangehörigen und Freunden dem Entsetzen über das Ausmaß der deutschen Verbrechen und der Gewissheit über die Ermordung vieler ihrer Verwandten.

Nach Kriegsende sahen die allerwenigsten Flüchtlinge für sich eine Zukunft in Shanghai. Fast alle hofften darauf, nach Amerika, Israel oder Australien zu kommen, nur wenige kehrten nach Deutschland zurück.

*Laubhütte zu Sukkot in der zerstörten Synagoge Essen, 1945 –
das erste Laubhüttenfest nach der Befreiung*

„Wir sind hier"

Jüdische Gegenwart in Deutschland

Heute weiß ich, dass ich auf das hier selbst stoßen musste, ... ohne dass mir jemand hätte erzählen können, wie es war. ... Das hier war der Grund für die Furcht und die Schuld aller Überlebenden. Denn es waren Menschen, die dies hatten tun können, und wir gehörten derselben Gattung an." Der amerikanische Schriftsteller Meyer Levin (1905–1981), nahm als Kriegsberichterstatter zusammen mit dem Fotografen Eric Schwab an der Befreiung der Konzentrationslager teil. Gemeinsam wollten sie so schnell wie möglich Theresienstadt erreichen, wo Schwab seine Mutter wiederfand. Doch auf dem Weg dorthin stießen sie auf die Todeslager – Ohrdruf, Buchenwald, Dachau.

„Klein wie ich war, schlüpfte ich unter der Kinokasse des einzigen Lagerkinos hindurch, um mit Herzklopfen meinen ersten Kinofilm zu sehen: ‚Maske in Blau' mit Marika Rökk."

SALOMON KORN
über seine Kindheit im DP-Camp Zeilsheim

Die Befreiung erreichte nur wenige Überlebende. Als das Deutsche Reich am 8. Mai 1945 kapitulierte, war niemand auf das Ausmaß der Verbrechen vorbereitet. Erst nach und nach trugen jüdische historische Kommissionen, wie die 1945 in Polen unter der Beteiligung von Joseph Wulf eingerichtete, die Zahlen der ermordeten europäischen Juden zusammen. Von den sechs Millionen Opfern, so schätzte man, stammten etwa 200 000 aus Deutschland.

Nach der Befreiung kamen 1,5 Millionen verschleppter Menschen, so genannter *Displaced Persons* (DPs), auf deutschem Gebiet unter die Obhut der Alliierten. Die meisten von ihnen kehrten bald in ihre Heimatländer zurück. Doch für die mehr als 50 000 jüdischen Überlebenden der Massenvernichtung, die meisten unter ihnen aus Osteuropa, gab es keine Heimat mehr. Mehr als 150 000 Juden kamen noch nach 1945 aus Polen, Ungarn, Rumänien oder der Sowjetunion in das Sammelbecken Deutschland.

„Ibergang"

Die britischen, französischen und amerikanischen Alliierten richteten provisorische Unterkünfte, die so genannten Displaced Persons Camps, ein. Die jüdischen Überlebenden saßen hier unter vielen anderen Verschleppten und Zwangsarbeitern „auf gepackten Koffern" – ein Begriff, der die in Deutschland verbliebenen Juden in den nächsten Jahrzehnten begleitete. Jeder Aufenthalt blieb ein Übergang. Auf Forderung von Lagerkomitees entstanden in der US-amerikanischen Besatzungszone eigene jüdische DP-Camps, wie die in Landsberg am Lech, Zeilsheim

*oben: Fotoalbum von David Minster
aus dem DP-Camp Ulm*

*links: Überlebende feiern Purim im
DP-Camp Landsberg am Lech, 1946*

und Feldafing. Ein neues Leben entstand, mit Krankenhäusern, Kinderheimen, Synagogen, Theatern und Schulen. „Mir szeinen doh" – wir sind hier –, lautete die Parole. Lagerzeitungen in jiddischer und hebräischer Sprache wurden gegründet, die *Unterwegs* hießen und *Ibergang*. Auch Sportvereine waren Ausdruck eines neuen Selbstbewusstseins. In der Boxmeisterschaft der „Sherit Hapleitah", des „Rests der Geretteten", im Zirkus Krone in München konnten die jüdischen Überlebenden erstmals wieder ihre eigene Kraft spüren.

Das Leben in den Lagern blieb provisorisch. Auf einem Kongress 1946 in München konstatierte der Vertreter des Zentralkomittees der befreiten Juden in der amerikanischen Zone, Zalman Grinberg: „Wir sitzen noch immer in Lagern wie in einem luftleeren Raum. ... Wir sind staatenlos, heimatlos. Was Europas Krematorien nicht verdaut haben, ist als ständiger Bissen im Rachen der internationalen Politik steckengeblieben." Auch die Ressentiments der sie umgebenden deut-

schen Gesellschaft unmittelbar nach Kriegsende waren deutlich spürbar. Anlässlich eines weiteren Kongresses der befreiten Juden in der amerikanischen Zone 1947 in Bad Reichenhall erntete Bayerns Landwirtschaftsminister Josef Baumgartner bei dem „Dienstag-Club", dem Forum der Nachwuchspolitiker der Christlich Sozialen Union, zustimmendes Gelächter: „Wir werden ohne die Juden und besonders ohne die jüdischen Kaufleute in USA und der übrigen Welt nie mehr auskommen: Wir brauchen sie für die Wiederaufnahme unserer alten Handelsbeziehungen! Was freilich die vielen Ostjuden hier in Bayern anbetrifft, so bin ich anderer Meinung: Meine Herren! Ich bin leider gezwungen gewesen, an dem Judenkongress in Reichenhall teilzunehmen: Das einzig Erfreuliche an der Tagung war für mich die einstimmig gefasste Resolution: ‚Raus aus Deutschland'!"

Boxhandschuhe von Abe Malnik, mit denen er an der Boxmeisterschaft der „Sherit Hapleitah" teilnahm

Die Lagerkomitees organisierten die Auswanderung, unter der Mithilfe großer jüdischer, zumeist zionistischer Organisationen. Sie verhandelten mit den Alliierten, um die jüdischen Menschen schnellstmöglichst aus dem ‚Schlachthaus' wegzubringen. Die strengen Einwanderungsbedingungen etwa Großbritanniens und des britischen Mandatsgebietes Palästina oder der USA erwiesen sich aber für die meisten Verschleppten als kaum erfüllbar. Der zionistische Führer David Ben Gurion bereiste 1946 die DP-Camps und forderte die Überlebenden auf, sich „vom Standpunkt der jüdischen Nation" zu betrachten: „Im bevorstehenden Kampf werdet ihr eine entscheidende Rolle spielen. Ihr seid ... eine politische Macht." Die Lager wurden zu Keimzellen eines nationalen Selbstbewusstseins, an die 200 000 Menschen schlossen sich der illegalen Einwanderung nach Palästina an. Die Situation in den Lagern in Deutschland wurde zum Druckmittel auf internationale Gremien wie die Vereinten Nationen. So trugen die Überlebenden, die Verschleppten in den DP-Camps, entscheidend zur Gründung des Staates Israel im Jahr 1948 bei.

Neuanfang

Nur wenige deutsche Juden hatten im Reich selbst überlebt, etwa 1500 im Versteck und 15 000 in Ehen mit Nichtjuden. Viele unter ihnen waren getauft, hatten sich kaum noch als Juden wahrgenommen oder ihre jüdische Identität verleugnet. Zu ihnen stießen die etwa 9000 Überlebenden der Konzentrationslager, die als deutsche Staatsbürger nicht in die DP-Camps aufgenommen wurden, und einige hundert deutsch-jüdische Remigranten, darunter die Rückkehrer aus dem Exil in Shanghai. Diese kleinen, überalterten Gemeinden vereinigten sich Ende der 40er Jahre mit den verbliebenen Juden aus den DP-Camps, die sich dem Exodus in Richtung Palästina oder USA nicht angeschlossen hatten. In den neu gegründeten Gemeinden bildeten bald die Überlebenden aus Osteuropa die Mehrheit. Im Juli 1945 hatte sich in München die Israelitische Kultus-

gemeinde konstituiert, einige Monate später, im Dezember, gab es auch in Berlin wieder eine jüdische Gemeinde, zu deren Gründungsvätern der Auschwitz-Überlebende Heinz Galinski (1912–1992) gehörte. Das ausdrückliche Ziel dieser Neugründungen war ihre Selbstauflösung, in den westlichen wie in der sowjetischen Besatzungszone bestand die Aufgabe der Gemeinden vornehmlich darin, bei der Emigration zu helfen und den vorübergehenden Aufenthalt zu erleichtern.

Solidaritätskundgebung für Israel vor dem Zentralkomitee der befreiten Juden in München, 1948

Vereinzelte Stimmen begannen jedoch, wie Hans-Erich Fabian 1947, sich für eine Erneuerung jüdischen Lebens in Deutschland auszusprechen: „Es hat keinen Sinn, Häuser zu bauen, wo Hütten genügen, und es hat keinen Zweck, Synagogen zu errichten, ... um sie in kurzer Zeit zu verlassen. Die jüdischen Gemeinden in Deutschland müssen sich klar werden, dass sie nicht nur vorübergehende Gebilde sind". Der Mehrheit der Juden auf der ganzen Welt fehlte hierfür allerdings jedes Verständnis, und die Vertreter des politischen Zionismus betrachteten die Entwicklung mit Skepsis.

Ein deutliches Signal dafür, dass einige Juden anfingen, ihre Koffer auszupacken, war die Gründung des Zentralrats der Juden in Deutschland im Juli 1950. Diese Dachorganisation der neuen jüdischen Gemeinden und ihrer Landesverbände festigte als offizielle Vertretung die Existenz einer neuen jüdischen Gemeinschaft in der Bundesrepublik. Etwa 20 000 Juden lebten in Deutschland, eine Zahl, die bis 1990 auf 30 000 Gemeindemitglieder anstieg.

Rechtliche und politische Aufarbeitung

Nach Kriegsende begann in Deutschland die schwierige, verhaltene Auseinandersetzung mit der unmittelbaren Vergangenheit. In den alliierten Besatzungszonen, später in der Bundesrepublik Deutschland (BRD) und der Deutschen Demokratischen Republik (DDR), entwickelten sich ein unterschiedlicher juristischer, politischer und kultureller Umgang mit dem Geschehenen.

Auf der Grundlage der Moskauer Dreimächteerklärung vom Oktober 1943 und des Londoner Abkommens aus dem Jahr 1945 wurde der Internationale Gerichtshof in Nürnberg gebildet. Nach dem Prozess gegen 22 „Hauptkriegsverbrecher" rückte in den zwölf Nürnberger Nachfolgeprozessen die traditionelle Elite auf die Anklagebank: Ärzte, Juristen, Industrielle und Beamte. Diese Prozesse, in denen nach der Rolle der ‚Stützen der Gesellschaft' im Nationalsozialismus gefragt wurde, stießen in der deutschen Öffentlichkeit auf heftige Ablehnung. 184 Personen wurden angeklagt, 24 zum Tode verurteilt,

„Versöhnung mit den Juden",
Eintrittskarte für eine Kundgebung im
Titania-Palast, Berlin, 17. Februar 1952

zwölf hingerichtet, 35 erhielten einen Freispruch – doch alle 98 verhängten Haftstrafen wurden bis 1956 aufgehoben. Die öffentliche und politische Reaktion auf die Nürnberger Prozesse passte ins Bild der westdeutschen Nachkriegsgesellschaft, die mit dem Kalten Krieg und dem Wirtschaftswunder erstaunlich problemlos ihren Weg zurück in die ‚Normalität' fand. „Du kannst Dich bei den Deutschen totdokumentieren, es kann in Bonn die demokratischste Regierung sein – und die Massenmörder gehen frei herum, haben ihr Häuschen und züchten Blumen", schrieb der Historiker Joseph Wulf (1912–1974), aus Polen über Paris nach Berlin emigriert, noch 1974, kurz vor seinem Selbstmord, an seinen Sohn.

1960 erregte der Prozess gegen Adolf Eichmann in Israel erstmals wieder öffentliches Aufsehen: Durch einen Hinweis des hessischen General-staatsanwalts und jüdischen Remigranten Fritz Bauer (1903–1968) hatte der israelische Geheimdienst den SS-Mann und Leiter des NS-Referates für „Judenangelegenheiten" in Argentinien aufgespürt und entführt. Eichmann wurde vor einem israelischen Gericht zum Tode verurteilt und 1961 hingerichtet. Seit Ende der 1950er Jahre fanden auch vor bundesdeutschen Gerichten wieder Prozesse statt, in denen es jedoch um individuelle Schuld entsprechend dem deutschen Strafrecht ging, nicht wie in Nürnberg um Verbrechen gegen die Menschlichkeit. Im größten Prozess der Nachkriegszeit, dem von Fritz Bauer initiierten Frankfurter Auschwitz-Prozess, waren 385 Zeugen, zumeist Überlebende, geladen. Die Begegnung mit den Tätern fiel ihnen schwer, doch bedeuteten diese Prozesse einen wichtigen Schritt, wie Gisela Böhm, eine der Zeuginnen, 1964 an die Staatsanwaltschaft Frankfurt schrieb: „Es ist traurig, als Überlebende, alte einstmalige Häftlingsnummer, diese Sorgen zu haben, ob die Wahrheit auch glaubwürdig ist ... Die heranwachsende Jugend soll keinen Hass, keinen Massenwahn kennen, es soll sich nie mehr wiederholen, was in dem Vernichtungslager vor 20 Jahren möglich war."

Ein zentrales Thema des politischen Diskurses der Nachkriegszeit war die Frage der so genannten Wiedergutmachung, der Entschädigung und Rückerstattung geraubten Vermögens. Die neu gegründete DDR ließ keinen Zweifel daran, dass eine materielle Wiedergutmachung nicht in Erwägung gezogen werden würde – aus dem Geist des Antifaschismus geboren, sah sie sich als nicht zuständig an. Darüber hinaus galten die jüdischen Opfer als passive „Opfer des Faschismus", die den Sonderstatus als Antifaschisten in der Regel nicht teilten, „rassisch Verfolgte" des Nationalsozialismus erhielten jedoch erhöhte Renten.

Bereits in der jungen Bundesrepublik standen Entschädigungsfragen auf der Tagesordnung. Für erlittenes nationalsozialistisches Unrecht wurde die Frage der Wiedergutmachung staatsrechtlich in

Form der Rückerstattung entzogenen Eigentums und des Ersatzes „sonstiger Schäden" verabschiedet. Die amerikanische Jewish Restitution Successor Organization, später die Claims Conference (CC), trat als Treuhänder der ermordeten Juden auf, die keine Erben hatten. Es ging zum einen um Entschädigungsansprüche, die von individuellen Personen geltend gemacht wurden, zum anderen um kollektive Entschädigung. Nachdem im Luxemburger Abkommen zwischen der BRD, Israel und der Claims Conference 1952 der Anspruch auf Wiedergutmachung verankert worden war, zahlte die Bundesrepublik in den darauffolgenden Jahren eine Summe von drei Milliarden Mark an Israel, berechnet nach den aufzubringenden Kosten für die Integration der Überlebenden in die israelische Gesellschaft. Die Verhandlungen über die Entschädigung der Zwangsarbeiter in den deutschen Industrie- und Rüstungsbetrieben wurden erst im Jahr 2001 abgeschlossen.

Anne Frank
Amsterdam, März 1941

Hintergrund: Anne Frank-Medaillon,
Geschenk zur Bat Mizwa, Ende der 1950er Jahre

Erinnerungskultur

Das Wichtigste für die Menschen in Ost und West war der Wiederaufbau. Der Blick zurück war unbequem. Und doch wurde in beiden deutschen Nachkriegsstaaten an die Nazizeit erinnert, auf unterschiedliche Weise. Die DDR sah sich als das „andere", bessere Deutschland, als Siegerin über den Faschismus. Die Konzentrationslager wurden zu nationalen Gedenkstätten des Widerstandes, die Juden spielten dabei nur am Rande eine Rolle. In der Bundesrepublik, die sich als Teil des Westens verstand und die Rechtsnachfolge des „Dritten Reiches" antrat, wurde ‚Versöhnung' zum zentralen Schlagwort. Nachdenkliche Stimmen, wie die des Gründers der „Aktion Sühnezeichen – Friedensdienste", Lothar Kreißig, wandten ein, dass ‚Versöhnung' dem Geschehenen kaum gerecht werde und nicht von den einstigen Tätern ausgehen könne.

Hier wie dort rückte die jeweilige ideologische Ausrichtung in den Vordergrund, wie die unterschiedlichen Leitbilder, die das Gedenken prägten, zeigen: Im Westen wurde Anne Frank zur Symbolfigur, an der sich der „Glaube an das Gute im Menschen", an die Rettung der Menschlichkeit durch den Einzelnen, wieder aufrichten ließ. Auch in der DDR wurde ein jüdisches Kind zu einer Ikone des Antifaschismus. In Bruno Apitz' Roman „Nackt unter Wölfen", der 1958 erschien, überlebt ein dreijähriger polnischer Junge dank kommunistischer

Häftlinge im Konzentrationslager Buchenwald – sein Beispiel soll zeigen, dass der hilflose Mensch nur durch das Kollektiv zu retten ist.

Im kulturellen, literarischen und öffentlichen Nachkriegsdiskurs der Bundesrpublik versuchten Intellektuelle, Schriftsteller und Künstler, das Schweigen über die Vergangenheit und das Verdrängen der „deutschen Schuld" zu brechen. Schriftsteller wie Günter Grass und Heinrich Böll oder die Psychoanalytiker und Sozialwissenschaftler Alexander und Margarete Mitscherlich standen pragmatischen Vertretern von Politik, Wirtschaft, Kirche und Gesellschaft gegenüber, die Wohlstand und ‚Normalität' zu obersten Prinzipien erhoben.

Die wenigen skeptischen jüdischen Stimmen, wie Grete Weil, Edgar Hilsenrath oder Jean Améry, wurden jedoch in der Diskussion um die Brüche in der deutschen Gesellschaft kaum vernommen. Einige, wie der Schriftsteller Wolfgang Hildesheimer (1916–1991), Mitglied der Gruppe 47, verließen Deutschland. „Ich gehöre nicht zur Mehrheit, die antisemitisch ist, und ich mag nicht zur Minderheit gehören, die eine solche Mehrheit in Kauf nimmt. Kurz: ich mag nicht dazugehören" schrieb er 1963.

Bruno Apitz, „Nackt unter Wölfen", Hamburg: Rowohlt Taschenbuch, 1961

und „Das Tagebuch der Anne Frank", Frankfurt: Fischer Bücherei, 1958

„Ich will auf der Erde keine Heimat haben: Vielleicht offenbart sich nicht zuletzt in dieser Versagung mein Judentum."

WOLFGANG HILDESHEIMER
„Mein Judentum", 1978

„Das war Spitze":
Der Fernsehmoderator
Hans Rosenthal (1925–1987) in
seiner Show „Dalli-Dalli", 1985.
Die Zeit von 1943 bis 1945 hatte
Rosenthal in Berlin im Versteck
überlebt.

Manche der jüdischen Remigranten, wie Theodor W. Adorno, Hans Mayer und Ernst Bloch, wurden hingegen zu Ersatzvätern der jungen Generation in Deutschland, die in den 1960er Jahren gegen die Verdrängung ihrer Eltern aufbegehrte. Der Philosoph, Soziologe und Komponist Theodor W. Adorno (1903–1969) begründete gemeinsam mit Max Horkheimer nach der Rückkehr aus dem Exil in den USA aufs Neue das als „Frankfurter Schule" bekannte Institut für Sozialforschung in Frankfurt am Main. Adorno wehrte sich gegen eine Haltung, die „aus dem öffentlichen Tabu über den Antisemitismus ein Argument für den Antisemitismus macht". Solange ein Tabu bestehe, bestehe auch die Gefahr, es zu rechtfertigen. Dem könne man nur dann begegnen, „wenn man nicht idealisiert, wenn man nicht etwa Lobreden auf große jüdische Männer hält oder hübsche Bilder von israelischen Bewässerungsanlagen oder *Kibbuz*-Kindern dort vorführt".

Die Beziehung zu Israel wurde für Deutschland zum Symbol für ein neues Verhältnis zu den Juden. Das Bild des starken, selbstbewussten Israeli erfreute sich wachsender Beliebtheit. Doch als 1967 israelische Truppen die syrischen Golan-Höhen, das Westjordanland und den Sinai besetzten, gerieten die politischen Definitionen von ‚links' und ‚rechts' durcheinander. Während die Politik zunächst proisraelisch reagierte, gab es in der studentischen Protestbewegung eine breite Unterstützung des palästinensischen Kampfes gegen den „israelisch-amerikanischen Imperialismus". Auflagenstarke Zeitungen feierten die „Schlacht um Jerusalem", die Linke stritt über die Solidarität mit Israel oder den Palästinensern.

Coming-out

Auch für die nachfolgenden Generationen der Juden in Deutschland wurde die Beziehung zu der Vergangenheit der Eltern wie zu Israel zunehmend politisiert. In Deutschland aufzuwachsen, empfanden die

„Allen Ferienlagern (Machanot) der ZJD fieberte ich damals entgegen ... Eins ist geblieben: Die Verbundenheit, wo immer ich alte Weggefährten treffe ist es fast wie gestern."

GABRIELA FENYES
über ihre Kindheit in Hannover

Protest gegen die Aufführung von
Rainer Werner Faßbinders Theaterstück
„Der Müll, die Stadt und der Tod",
Fotografie von Barbara Klemm,
Frankfurt, 31. Oktober 1985

Nachkommen der Überlebenden als Bürde, in der Zeitschrift der zionistischen Jugend war vom „Käfig Deutschland" die Rede. Die eigenen Eltern hatten sich im „Land der Täter" eingerichtet, spendeten Geld für Israel und versuchten, in Deutschland möglichst wenig aufzufallen. Von ihrem Trauma sprachen sie nicht, noch wollte es jemand hören. Viele Jugendliche träumten davon, es selbst besser zu machen, nach Israel auszuwandern. Doch mit dem Sechs-Tage-Krieg 1967 zerplatzte auch für viele Juden dieser Traum, ernüchtert kehrten manche zurück. Israel gegenüber blieb man solidarisch, wenn auch mit zunehmend kritischen Untertönen.

Einen ersten Schritt der jüdischen Gemeinschaft aus dem Schatten bedeutete der Streit, der sich 1985 an Rainer Werner Fassbinders Theaterstück „Der Müll, die Stadt und der Tod" entzündete. Eine der bewusst überzeichneten Hauptfiguren war ein Spekulant, genannt „der reiche Jude", der die Stadt Frankfurt am Main zerstören würde. Den Hintergrund bildete der Frankfurter Häuserkampf der 1970er Jahre, in dem Protagonisten glaubten viele den Bauunternehmer Ignatz Bubis zu erkennen. In Sätzen wie „bin ich ein Jud, der Rache üben muss an kleinen Leuten?! Es soll so sein und es ziemt sich auch!!", erschien eine alte antisemitische Phantasie nach dem *Holocaust* in neuem Gewand, die des rächenden Juden. Nach Fassbinders Tod 1982 wollte ein Frankfurter Theater das ambivalente Stück aufführen, was zu heftigen Kontroversen führte. Bei der

Premiere besetzten Juden aller Generationen die Bühne. Dieser Protest veränderte das Selbstbild der Juden in Deutschland – mit ihrem Schritt in die Öffentlichkeit zeigten sie sich, wie nie zuvor seit dem Holocaust, wieder als politisch handelnde deutsche Staatsbürger.

Dieses neue Selbstverständnis polarisierte sich in den 90er Jahren, unter anderem in der so genannten Walser-Bubis-Debatte. Ignatz Bubis (1927–1999), der den Holocaust im Ghetto und in Zwangsarbeitslagern überlebte, hatte 1992 die Nachfolge Heinz Galinskis als Vorsitzender des Zentralrats der Juden in Deutschland angetreten. Als der Schriftsteller Martin Walser 1998 in seiner Dankes-

„Von den fünf Parallelklassen waren vier katholisch – und in der fünften die Minderheiten versammelt ... Wir vier ‚Exoten‘ spielten während der evangelischen Religionsstunde regelmäßig eine Art interkonfessionellen Fußball.“

MICHAEL BRENNER
über seine Kindheit in Weiden

rede für den Friedenspreis des Deutschen Buchhandels in der Frankfurter Paulskirche gegen die „Moralkeule Auschwitz“ polemisierte und „Normalität“ forderte, hatten Bubis und seine Frau als Einzige nicht applaudiert. Auf Bubis’ Widerspruch folgten erregte Debatten, über Monate füllte das wieder entzündete Thema der ‚Vergangenheitsbewältigung‘ die deutschen Feuilletons. Für Bubis, der dafür gekämpft hatte, dass Juden wieder selbstverständlich deutsche Staatsbürger sein können, hinterließ der Streit deutliche Spuren.

Seit dem Fall der Mauer 1989 befindet sich die deutsche Gesellschaft im Umbruch. Die Entwicklung geht von einer traditionellen Definition von „Nation“ und „Staatsbürgerschaft“ zu einer pluralistischen Zivilgesellschaft. Auch die jüdischen Gemeinden sind nicht länger Auswanderungsgemeinden, sondern Einwanderungsgemeinden. Mehr als 80 000 Juden und ihre oft nichtjüdischen Familienangehörigen sind seit 1990 aus der ehemaligen Sowjetunion nach Deutschland eingewandert. Die „Russen“ sind nicht nach Deutschland gekommen, weil die Geschichte sie dazu verdammt hat, sondern weil sie die Chancen eines sich öffnenden Europas nutzen wollen, wie andere Einwanderer auch.

Als Vertreter dieser neuen Generation beobachtet der Autor Wladimir Kaminer (geboren 1967), 1990 aus Moskau nach Berlin gekommen und als „Bürger jüdischer Herkunft anerkannt“, den Wandel. Obwohl die Präsenz von Juden, die heute in Deutschland leben, symbolisches Gewicht trägt, sind andere Minderheiten, ethnische oder religiöse Gruppen ein erheblich bedeutenderer demographischer Faktor. In seinem 2000 erschienenen Buch „Russendisko“ beschreibt Kaminer, welche unerwarteten Auswirkungen Mediendebatten um „seriöse“ Probleme wie die Ausländerfeindlichkeit in der Gesell-

„Russendisko" im Kaffee Burger am Tag der sowjetischen Armee – Wladimir Kaminer legt russische Schlager auf, Fotografie von Michael Kerstgens, Berlin, 2001

„Erinnerungen an eine jüdische Kindheit in Deutschland? Da fällt mir spontan der Grüneburgpark ein. Ich weiß, das klingt wenig jüdisch, ja so deutsch, aber so war sie eben, meine Kindheit in Frankfurt."

NAOMI BUBIS
über ihre Kindheit in Frankfurt am Main

schaft haben können: „Plötzlich entsteht ein Gefühl der Zusammengehörigkeit bei vielen, die nicht zusammengehören und früher gar nichts voneinander wissen wollten – Araber, Juden, Chinesen, Türken." Eine der wichtigsten politischen und gesellschaftlichen Veränderungen hat 1999, fast zehn Jahre nach der Vereinigung der beiden deutschen Nachkriegsstaaten, mit der Reform des Staatsbürgerschaftsrechts begonnen.

Heute zählt die jüdische Gemeinschaft rund 80 000 Mitglieder, mit annähernd 10 000 Mitgliedern besteht in Berlin wieder die größte Gemeinde Deutschlands. Junge Juden stellen sich heute weniger die Frage „was ist jüdisch?", als zunehmend „was ist deutsch?". In der Diskussion um eine „deutsche Leitkultur", nur eine der öffentlichen Debatten der letzten Jahre, stellte Paul Spiegel, Vorsitzender des Zentralrats der Juden in Deutschland, in einer Rede am 9. November 2000 die entscheidende Gegenfrage: „Geht es um Kultur oder um die Wertvorstellungen der westlich-demokratischen Zivilisation, die wir in unserem Grundgesetz verankert haben?"

Die deutsch-jüdischen Beziehungen sind ein wichtiger Bestandteil der symbolischen Politik in Deutschland seit dem Zweiten Weltkrieg – der Fragen nach der deutschen Geschichte und dem Selbstverständnis der deutschen Gesellschaft. Die Juden, die heute in Deutschland leben, sind zugleich Teil einer spezifisch deutschen Geschichte und Tradition und einer allgemeinen Entwicklung zu einer offenen, multiethnischen und multikulturellen Gesellschaft.

Die Architektursprache Daniel Libeskinds

„Gute Architektur eröffnet uns Freiräume, lädt zum Spekulieren ein und zum Denken neuer Formen des Daseins.“

DANIEL LIBESKIND

Bereits während der Bauzeit übte der als „Erweiterung des Berlin Museums mit Abteilung Jüdisches Museum" geplante Museumsbau auf Architekturenthusiasten und Museumsfachleute eine bis heute ungebrochene Faszination aus. So schien es eine Selbstverständlichkeit, dass nach der Fertigstellung des wohl spektakulärsten Museumsprojektes im Berlin der 90er Jahre das Interesse an der Architektur des nun Jüdischen Museums noch zunahm.

Während ein Team von Historikern, Judaisten, Museumswissenschaftlern und Designern die große Eröffnungsausstellung vorbereitete, strömten mehr als 350 000 Besucher in den noch leeren Museumsbau des Architekten Daniel Libeskind. Ein Glücksfall für die Architektur, den Architekten und für unser Publikum. Wo sonst bietet sich die einzigartige Chance, Architektur unvermittelt zu erleben, entkleidet von seinem funktionalen Kontext?

Viele der Besucher waren beim Gang durch das Museum von den architektonischen Raumerlebnissen so beeindruckt, dass Formen, Farben und Materialien in den noch leeren Ausstellungsetagen plötzlich einen weit gefächerten Interpretationsrahmen lieferten für das Verständnis und die eigene Verarbeitung von deutsch-jüdischer Geschichte. So begannen

viele Besucher anhand der von Libeskind verwendeten architektonischen Elemente – der spitzen Winkel, ungewöhnlichen Blickachsen, spektakulären
Fensterformen, gekippten Wände und Fußböden,
Verengungen und Weitungen der Räume, dem
schwarzen Schiefer, dem Sichtbeton und den Graphitflächen –, die noch leeren Ausstellungsräume
imaginär zu möblieren und mit einer Interpretation
zu versehen. Für die große Mehrheit der Besucher ist
schon die äußere Form des Gebäudes, seine ungewöhnliche Zickzack-Struktur, die Titanzinkfassade
mit den tief eingeschnittenen und sich kreuzenden
Fensterbändern, die keine innere Raum- oder
Geschossgliederung erkennen lassen, Ausdruck der
inneren Konzeption des Jüdischen Museums und als
solches wahrnehmbar. Dies gilt auch für die im
Außenraum sichtbaren architektonischen Elemente,
den Garten des Exils, den Paul-Celan-Hof und den
Holocaust-Turm.

Diese architektonische Konnotation als Jüdisches
Museum vertrat Daniel Libeskind bereits im Wettbewerb programmatisch. In seinem Entwurf, den er
„Between the Lines" nannte, hat er die „vierdimensionale geistige Struktur des Gebäudes" unter vier
Apekten zusammengefasst. Zuerst verbinden sich für
den Architekten Adressen großer Gestalten der berlinisch-jüdischen Kulturgeschichte wie Heinrich von
Kleist, Heinrich Heine, Mies van der Rohe, Rahel
Varnhagen, Friedrich Schleiermacher und Paul
Celan zu einer unsichtbaren Matrix, einem verzerrten Stern auf dem Berliner Stadtplan. Eine weitere
Rolle spielt die nicht abgeschlossene Oper „Moses
und Aron" von Arnold Schönberg, die Libeskind mit
seiner Architektur zu vollenden sucht. Drittens, das
Gedenkbuch für die Opfer der in den Konzentra-

Großer Void

tionslagern Ermordeten aus dem Bundesarchiv in Koblenz. Schließlich hat auch Walter Benjamins Werk „Einbahnstraße" die Architektur beeinflusst. Das Gebäude selbst ist um zwei Linien, „zwei Strömungen des Denkens" strukturiert, „eine Linie ist gerade, aber in viele Fragmente zersplittert, die andere windet sich um diese Gerade und setzt sich jedoch unendlich fort".

Holocaust-Turm
rechts: Garten des Exils

An den Schnittstellen dieser Linien befinden sich Voids, Leerstellen, die wesentliche Elemente der räumlichen Organisation des gesamten Museums sind. „Die Leere des [jüdischen] Friedhofs in Weissensee" konstatiert Libeskind, „bestärkte mich ganz wesentlich in meiner Idee von den Voids, also darin, leere Räume zu einem architektonischen Ausdrucksmittel zu machen. Damit sind wir bei den Voids des Museums: Für sie heißt das, dass sie nicht wirklich Teil der Ausstellung sein können, weil es da im Grunde nichts auszustellen gibt. Es existiert da einfach eine Leere, die aus dieser Stadt nicht mehr zu entfernen sein wird." Vertikal durchdringen die Voids sämtliche Etagen und Ausstellungsräume und fordern so die Besucher auf, die Auslöschung jüdischen Lebens in Deutschland durch den Nationalsozialismus mitzudenken, sich diesen Verlust stets zu vergegenwärtigen. Mit einer Ausnahme sind die fünf Voids nicht begehbar, innen in Sichtbeton gestaltet und außen mit Graphit beschichtet. Im großen begehbaren Void, der Leerstelle des Gedenkens, das in seiner sakralen Architektur viele Besucher an Le Corbusiers Kapelle in Ronchamps erinnert, bedeckt die Stahlskulptur „Shalechet" („Gefallenes Laub") des israelischen Künstlers Menashe Kadishman (geboren 1932) den gesamten Boden.

Die Erschließung des Museums erfolgt über das barocke Kollegienhaus. Der Libeskind-Bau ist hermetisch abgeschlossen, einen Eingang sucht man dort vergeblich. Über ein in das historische Gebäude eingestelltes voided-Void, das in seiner Rautenform einem der fünf Voids aus dem Libeskindbau nachgebildet ist und den Altbau mit dem Neubau verknüpft, wird das Publikum über eine Treppe tief in das Untergeschoss geführt, in ein Labyrinth ansteigender und kippender Achsen. Von der Haupterschließungsachse, der Achse der Kontinuität, die zur großen Freitreppe führt und von dort in die Räume der Dauerausstellung, zweigen Exil- und Holocaust-Achse ab. Am Ende der Holocaust-Achse wird die emotionale Wirkung, die sich angesichts der in den Vitrinen ausgestellten persönlichen Erinnerungsstücke und Zeugnisse der Ausgrenzung und Entrechtung von Juden im „Dritten Reich" einstellt, durch das Eintreten in den Holocaust-Turm noch verstärkt. Der Museumsbesucher betritt einen kahlen, viereckigen, gebäudehohen Betonturm. In dem rundum geschlossenen und unbeheizten, nur von einem schmalen, hoch liegenden Lichtschlitz erhellten Raum, dringen schwach die Geräusche der Stadt, der Verkehrslärm und die Kinderstimmen des gegenüberliegenden Spielplatzes. Verlassensein, Verzweiflung, Ausweg- und Hoffnungslosigkeit haben im Holocaust-Turm architektonisch Ausdruck gefunden.

Der Garten des Exils am Ende der ansteigenden Exil-Achse führt zwar ins Freie, aber diese Freiheit ist höchst problematisch und von einem Gefühl extremer Verunsicherung gekennzeichnet. Die geneigte Ebene und das Labyrinth der Betonstelen vermitteln das Empfinden von Wurzellosigkeit der Emigration. Der Garten des Exils steht laut Libeskind für den Versuch, „den Besucher vollständig zu desorientieren, für einen Schiffbruch der Geschichte. Man tritt ein und es überkommt einen ein Gefühl des Schwindels, das ist verstörend. Man empfindet eine gewisse Übelkeit beim Hindurchgehen, doch das ist recht so, denn so aus den Fugen geraten, fühlt sich die vollkommene Ordnung an, wenn man als Exilant die Geschichte Berlins hinter sich läßt. Die Form dieses Gartens ist die einzige quadratische, die einzig vollkommen rechtwinkelige im gesamten Bauwerk, rechtwinkelig im Grundriss wie im Schnitt. Und ich glaube, von eben dieser Form werden sich die Menschen, nachdem sie sie ‚erfahren' haben, merkwürdig entfremdet fühlen."

Dem Architekten war es wichtig, sein metallen zerklüftetes Gebäude in den umliegenden Stadtraum der südlichen Friedrichstadt zu platzieren. Die Landschaftsplaner Cornelia Müller und Jan Wehberg haben einen Museumsgarten realisiert, der das Museum mit einer abwechslungsreichen Mischung aus Rasen- und Wiesenflächen, geplasterten Bereichen und Schotterebenen, Hecken und Rosenbüschen, Wegen und Fluchtlinien aus Eisenbahnschienen umgibt. Rund um den Exilgarten, auf dessen Stelen inzwischen ein dichtes Dach von Ölweiden gewachsen ist, blüht ein Hain aus weißen und roten Rosen. Rosen, Zeichen des Lebens, waren im antiken Jerusalem die einzigen auf dem Tempelberg zugelassenen Pflanzen. In einem Gebäudeknick der Südfassade wurde ein – nach Walter Benjamin benannter – Kinderspielplatz installiert. Im östlichen Teil des Gartens befindet sich in einem aus dem Trümmerschutt des Krieges natürlich entstandenen Robinienwäldchen ein Paradiesgarten. Schließlich ist der an die Passage zwischen Alt- und Neubau angegliederte Hof, der den Namen des jüdischen Lyrikers Paul Celan trägt, mit einem Naturstein-Bodenrelief nach einer Grafik der französischen Künstlerin Gisèle Celan-Lestrange gestaltet. Die Bodenskulptur setzt sich auf der anderen Seite des Gebäudes fort. Hier an der Grenze zum Rosenhain wurde eine Paulownia, Celans Lieblingsbaum, gepflanzt.

rechts: Die Installation
„Shalechet" von
Menashe Kadishman,
1997–1999

Exil und Holocaust – Die Ausstellung in den Achsen

Die Achsen im Untergeschoss des Libeskind-Baus sind der Ort im Jüdischen Museum, an dem architektonisch das Schicksal der deutschen Juden im 20. Jahrhundert – Exil, Holocaust und Weiterleben – versinnbildlicht wird. Die in der Exil- und Holocaustachse eingebauten Vitrinen sind Bestandteil dieser Architektur – dort wird, stellvertretend für die vielen, die ins Exil gehen mussten oder ermordet wurden, an einzelne Schicksale erinnert. Die Exponate, die hier zu sehen sind, befinden sich fast alle in der Sammlung des Jüdischen Museums und kamen in den letzten Jahren als private Schenkungen ins Haus. Die Trennung von sehr persönlichen und mit vielen Emotionen verbundenen Erinnerungsstücken ist häufig ein schwieriger Prozess, wie dies in manchem Briefwechsel zwischen Stiftern und Mitarbeiterinnen des Jüdischen Museums zum Ausdruck

kommt. Die Weitergabe dieser Objekte an eine Institution wie das Jüdische Museum ist verbunden mit dem Wunsch, dass die Erinnerung an Eltern, Verwandte oder Freunde in dem Land bewahrt wird, in dem sie lebten und dem sie sich zugehörig fühlten, bevor sie vertrieben oder ermordet wurden.

Mit dem biografischen Ansatz in den Achsen, der sich klar von der thematischen Orientierung der Dauerausstellung unterscheidet, wird diesem Anliegen entsprochen. Die Auswahl der Geschichten kann nur exemplarisch sein. Die einzelnen Objektgruppen werden in der Zukunft immer wieder ausgetauscht.

Fotos und Dokumente aus dem Auswanderungsgepäck der Familie Simon

rechts: Die Achsen im Untergeschoss des Libeskind-Baus

Erinnerungsstücke und praktische Gegenstände aus dem Auswanderungsgepäck der Familie Simon

Exil in Chile: Die Familie Simon

„Eine deutsche Familie jüdischen Glaubens – Leben in Deutschland, Emigration und Rückwanderung" – so überschrieb Herbert Simon seine autobiographischen Aufzeichnungen, die er und seine Frau mit einem umfangreichen Familienkonvolut dem Jüdischen Museum Berlin 1997 als Schenkung vermachten. Das Konvolut Simon umfasst Dokumente, Fotos, Bücher und Gegenstände aus Familienbesitz, die 1939 von Ludwig und Martha Simon, ihrem 12-jährigen Sohn Herbert und ihren Verwandten, dem Ehepaar Kiewe, von Berlin aus nach Chile ins Exil mitgenommen wurden und 1963 wieder mit ihren Besitzern nach Deutschland zurückkehrten. Die Auswanderungsgeschichte der Familie Simon ist in manchem typisch für das Schicksal vieler deutscher Juden, die ins Exil vertrieben wurden. So sah die Familie bis zum Novemberpogrom 1938 keinen Grund, Deutschland zu verlassen; erst die Verhaftung von Ludwig Simon am 11. November 1938 gab das Signal zur Auswanderung nach seiner Entlassung aus dem KZ Sachsenhausen einen Monat später. Schon 1933 waren Verwandte der Simons nach Chile emigriert, sie besorgten die nötigen Visa und Papiere für die Verwandten aus Deutschland und standen ihnen beim Neuanfang in Südamerika zur Seite. Im Gepäck nahmen die Simons ein Stück Heimat und Kultur mit – Bücher, auch Klassiker deutscher Literatur, Hausrat und andere Dinge von praktischem Wert, die das Leben in dem unbekannten Land erleichtern sollten, aber auch viele Erinnerungsstücke wie Erbstücke der verstorbenen Großeltern aus Bingen am Rhein und Familienfotos. Nach dem Tod ihres Mannes kehrte Martha Simon mit ihrem Sohn und seiner Frau nach Deutschland zurück. Die Rückwanderung der Simons war untypisch und eher die Ausnahme; die meisten Emigranten blieben in ihren Zufluchtsländern, viele von ihnen setzten nach dem Krieg keinen Fuß mehr auf deutschen Boden.

„Das Heilbronner Lottchen": Charlotte Ochs, geb. Friedländer (1866–1943)

Charlotte Ochs kam aus einer alteingesessenen Berliner Familie, der das angesehene Silberwarengeschäft „Gebrüder Friedländer", Hofjuweliere Unter den Linden, gehörte. Sie heiratete Siegfried Ochs (1858–1929), den Begründer und Leiter des Philharmonischen Chores in Berlin. Zusammen hatten sie vier Kinder, die ab 1933 alle nach und nach Deutschland verließen. 1937 besuchte Charlotte Ochs ihren Sohn Siegmund in London, kurz darauf ihren Sohn Werner in Kapstadt; beide Male kehrte sie zurück in die Heilbronner Straße nach Berlin, wo die Familie seit vielen Jahren lebte. Zwischen 1941 und 1943 schrieb Charlotte Ochs zahlreiche Briefe an ihre Tochter Gertrud in Holland und an Emma Martens, die Mutter ihrer Schwiegertochter, in Norddeutschland. Diese Briefe sind einzigartige Dokumente. Charlotte Ochs beschreibt ihren Alltag in Berlin und auch die täglichen, sich steigernden Diskriminierungen, denen die Juden ausgesetzt waren. Sie selbst wurde am 28. Januar 1943 nach Theresienstadt deportiert. Das letzte schriftliche Lebenszeichen ist eine Postkarte, adressiert an einen Bekannten in Berlin, die sie offenbar während der Deportation aus dem Zug warf: „Meine Lieben, bin heute schwer verletzt durch herabfallenden gr. Koffer, tiefe Kopfwunde, ganz verbunden. So geht es mir schwerster fiebriger Erkältung u. unerhörten Leiden Grüsse." Charlotte Ochs starb am 2. März 1943 an den Folgen ihrer

Kopfverletzung in Theresienstadt. Ihre Tochter Gertrud wurde kurz danach aus Holland zunächst nach Theresienstadt, später nach Auschwitz deportiert und dort ermordet.

Die letzten Briefe von Charlotte Ochs wurden für die Familie nach dem Krieg von ihrem Sohn Siegmund in einem Album zusammengestellt. Ihr Enkel, Hans Reiche, schenkte es 1997 dem Jüdischen Museum Berlin.

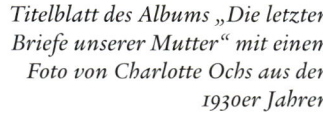

Titelblatt des Albums „Die letzten Briefe unserer Mutter" mit einem Foto von Charlotte Ochs aus den 1930er Jahren

Gallery of the Missing

Die meisten Kulturen legen Wert darauf, Werke und Objekte zu bewahren, die nach ihrer Ansicht die wichtigsten Anschauungen oder Errungenschaften ihrer Kultur verkörpern. Viele dieser Stücke gelangen in die Sammlungen von Museen, wo sie die kulturelle Bedeutung dieser Orte begründen. Im 19. und frühen 20. Jahrhundert folgten die bürgerlichen deutschen Juden der Tradition jener Kultur, in die sie sich so vollständig integriert fühlten, indem sie für die Sammlungen deutscher Museen stifteten.

Doch dies änderte sich 1933. Während der folgenden zwölf Jahre wurde gegen die Juden in Deutschland und Europa ein brachialer Feldzug der Ausgrenzung, mutwilligen Zerstörung und Vernichtung geführt. In seiner Folge ist ein Großteil des Kulturbesitzes, der in einem traditionellen Museum zur Illustration und Dokumentation ihrer Geschichte gebraucht würde, außer Landes gebracht, zerstört oder auseinander gerissen worden. So sind die Sammlungen des Jüdischen Museums Berlin nicht reichhaltig im herkömmlichen Sinne von umfassend oder mit vollständigen Kollektionen repräsentativer Exponate ausgestattet.

Doch der Verlust dieser Objekte ist ebenso Teil der Geschichte der deutschen Juden wie ihre Errungenschaften. Er gehört sogar ausdrücklich zum Konzept des Architekten Daniel Libeskind für das Gebäude, das von einem leeren Raum, dem Void, durchschnitten wird. Mit dem Void drückt Libeskind symbolisch aus, dass die Vernichtung der europäischen Juden eine Leerstelle, ein Vakuum in der deutschen und europäischen Gesellschaft hinterlassen hat.

Um diesen zentralen Gedanken zu verfeinern und weiter zu entwickeln, hat das Jüdische Museum Berlin gemeinsam mit dem zeitgenössischen deutschen Künstler Via Lewandowsky die Gallery of the Missing konzipiert. Hier werden verschiedene Beispiele des Verlustes derartiger Kulturgüter, die zu Museumsausstellungen gehören könnten, und auch die Beständigkeit kultureller Werte als allen Besuchern zugängliche Kunstwerke vorgestellt. Die Werke werden neben den schwarzen Mauern der Libeskind-Voids gezeigt.

Drei Installationen eröffnen die Gallery of the Missing.

Via Lewandowsky (links) mit einem Modell der Glasvitrinen und dem Bildhauer und Ingenieur Christian Schneider-Moll

links und unten: Modell für die Gallery of the Missing

Encyclopaedia Judaica

Anfang des Jahres 1928 erschien der erste Band der „Encyclopaedia Judaica". Geplant waren fünfzehn Bände, in einem groß angelegten, privat finanzierten Projekt, das Verleger und Beitragende aus nahezu der gesamten jüdischen Gelehrtenwelt in Deutschland und Europa zusammenbrachte.

Doch nur die ersten zehn Bände, vom Buchstaben A bis zum Stichwort „Lyra", wurden veröffentlicht. 1938 wurde das Projekt jäh abgebrochen, die verbleibenden 40 000 Exemplare von den Nazis konfisziert und vernichtet. Die ‚Säulen des deutschen Judentums' blieben unvollendet.

Nach dem Krieg hatte nicht nur Deutschland, sondern ganz Europa seine Position als Zentrum jüdischer Gelehrsamkeit verloren. Das Bildungsnetzwerk war zerstört, seine Mitglieder verstreut und ermordet. Spätere Enzyklopädien wurden in den Vereinigten Staaten oder Israel verlegt.

Kopf der Skulptur „Hygiena" aus dem ehemaligen jüdischen Krankenhaus in Frankfurt

1914 baute die Israelitische Religionsgesellschaft in Frankfurt am Main ein neues Krankenhaus. Mit zweihundert Betten und sieben medizinischen Abteilungen war es eine der fortschrittlichsten medizinischen Einrichtungen der Stadt. Viele nichtjüdische Patienten nahmen diese vorbildliche Institution in Anspruch.

Seit dem Machtantritt der Nationalsozialisten 1933 konzentrierte man sich auf die medizinische Versorgung und Pflege der zunehmend unterdrückten und ausgegrenzten jüdischen Gemeinschaft. 1939 fiel das Krankenhaus durch Zwangsverkauf an die Frankfurter Stadtverwaltung, und die jüdische Gemeinde musste für ihre Nutzung Miete zahlen. 1942 wurden die letzten jüdischen Mitarbeiter und Patienten deportiert. Gegen Kriegsende wurde das Gebäude durch Bombenangriffe fast vollständig zerstört.

Nach dem Krieg wurden in den Ruinen des Krankenhauses Überlebende, hauptsächlich aus Theresienstadt, untergebracht. 1952 wurden die Ruinen vollends abgerissen, und es entstand ein Altersheim für die jüdische Gemeinde Frankfurt. Vom ehemaligen Krankenhaus sind lediglich zwei Säulenteile geblieben, von denen einer den Kopf der griechischen Göttin Hygiena trägt.

Die Nationalsozialisten hatten versucht, das jüdische Pflege- und Wohlfahrtswesen zu zerstören. Trotz der Verwüstungen besteht diese Tradition weiter.

„Der neue Mensch" – Otto Freundlich

Obwohl jüdischer Abstammung, war Otto Freundlich (1878–1943) kein Mitglied der jüdischen Gemeinde. Aufgezogen von seiner protestantischen Stiefmutter, kehrte er der bürgerlichen Gesellschaft den Rücken und schloss sich der Avantgarde in Berlin, München und Paris an.

Seine Gipsskulptur „Der neue Mensch" stammt aus dem Jahre 1912. 1930 wurde sie in die Sammlung des Hamburger Museums für Kunst und Gewerbe aufgenommen.

Am 27. August 1937 wurde die Skulptur als „entartet" aus dem Museum entfernt und in der Nazi-Ausstellung „Entartete Kunst" in München gezeigt. Ein Foto des Werks, stark schattiert, um ‚Rassenmerkmale' hervorzuheben, bildete den Titel des Ausstellungskatalogs. So wurde ein Werk, das von der Einheit der Menschheit kündete, mit rassistisch geprägten Begriffen wie „primitiv", „Negerkunst", „degeneriert", „krank" und „jüdisch" belegt. In der Kunstwelt wurde es zu einem Symbol für die Ächtung moderner Kunst durch die Nazis.

Nach der Ausstellung verschwand die Skulptur. Der Künstler wurde in Majdanek ermordet.

Via Lewandowsky

Via Lewandowsky, 1963 in Dresden geboren, studierte 1982–1987 an der Hochschule für Bildende Künste in Dresden. Von 1989–1995 arbeitete er zusammen mit Pina Lewandowsky. Er erhielt Stipendien für das PS1 Contemporary Art Center, New York, und das Banff Centre for the Arts, Kanada, und war an Ausstellungen beteiligt wie 1991 „Endlichkeit der Freiheit" (Berlin), 1992 „Documenta IX" (Kassel), 1997 „Deutschlandbilder" (Berlin) und 1999 „Kunst des XX. Jahrhunderts: Ein Jahrhundert Kunst in Deutschland" (Berlin). Daneben arbeitete der Künstler auch an Ausstellungsprojekten in Kooperation mit wissenschaftlichen Einrichtungen, wie 1998 „Des Künstlers Hirn", Deutsches Museum Bonn oder „Kosmos im Kopf: Gehirn und Denken", Deutsches Hygienemuseum (Dresden).

gegenüber: Führer durch die Ausstellung Entartete Kunst, Berlin 1937, Otto Freundlichs Skulptur „Der neue Mensch" von 1912 auf dem Titelblatt

Das Museum

Die Sammlung

Chewra-Kaddischa-Becher aus Silber, Hessen 1914

Jude im Gebet-mantel, Gemälde von Lesser Ury, 1931

Während das Jüdische Museum Berlin als selbständige Institution erst seit 1999 besteht, hat seine Sammlung eine längere Geschichte: Bereits seit den 70er Jahren wurden für die Jüdische Abteilung des Berlin Museums und später für die Jüdische Abteilung der Stiftung Stadtmuseum Objekte erworben. Diese bilden die Basis der heutigen Bestände.

Heute arbeiten wir am Ausbau der Sammlung. Um ein repräsentatives Bild der Geschichte der Juden in Deutschland vermitteln zu können, sammeln wir vor allem Objekte, die Geschichten erzählen, über historische Verhältnisse berichten und in denen sich die kulturellen Werte, das Denken und Fühlen der Menschen bewahrt haben und für uns heute nachzuempfinden sind. Als kulturhistorische Sammlung kennen wir keine Beschränkung im Hinblick auf das Material unserer Objekte: Zeremonialgegenstände sind ebenso vertreten wie Grafiken, Gemälde, Fotos, Dokumente, Alltagsgegenstände, Erinnerungsstücke, Bücher, Möbel und Kunstgewerbe.

Der Sammlungsauftrag umfasst alle Epochen und Regionen der Geschichte der Juden in Deutschland. Aus ihrem Verlauf und aus der Geschichte der Sammlung selbst ergeben sich allerdings Akzente.

In der Vergangenheit konzentrierte sich die Sammeltätigkeit auf die jüdische Geschichte Berlins. Sie wird weiterhin ein Schwerpunkt bleiben, der sich aus der Bedeutung der Stadt für diese Geschichte und nicht zuletzt auch aus dem Standort des Museums ergibt. Auf dieser Grundlage wird die Sammlung nun erweitert auf das gesamte Feld der deutsch-jüdischen Geschichte, um regionale Vielfalt wie überregionale Verbindungen der deutschen

Kiddusch-Becher, mit einer
Widmung an den Rabbiner
Elchanan Rosenstein, Silber,
teilvergoldet, Berlin 1863

Memorbuch
Mirow in Mecklenburg,
1833/34 bis 1897

Schiwiti-Tafel von Abraham Nisschand, 1925

Praxisschilder des Arztes
Dr. Oscar Hirschberg,
aus den Jahren 1895–1938

Juden zu dokumentieren. Exemplarisch wird auch die Geschichte der deutschen Juden außerhalb Deutschlands, etwa in ihren Exilländern, oder in Gebieten, die nur zeitweise zu Deutschland gehörten, wie etwa Schlesien und Posen, berücksichtigt. Die Beziehungen zu jüdischen Gemeinschaften in anderen Ländern und die Rolle der deutschen Sprache als lingua franca für die jüdische Gemeinschaft vor 1914 sind dabei bestimmende Themen. Besonderes Gewicht liegt auf dem 19. und 20. Jahrhundert, doch hat sich das Jüdische Museum die Aufgabe gestellt, auch die jüngste Vergangenheit und die unmittelbare Gegenwart in seiner Sammlung zu dokumentieren.

Die Sammlung umfasst alle Bereiche deutsch-jüdischer Geschichte und Kultur, von der Alltagskultur bis zur ‚Hochkultur', der Wissenschaft, der Geistes- und Kunstgeschichte. Neben Zeugnissen des öffentlichen Wirkens deutscher Juden in Wirtschaft, Politik, Wissenschaft, Kunst und Kultur sammelt das Jüdische Museum auch solche des privaten Lebens. Dass hierbei die bürgerliche Kultur besonders gut repräsentiert ist, liegt nicht zuletzt an der sozialen Zusammensetzung der jüdischen Bevölkerung in Deutschland. Ein weiterer, für ein Jüdisches Museum selbstverständlicher Schwerpunkt ist die Dokumentation jüdischer Institutionen und Sammlung von Objekten religiöser Praxis.

Komposition, Gemälde von Otto Freundlich, 1938

Jung Israel zu Dresden, Gemälde von Carl Gottlieb Wäntig, 1820

Hintergrund: Paar, aus der Mappe „Erinnerung an Wilna 1917", Radierung von Lasar Segall, 1917/1922

Unsere Sammlung spiegelt auch die Beziehungen zwischen der jüdischen und der nichtjüdischen Geschichte und Kultur wider. Dabei sind die Grenzen oft fließend. Man mag sich oft die Frage stellen, was die Werke oder die Biographie eines Künstlers, die Firma eines jüdischen Unternehmers zu einem Teil der jüdischen Geschichte macht. Doch sind neben den spezifischen Repräsentationen des Judentums auch die ‚nichtjüdischen Juden', die Säkularisierung, die Akkulturation, ja selbst die Konversion historische Phänomene, die einen wesentlichen Teil der Geschichte der Juden in Deutschland ausmachen. Diese Spannungsverhältnisse darzustellen, gehört mit zu den Aufgaben eines Jüdischen Museums in Deutschland.

Die Sammlung hat eine dreifache Aufgabe. Zum einen dient sie dazu, Exponate für die Dauer- und Wechselausstellungen des Museums bereitzuhalten. Als Gesamtheit soll sie ein repräsentatives Abbild der deutsch-jüdischen Geschichte vermitteln. Darüber hinaus ist sie die Quellenbasis für die Forschungsarbeit des Museums. Für alle Arbeitsbereiche und Aufgaben des Museums bildet die Bibliothek eine notwendige Grundlage. Sie ist eine auf Geschichte und Kultur der Juden in Deutschland spezialisierte Fachbibliothek, die auch externen Wissenschaftlern offen steht.

Im Laufe der zurückliegenden Jahrzehnte wurde der Aufbau der Sammlung von vielen Seiten unterstützt: von der Gesellschaft für ein Jüdisches Museum, dem Senat von Berlin, dem Hauptstadtkulturfonds der Bundesrepublik Deutschland und last, but not least von zahlreichen privaten Stiftern und Leihgebern. Dank der Hilfe der Stiftung Deutsche Klassenlotterie Berlin kamen einige unserer ‚Highlights' in die Sammlung.

oben: Landschaft aus Holland, Gemälde von Arthur Segal, 1926

links: Arthur Segal, Selbstporträt mit Pinsel und Palette von, um 1941

Der umfangreichste und vielfältigste Teil der
Museumsbestände besteht fast ausschließlich aus
privaten Schenkungen. Objekte aller Art – Dokumente, Erinnerungsstücke, Alltagsgegenstände,
Fotos, Gemälde und vieles andere – spiegeln das
Leben und Schicksal jüdischer Familien. Ihre überlebenden Angehörigen haben sie dem Museum
übergeben. Sie haben damit das Museum nicht nur
zu einem Ort der Sammlung und der Dokumentation, sondern auch zu einem Ort der Erinnerung
gemacht.

Während das Museum auch weiterhin bei seinen
Erwerbungen auf die Unterstützung der öffentlichen
Hand angewiesen sein wird, bemühen wir uns darüber hinaus verstärkt um Schenkungen. Der Kontakt
zu Emigranten und privaten Stiftern wurde während
des letzten Jahres intensiviert und hat zu einer
Vielzahl von bedeutenden Schenkungen geführt. In
der Zukunft werden weitere Anstrengungen unter-
nommen, private Sponsoren für einzelne größere
Erwerbungen zu gewinnen. So freuen wir uns besonders über das Engagement von Dieter Rosenkranz,
der dem Jüdischen Museum Menashe Kadishmans
bewegende Installation „Shalechet" zur Verfügung
stellt.

*Hans-Oskar Baron
Löwenstein-de Witt mit
der Stoffbahn mit aufge-
druckten „Judensternen",
die er dem Jüdischen
Museum schenkte, und
Irene Lammel mit der
Reisetruhe, die sie zur
Emigration nach Eng-
land benutzte*

*Rivka Rinn: Time Station
(Milena Jesenská gewidmet), 1997
Mischtechnik auf Leinwand*

Das Archiv des Leo Baeck Instituts

Mit der Einrichtung einer Dependance des Archivs des New Yorker Leo Baeck Instituts wird das bedeutendste Archiv zur deutsch-jüdischen Geschichte in Deutschland zugänglich. Damit werden nicht nur die Bestände des historischen Archivs des Museums in großem Ausmaß erweitert, sondern Berlin und Deutschland gewinnen eine Sammlung von unvergleichbarem Wert.

Das Leo Baeck Institut wurde 1955 mit drei Standorten in New York, London und Jerusalem vom Council of Jews from Germany gegründet mit dem Ziel, wissenschaftliche Forschung zur Geschichte der Juden im deutschsprachigen Raum seit der Aufklärung zu betreiben, das dazu nötige Material zu sammeln und die Veröffentlichung entsprechender Darstellungen zu fördern. Das Institut trägt den Namen des Mannes, der die letzte repräsentative Persönlichkeit des Judentums in Deutschland vor dem Zweiten Weltkrieg war, führender liberaler Rabbiner und unermüdlicher Verfechter des Judentums: Leo Baeck (1873–1956). In seinen letzten Lebensjahren war er Präsident des Council for Jews from Germany, Vorsitzender der World Union for Progressive Judaism und auch erster Präsident des nach ihm benannten Forschungsinstituts.

Das Archiv des Leo Baeck Instituts besitzt die umfassendste Sammlung von Materialien zur Geschichte der Juden in Deutschland, Österreich und anderen deutschsprachigen Gebieten in Mitteleuropa während der letzten 300 Jahre. Etwa eine Million Dokumente – Gemeindeakten, persönliche Unterlagen, Briefwechsel sowie vielfältige Zeugnisse aus dem

Leo Baeck, Gemälde
von Ludwig Meidner, 1931

*Sekretär, angefertigt von
Lehrlingen der Anlernwerkstatt
in Frankfurt am Main, um 1937*

religiösen, sozialen, kulturellen, intellektuellen, politischen und wirtschaftlichen Leben – dokumentieren das ganze Spektrum deutsch-jüdischer Existenz. Auch die einmalige Sammlung von mehr als 1200 seit 1790 verfassten Memoiren bietet Einblick in alle Lebensbereiche deutschsprachiger Juden. Das Institut beherbergt zudem ein Fotoarchiv mit mehr als 30 000 Aufnahmen und eine bedeutende Kunstsammlung mit Werken bekannter deutsch-jüdischer Maler, Illustratoren und Architekten sowie eine große Zahl von Zeichnungen von Insassen der Konzentrationslager.

In den kommenden Jahren werden fast die gesamten Bestände des Archivs in reproduzierter Form und zum Teil im Original im Jüdischen Museum zugänglich sein. Die Wichtigkeit des gemeinsamen Vorhabens des Leo Baeck Instituts New York und des Jüdischen Museums Berlin ist nicht nur an der Erleichterung für eine stets zunehmende Zahl deutscher und europäischer Forscher und Studenten zu ermessen, die bisher nach New York reisen mussten, um das Material zu sichten. Sie muss auch im Licht des stark wachsenden Interesses an deutsch-jüdischer Geschichte innerhalb der letzten zwei Jahrzehnte seitens einer breiten deutschen Öffentlichkeit gesehen werden. Hinzu kommt die symbolische Bedeutung der Rückkehr von Dokumenten und

Objekten in das Land ihres Ursprungs, mehr als sechzig Jahre nachdem sie von zahlreichen Emigranten ins Exil gerettet wurden. Beide Institutionen sind bemüht, weitere Zeugnisse deutsch-jüdischer Kultur und Geschichte bis zur Gegenwart zu sammeln, um sie zu erforschen, der Öffentlichkeit zu präsentieren und für zukünftige Generationen zu bewahren.

Die Abteilungen des Museums

Bildung

Geschichte ist eine Rekonstruktion von Ereignissen, die Historiker mithilfe von überlieferten Quellen leisten. Anders als in akademischen Institutionen, wo Textquellen die wesentlichen Daten liefern, haben es historische Museen im Wesentlichen mit materiellen Kulturgütern zu tun, die mehr oder weniger zufällig ihre Zeit überdauert haben.

Das Instrumentarium des Historikers hängt eng mit seiner Methode und dem erkenntnis-

*„Gefilde des Himmels",
Theaterstück von und mit
Adriana Altaras,
Mai 2000 im
Jüdischen Museum*

theoretischen Interesse seiner Studien zusammen. Geschichte kann in den Dienst öffentlicher Beratung genommen werden, sie kann als Rechtfertigung wirtschaftlicher, politischer, religiöser und staatlicher Interessen dienen oder in moralische Prophetie münden. In jedem Fall aber ist sie Detektivarbeit in Archiven oder Sammlungen und Feldforschung zugleich. Indem sie Unbekanntes aufzuspüren vermag, kann historische Forschung zu neuen Erkenntnissen kommen, die oft lang brauchen, bis sie ihren Weg in das Bewusstsein der Zeitgenossen finden. Der Soziologe Emile Durkheim hat diese Forschungsreise treffend beschrieben: „Gegenstand jeder Wissenschaft ist es, Entdeckungen zu machen, und jede Entdeckung verstört mehr oder weniger die allgemein üblichen Anschauungen."

Auf ein historisches Museum bezogen bedeutet dies, dass Besucher über die Präsentation von Objekten unerwartete und überraschende Einblicke in vergangene Zeiten erhalten, die als Inspiration für neue Einschätzungen vermeintlicher Gewissheiten dienen können.

Die Bildungsabteilung des Jüdischen Museums Berlin begleitet dieses Abenteuer mit einem Programm von Führungen, Workshops, Vortrags- und Filmreihen, Tagungen und Kolloquien.

Forschung

Geplant ist eine Abteilung, in der wissenschaftliche Forschung zur Geschichte der Juden in Deutschland und zu anderen Arbeitsfeldern jüdischer Museen stattfinden wird. Das Jüdische Museum Berlin wird Forschungsprojekte zu seinen Sammlungs- und Archivbeständen und zur Vorbereitung von Ausstellungen und Publikationen durchführen. Darüber hinaus werden periodisch Wissenschaftler aus dem In- und Ausland als Gastprofessoren und Stipendiaten eingeladen, deren Forschungsergebnisse in Form von Publikationen, Vorträgen, internationalen Symposien, Workshops, Kolloquien und Ausstellungsprojekten an die Mitarbeiter und Besucher des Museums weitergegeben werden.

Das Rafael Roth Learning Center – Wissen interaktiv im Jüdischen Museum Berlin

*Dipl.-Ing. Rafael Roth,
Kaufmann*

Das Learning Center bildet das virtuelle Gedächtnis des Jüdischen Museums: Die Museumsbesucher können hier in eine eigene Welt der Geschichten eintauchen. Die zu entdeckenden Informationen wachsen stetig an, jeder Besuch wird zu einer spannenden Begegnung mit dem deutschen Judentum. Die multimedialen Geschichten begeben sich auf die Suche nach den Spuren jüdischen Lebens, sie vermitteln Einblicke in den jüdischen Alltag, Religion und Tradition. Neben den Errungenschaften und Erfolgen werden aber auch die dunklen Seiten der wechselvollen deutsch-jüdischen Geschichte vorgestellt: das gefahrvolle Leben einer Minderheit durch die Jahrhunderte, die Verfolgung und Vernichtung jüdischen Lebens in den Jahren 1933–45. Doch beschäftigt sich das Learning Center nicht nur mit Vergangenem – auch aktuelle Fragen und Diskussionen finden dort ihren Platz.

Das Learning Center befindet sich im Untergeschoss des Museums, neben den Achsen. Es lädt Besucher jeden Alters dazu ein, über die Dauerausstellung hinaus mehr über das Judentum, die deutsch-jüdische Kultur und ihre Geschichte zu erfahren. An Computerstationen können einzelne Themen erforscht werden. Zusätzlich gibt es für speziell Interessierte die Möglichkeit, nach bestimmten Begriffen, Daten oder Zeitabschnitten zu suchen. Das ist aber noch nicht alles: Im Katalog erfährt man mehr über ausgesuchte Objekte der Sammlung. Einen Wissensspeicher finden unsere Besucher im Fundus. In Artikeln, Bildern und anderen Medien warten Geschichten darauf, entdeckt zu werden. Das Konzept wurde von der Stuttgarter Firma Pandora Neue Medien GmbH erarbeitet, die technischen Kernstücke sind ein Gigabit Ethernet Netzwerk und die zentrale Mediendatenbank. Pandora entwickelte eigens für das Jüdische Museum Berlin ein Content-Management-System, ORA–Object Research Assistant. Im Rahmen dieses Projektes wurde Pandora unterstützt von Thunderwave Inc. aus Washington. Im Learning Center gibt es Computerstationen für Einzelpersonen, Kleingruppen oder Klassen. Die Computer sind leicht zu bedienen – bei Fragen helfen aber auch unsere Museumsmitarbeiter gerne weiter.

Das Learning Center lädt ein zu spannenden Entdeckungsreisen durch die deutsch-jüdische Geschichte und Kultur!

Wechselausstellungen

Neben der großen Dauerausstellung präsentiert das Jüdische Museum Berlin im ehemaligen Kammergericht jährlich mehrere Wechselausstellungen. Dabei werden sowohl historische Themen vertieft und ergänzt, die in der Dauerausstellung nur gestreift werden konnten oder gar nicht zur Sprache kamen, als auch Themen aufgegriffen, die sich mit der jüdischen Kultur der Gegenwart auseinander setzen.

Das Programm umfasst so Ausstellungen zur deutsch-jüdischen Geschichte, Kunst und Kultur, Fotoausstellungen, thematische Kunstausstellungen, zeitgenössische Kunst und Installationen, historische Ausstellungen zu Holocaust und Exil. Da auf

die pädagogische Betreuung der Ausstellungen besonderer Wert gelegt wird, werden auch spezielle Programme für Kinder und Jugendliche entwickelt. Medien und Veranstaltungen, die zu weiteren Besuchen im Museum anregen, begleiten die Ausstellungen.

In enger Kooperation mit den Jüdischen Museen in Deutschland und den entsprechenden Einrichtungen in Europa, in den USA und in Israel werden Ausstellungen erarbeitet, ausgetauscht und an verschiedenen Orten gezeigt. Die Vielfalt der Programme, Themen, Veranstaltungen und Medien wird einen umfassenden Einblick in das gegenwärtige jüdische Leben in Deutschland und anderswo geben.

rechts: ÜberLeben in Sarajevo. Eine jüdische Gemeinde hilft ihrer Stadt. Fotografien von Edward Serotta. Ausstellung im Rohbau des Libeskind-Baus, 30. April–5. Juni 1995

unten: Leben im Wartesaal. Exil in Shanghai 1939–1947. Ausstellung im Martin-Gropius-Bau, Berlin 4. Juli–14. August 1997

Museum Blindenwerkstatt
Otto Weidt

In der Rosenthaler Straße 39 am Hackeschen Markt in Berlin arbeiteten während der Zeit des Nationalsozialismus jüdische und nichtjüdische Gehörlose und Blinde unter dem Schutz des Kleinfabrikanten Weidt, der in seinem „wehrwichtigen" Betrieb Besen und Bürsten herstellen ließ. Seine Werkstatt war oft die letzte Zufluchtsstätte für die Arbeiter und ihre Angehörigen. Unter hohem persönlichem Einsatz und Risiko setzte sich Otto Weidt für seine Mitarbeiter ein – holte „seine" jüdischen Arbeiter aus dem Deportationssammellager zurück, versteckte eine vierköpfige Familie in einem Hinterraum der Werkstatt und verhalf einer Angestellten zur Flucht aus dem KZ.

Das Arbeitsbuch
von Hans Israelowicz

Otto Weidt,
vor 1940

*Otto Weidt mit
seinen Mitarbeitern in
der Werkstatt, 1941*

Drei Räume der ehemaligen Blindenwerkstatt sind seit dem Krieg nahezu unverändert erhalten geblieben und wurden durch Studenten des Stu-
diengangs Museumskunde der FHTW Berlin wieder
zugänglich gemacht. Hier, am authentischen Schau-
platz, wurde ein Ort der Erinnerung an den stillen
Helden Otto Weidt und an die Menschen, denen er
geholfen hat, geschaffen.

Mit Briefen, Gedichten und Fotografien zeichnet die
Ausstellung „Blindes Vertrauen – Versteckt am
Hackeschen Markt 1941–1943" das eindringliche Bild
einer ständig von Deportation bedrohten Lebenssituation. Sie basiert auf den Erinnerungen und Aussagen von Zeitzeugen wie der deutsch-israelischen
Schriftstellerin Inge Deutschkron, die von 1941 bis
1943 als Sekretärin in der Blindenwerkstatt arbeitete.
In ihren Büchern erzählt sie von Otto Weidt und
seinen Schützlingen, unter ihnen auch Alice Licht,
Otto Weidts Sekretärin und Geliebte.

Weidt mietete 1943 offiziell einen Lagerraum
in der Neanderstraße (heute Heinrich-Heine-Straße)
an, in dem Alice und ihre Eltern Georg und Käthe
Licht hinter aufgestapelten Besen und Bürsten versteckt leben konnten. Von einem Spitzel verraten,

wurden Alice Licht und ihre Eltern am 25. November
1943 mit dem „98. Alterstransport" von Berlin zunächst nach Theresienstadt deportiert. Alice Licht
gelang im Januar 1945 die Flucht im Chaos der
Häftlinge, die auf den so genannten Todesmärschen
durch das Lager Christianstadt kamen. Die
Befreiung Berlins erlebte sie in Otto Weidts Wohnung in Zehlendorf.

Schon zu Beginn der Deportationen hatte
Otto Weidt bereits mehrmals Beamte der Gestapo
bestochen. Auch als im Februar 1942 alle blinden
und taubstummen jüdischen Arbeiter in seiner
Werkstatt verhaftet und in das nahe gelegene Sam-
mellager in der Großen Hamburger Straße gebracht
wurden, erreichte Weidt ihre Freilassung durch Geld-
zuwendungen.

Museum Blindenwerkstatt Otto Weidt in Berlin

Einen wichtigen Zeitzeugen trafen die Studenten direkt vor Ort: Hans Israelowicz war nach über 50 Jahren das erste Mal wieder an den Ort seiner ehemaligen Arbeitsstätte zurückgekehrt. Er hatte seit dem 14. Dezember 1943 in der Blindenwerkstatt gearbeitet.

Weidt hatte auch versucht, das Leben der Familie Horn zu retten. Vater und Sohn arbeiteten in der Werkstatt. Nachdem die Familie zur so genannten Abwanderung aufgefordert worden war, versteckte Weidt sie im letzten Raum der Blindenwerkstatt, einer fensterlosen Abstellkammer. Ein Schrank tarnte das Versteck für die vierköpfige Familie; schob man Mäntel und Kleider zur Seite, konnte die Rückwand des Schrankes entfernt werden. Vom Februar bis Oktober 1943 lebten die Horns im Versteck. Ebenso wie die Lichts wurden die Horns durch einen jüdischen Spitzel verraten. Die Familie wurde am 14. Oktober 1943, mit dem „44. Osttransport" aus Berlin nach Auschwitz deportiert. Dort sind vermutlich alle ermordet worden. Nach diesem Vorfall wurde auch Otto Weidt verhaftet.

Auch nach dem Krieg engagierte sich Otto Weidt für jüdische Mitbürger. In Berlin-Niederschönhausen baute er ein jüdisches Waisenhaus und Altersheim für Menschen, die die Konzentrationslager überlebt hatten, auf.

In der israelischen Gedenkstätte Yad Vashem wird Weidt, der am 22. Dezember 1947 im Alter von 64 Jahren starb, als einer der „Gerechten unter den Völkern" geehrt. Bis das Verdienst dieses Mannes auch am Ort der Geschehnisse in Berlin-Mitte gewürdigt wurde, verging jedoch viel Zeit. 1993 wurde eine Gedenktafel am Haus Rosenthaler Straße 39 angebracht und das Grab von Otto Weidt in Berlin-Zehlendorf zum Ehrengrab erklärt.

Ursprüglich als studentisches Projekt realisiert, ist das Museum Blindenwerkstatt Otto Weidt seit dem 1. Januar 2001 Dependance des Jüdischen Museums

Postkarte von Alice Licht an Otto Weidt aus Theresienstadt, 8. Januar 1944

Berlin. Als Teil der Bildungsabteilung des Jüdischen Museums wendet sich das Museum Blindenwerkstatt vorrangig an Jugendliche und Schulen. Da in der Werkstatt vorwiegend blinde und sehbehinderte Menschen gearbeitet haben, berücksichtigt die Ausstellung auch die Bedürfnisse dieser Besuchergruppe. In Zusammenarbeit mit den Blindenwerkstätten Berlin-Steglitz wurde ein spezielles Besuchsprogramm für blinde und sehbehinderte Besucher entwickelt. Darüber hinaus bietet das Museum für alle Besucher Führungen und historische Stadtrundgänge in der näheren Umgebung der Rosenthaler Straße und weitere Veranstaltungen an.

Adresse:
Museum Blindenwerkstatt Otto Weidt
Rosenthaler Straße 39
10178 Berlin
Telefon und Fax: (0 30) 28 59 94 07
E-Mail: ausstellung@blindes-vertrauen.de
www.blindes-vertrauen.de

Öffnungszeiten:
Dienstag bis Freitag 13 bis 16 Uhr;
Samstag und Sonntag 13 bis 19 Uhr
Führungen nach Vereinbarung

Otto Weidt, Alice Licht und Gustav Kremmert im Büro der Blindenwerkstatt, Anfang der 1940er Jahre

Poem Without an En...

Inside the brand-...
there's an old syn...
Inside the synago...
is me
Inside me
my heart.
Inside my heart
a museum.
Inside the museu...
...nagogue

Alija Wörtlich „Aufstieg", bezeichnet die Einwanderung nach Palästina, später Israel

Aschkenasim Die aus Deutschland und Frankreich, später auch die aus Osteuropa stammenden Juden und ihre Nachkommen

Bar Mizwa / Bat Mizwa Wörtlich „Sohn bzw. Tochter des Gebotes", Fest der Religionsmündigkeit für Jungen und Mädchen

Besamin-Büchse Gewürzbüchse für die → Hawdala-Zeremonie am Ende des → Schabbat

Barches Süddeutsch Berches → Challa

Brit Mila Beschneidung

Challa Geflochtenes, aus Weizenmehl gebackenes Schabbatbrot, auch Barches oder Berches genannt

Chanukka Lichterfest in Erinnerung an die Wiedereinweihung des Tempels in Jerusalem durch die Makkabäer

Chaluz Zionistischer Pionier, der am Aufbau Palästinas mitarbeitet

Chassidismus Mystisch-religiöse Erneuerungsbewegung, die im 18. Jahrhundert in Osteuropa entstand

Cheder Jüdische Elementarschule

Chewra Kaddischa Wörtlich „Heilige Vereinigung", Beerdigungsbruder- oder Schwesternschaft, die Fürsorgepflichten im Krankheits- oder Todesfall übernimmt

Chuppa Hochzeitsbaldachin, unter dem die Trauungszeremonie vollzogen wird

Diaspora Griechisch für „Zerstreuung", die jüdische Gemeinschaft außerhalb des Landes Israel. Hebräisch Galut

Displaced Person (DP) Durch den Nationalsozialismus oder die Auswirkungen des Zweiten Weltkriegs verschleppte Menschen

Erez Israel Land Israel

Ghetto Stadtviertel, in dem Mitglieder einer Minderheit auf Grund gesellschaftlicher, rechtlicher oder wirtschaftlicher Diskriminierung leben; ursprünglich Judenviertel in Venedig

Halacha Jüdisches Religionsgesetz

Haskala Jüdische Aufklärung

Hawdala Schabbatausgang

Holocaust Der Völkermord an den europäischen Juden. Griechisch wörtlich „Brandopfer", hebräisch Shoa

Jahrzeit Todestag eines Verstorbenen, der mit dem Besuch des Grabes, dem Entzünden eines Jahrzeit-Lichts und dem Sprechen des → Kaddisch begangen wird

Jeschiwa Talmudschule

Jiddisch Alltagssprache des → Schtetl, Mittelhochdeutsch mit hebräischen und slawischen Elementen

Kabbala Jüdische Mystik, die seit dem 12. Jahrhundert in der Provence, in Spanien und später in Palästina entwickelt wurde

Kabbalat Schabbat Schabbateingang

Kaddisch Totengebet

Kantor Der Kantor oder Vorbeter leitet den Gottesdienst in der Synagoge

Kaschrut Vorschriften der rituellen Reinheit, vor allem Bezeichnung für die Speisegesetze

Ketubba Ehevertrag, der die Verpflichtungen des Ehemannes gegenüber seiner Ehefrau für den Fall einer Scheidung oder seines Todes festlegt

Kibbuz Gemeinschaftssiedlung auf genossen-
schaftlicher Basis in Israel und Palästina vor der
Staatsgründung

Kiddusch Wörtlich „Heiligung", Segen, der über
einem Becher Wein am → Schabbat und jüdischen
Feiertagen gesprochen wird

Kippa Kopfbedeckung, die beim Gebet und anderen
religiösen Handlungen üblich ist

Koscher Jiddisch für „tauglich", den Vorschriften
der → Kaschrut entsprechend

Maskilim Die Anhänger der → Haskala, der jüdischen Aufklärung

Mappa Wörtlich „Tuch", Tora-Binder, mit dem die
Tora-Rolle in der Synagoge zusammengebunden
wird; auch der Name des aschkenasischen Kommen-
tars zum → Schulchan Aruch

Mazze Das für → Pessach vorgeschriebene unge-
säuerte Brot

Minjan Mindestzahl von zehn religiös mündigen
Männern, die beim Gottesdienst anwesend sein
müssen

Mikwe Ritualbad

Mizwa Religiöses Gebot

Pessach Fest zur Erinnerung an den Auszug der
Israeliten aus Ägypten

Pogrom Russisch für „Zerstörung", gewalttätige
Ausschreitungen gegen Bevölkerungsgruppen

Purim Fest zur Erinnerung an die im biblischen
Buch Ester erzählte Geschichte von der Errettung
der persischen Juden

Rabbiner oder Rabbi, Wörtlich „mein Lehrer",
seine Aufgaben sind die Auslegung der → Halacha,
Religionsunterricht und Seelsorge

Schabbat Wöchentlicher Feier- und Ruhetag, der am
Freitagabend beginnt und am Samstagabend endet

Schulchan Aruch Wörtlich „Der gedeckte Tisch",
Zusammenfassung des geltenden jüdischen Reli-
gionsgesetzes von Joseph Karo aus dem 16. Jahrhundert

Schadchan Heiratsvermittler

Schtetl Jüdische Kleinstadtgemeinde in Osteuropa

Sephardim Die aus Spanien und Portugal stammenden Juden und ihre Nachkommen

Sukkot Laubhüttenfest in Erinnerung an die vierzig-
jährige Wüstenwanderung der Israeliten nach dem
Auszug aus Ägypten

Synagoge Griechisch für „Versammlung", die
hebräische Bezeichnung, Bet ha-Knesset, bedeutet
„Versammlungshaus"

Talmud Ergänzungen und Kommentare der
rabbinischen Gelehrten zur Mischna, die im
5. Jahrhundert in Babylonien und Palästina nieder-
geschrieben wurden. Mischna bezeichnet die im
2. Jahrhundert in Palästina entstandene Auslegung
und Kommentierung der → Tora

Tora Wörtlich „Lehre", die fünf Bücher Mose, im
weiteren Sinne die gesamte schriftliche Lehre

Tora-Schreiber Stellt die Tora-Rollen mit dem Text
der fünf Bücher Mose her, aus denen während des
Gottesdienstes vorgelesen wird

Trefe Nicht → koscher

Zion Ursprünglich der Name eines Hügels in Jerusalem, später Synonym für Jerusalem und das ganze
Heilige Land

Zionismus Im 19. Jahrhundert entstandene National-
bewegung mit dem Ziel, ein jüdisches Gemeinwesen
in Palästina zu errichten

Fritz-Bauer-Institut (Hg.), Überlebt und unterwegs. Jüdische Displaced Persons im Nachkriegsdeutschland. Frankfurt am Main 1997

W. Michael Blumenthal, Die unsichtbare Mauer. Die dreihundertjährige Geschichte einer deutsch-jüdischen Familie. München 1999

Alexa Brum u.a. (Hg.), Kinderwelten. Ein jüdisches Lesebuch. Eichenau 1996 (für Kinder und Jugendliche)

Michal Y. Bodemann, In den Wogen der Erinnerung. Jüdisches Leben in Deutschland. München 2001

Michael Brenner, Jüdische Kultur in der Weimarer Republik. München 2000

Michael Brenner, Wie jüdisch waren Deutschlands Juden? Die Renaissance jüdischer Kultur während der Weimarer Republik. Friedrich-Ebert-Stiftung, Historisches Forschungszentrum. Bonn 2000

Micha Brumlik (Hg.), Zuhause, keine Heimat? Junge Juden und ihre Zukunft in Deutschland. Gerlingen 1998

Natalie Zemon Davis, Drei Frauenleben. Glikl, Marie de l'Incarnation, Maria Sibylla Merian. Frankfurt 2000

Inge Deutschkron und Lukas Rügenberg, Papa Weidt. Er bot den Nazis die Stirn. Kevelaer 1999 (Bilderbuch)

Dan Diner (Hg.), Ist der Nationalsozialismus Geschichte? Zu Historisierung und Historikerstreit. Mit Beiträgen von Wolfgang Benz u.a. Frankfurt am Main 1993

Dan Diner (Hg.), Zivilisationsbruch. Denken nach Auschwitz. Mit Beiträgen von Seyla Benhabib u.a. Frankfurt am Main 1988

Jörg H. Fehrs, Von der Heidereutergasse zum Roseneck. Jüdische Schulen in Berlin 1712–1942. Berlin 1993

Saul Friedländer, Das Dritte Reich und die Juden. München 2000

Ruth Gay, Das Undenkbare tun. Juden in Deutschland nach 1945. München 2001

Nachum T. Gidal, Die Juden in Deutschland. Von der Römerzeit bis in die Weimarer Republik. Köln 1997

Monika Grübel, Schnellkurs Judentum. Köln 1996

Hellmut Haasis, Joseph Süß Oppenheimer, genannt Jud Süß. Finanzier, Freidenker, Justizopfer. Hamburg 2001

Robert Hess, Die Geschichte der Juden. Ravensburg 1999 (für Jugendliche)

Deborah Hertz, Die jüdischen Salons im alten Berlin. Berlin 1998

Arno Herzig, Jüdische Geschichte in Deutschland. Von den Anfängen bis zur Gegenwart. München 1997

Raul Hilberg, Die Vernichtung der europäischen Juden. Frankfurt am Main 1994

Jüdisches Museum im Stadtmuseum Berlin (Hg.), Leben im Wartesaal. Exil in Shanghai 1938–1947. Berlin 1997

Marion A. Kaplan, Jüdisches Bürgertum. Frau, Familie
    und Identität im Kaiserreich. München 1997
Victor Klemperer, Ich will Zeugnis ablegen bis zum
    letzten. Tagebücher 1933–1945. Berlin 1999
Eckart Kleßmann, Die Mendelssohns. Bilder aus
    einer deutschen Familie. Düsseldorf 1997
Cilly Kugelmann und *Fritz Backhaus (Hg.)* Jüdische
    Figuren in Film und Karikatur. Die Rothschilds
    und Joseph Süss Oppenheimer. Jüdisches Museum,
    Stadt Frankfurt am Main. Sigmaringen 1995

Simone Ladwig-Winters, Wertheim. Geschichte eines
    Warenhauses. Berlin 1997
Anita Lasker-Wallfisch, Ihr sollt die Wahrheit erben.
    Die Cellistin von Auschwitz. Erinnerungen.
    Hamburg 2001
Israel M. Lau, Wie Juden leben. Glaube – Alltag –
    Feste. Gütersloh 1997

Bernd Martin und *Ernst Schulin (Hg.)* Die Juden als
    Minderheit in der Geschichte. München 1989
Michael A. Meyer unter Mitwirkung von *Michael
    Brenner (Hg.),* Deutsch-jüdische Geschichte in der
    Neuzeit. Hg. im Auftrag des Leo Baeck Institutes.
    München 2000
· *Mordechai Breuer* und *Michael Graetz,* Tradition und
    Aufklärung 1600–1780
· *Michael Brenner, Stefi Jersch-Wenzel* und *Michael A.
    Meyer,* Emanzipation und Akkulturation 1780–1871
· *Steven M. Lowenstein, Paul Mendes-Flohr, Peter Pulzer*
    und *Monika Richarz,* Umstrittene Integration
    1871–1918
· *Avraham Barkai* und *Paul Mendes-Flohr,* Aufbruch
    und Zerstörung 1918–1945
Michael A. Meyer, Von Moses Mendelssohn zu
    Leopold Zunz. Jüdische Identität in Deutschland
    1749–1824. München 1994

Peter Novick, Nach dem Holocaust. Der Umgang mit
    dem Massenmord. Stuttgart 2001

Bertha Pappenheim (Hg.), Die Memoiren der Glückel
    von Hameln. Aus dem jüdisch-deutschen von
    Bertha Pappenheim. Weinheim 1994
Sally Perel, Ich war Hitlerjunge Salomon. Berlin 1993
Monika Richarz und *Reinhard Rürup (Hg.),* Jüdisches
    Leben auf dem Lande. Tübingen 1997

Sylvia Rogge-Gau, Die doppelte Wurzel des Daseins.
    Julius Bab und der Jüdische Kulturbund.
    Berlin 1999

Hermann Simon (Hg.), Juden in Berlin 1938–1945.
    Begleitbuch zur Ausstellung der Stiftung
    Neue Synagoge Berlin – Centrum Judaicum.
    Berlin 2000
Richard Chaim Schneider, Wir sind da! Die Geschichte
    der Juden in Deutschland von 1945 bis heute.
    Berlin 2000
Jizchak Schwersenz, Die versteckte Gruppe.
    Ein jüdischer Lehrer erinnert sich an Deutsch-
    land. Berlin 2000

Shulamit Volkov, Das jüdische Projekt der Moderne.
    Zehn Essays. München 2001
Shulamit Volkov, Antisemitismus als kultureller Code.
    Zehn Essays. München 2000

S. Ph. de Vries, Jüdische Riten und Symbole.
    Hamburg 1990

Vincent von Wroblewsky, Eine unheimliche Liebe.
    Juden und die DDR. Berlin 2000

Das Jüdische Museum Berlin
bedankt sich bei allen seinen
Stiftern und Leihgebern.
Schenkungen und Leihgaben
von folgenden Personen und Institutionen sind in der historischen
Dauerausstellung zu sehen:

Stifter

Irène Alenfeld
Antiquariat J. Reinhardt
Jutta Arend
Ellen und Erich Arndt
Gabriele Ascher Michels
Ralf Bachmann
Gad Beck
Fred Becker und Liesel Becker
    Sabloff
Regina Becker
Beiersdorf AG
Frans L. Benedick
Eva R. und Frederick E. Bergmann
Hermann und Mary Blaschko
Peter Bloch
Mona und Ruben Bollag
John Brahm
Hildegard Brilling
Henryk M. Broder
Edith ten Bruggencate
Burchardt'sche Erbengemeinschaft
Toni Vera Cordier

Gisela Dahms
Marlies Danziger, geb. Kallmann
Jürgen Dittmar
Dresdner Bank AG
Margarete Drewes
Johanna Eggert
Vivian Ert Bolten Herz
Sabine Fechter
Susan U. Fischel,
    geb. Ursula Neumann
Angelika Fischer
Dorothee Fliess
Thomas Föhl
Vincent C. Frank-Steiner
Frankfurt Marriott Hotel
Falk Gadiesh, früher Grünfeld
Rosalie Gehrike
Wolfgang H. Geisse
Katja Gerson
Gesellschaft für ein
    Jüdisches Museum Berlin
Eva Gluckman, geb. Luft
Miriam Goldmann
Annerien Groenendijk
Ruth Gumpel

Eva und Frithjof Haas
Gerda Haas
Renate Haas und Hans Höfler
Mary Harber
Cordula Herbst-Stenger
Monica Herrnfeld Oppenheim
Ernest G. Heppner
Hanns-Peter Herz
Charlotte Herzfeld
Christoph Hinckeldey
Werner Hirsch
Historisches Institut der
    Deutschen Bank
Alex Hochhäuser
Rabbiner Hochwald
Guy und Irene Hofstein
Hotel Intercontinental Berlin
Otti E. Jarislowsky, geb. Arons
Seev Jacob
Manfred Jahn
Jeanette Wolff-Heim, Berlin
Frieda Kaeber
Max Kallmann
Susanne Kester, geb. Luft
Hillel Kempler
Ayya Khema
Harry Kindermann
Anneli Kirsen
Walter Klünner
Ilse Laatz-Krumnow
Ernest R. Kunney
Shlomo Kurliandschik
Paul Kuttner

Marga Lakritz, geb. Gussinoff
Inge Lammel
Landeszentralbank in Berlin
Lotte Laserstein
Rudi Leavor, früher Librowicz
Wolfgang Lehmann
Leiser Handelsgesellschaft mbH
Ernst Lenart
Renate Lenart
Leo-Baeck-Traditionsloge
Abraham Hans Levy
Walter Levy
Daniel Libeskind
Elfriede Lilie
Lions-Club Alexanderplatz
Georg Lippmann
Hans-Oskar Baron Löwenstein-
    de Witt
Tony G. Marcy
Shimshon S(igismund) Marcus
Ursula Marshall-Hoffmann
Alexander Maerzon
Hilda Mattei, geb. Meschelsohn
Hans Peter Messerschmidt
Erica Minster-Peyou
George L. Mosse
Museum für Glaskunst, Lauscha
Sonja Mühlberger
Manfred Naftalie
June Neuberger
Günter Nobel
Henry A. Oertelt
Rita Opitz
John F. und Hertha Oppenheimer
OSRAM GmbH

Hedwig Pachter
Hilde Pearton
Steffi Pinkus und Evelyne Pinkus
    im Andenken an Heinrich und
    Else Lewin, geb. Lesser, die im
    Holocaust umkamen
Peter H. Plesch
Rosl Porzky
Projektarchiv Oldenburg
Erna Proskauer
Harry Purath
Dr. Thomas Rahe
Rakusen's Kosher Food Company
Hans Reiche
Barbara Rosenbaum
Kurt Rosenbaum
Mirjam Rosenberg, geb. Beck
Dieter und Si Rosenkranz
Otto Ross
Ilan Roth
Rosa M. Sacharin
Gunther Schenkel
Heinz Schleich
Ursula Schlochauer-Nelson
Werner Schmidt
Brigitte Schmitt
Jizchak Schwersenz

Aviva Segal
Klaus Siepert
Lothar Sieskind
Felix Simmenauer
Carla und Stefan Helmut Simon
    zum Andenken an ihre im
    Holocaust umgekommenen
    Eltern Walter und Helene
    Simon
Herbert und Elisabeth Simon
Ilona Simon Strimber
Société Coopérative Vigneronne
    des Grandes Caves, Richon-le-
    Zion & Zichron-Jacob Ltd.
Erhard Stern
Stiftung Deutsche Klassenlotterie
    Berlin
Südzucker AG
Burkhard Sülzen
Marie Louise Surek-Becker
Heinz Ralf Unger,
    Enkel von Leopold Brinnitzer
Renate Ursell, geb. Zander
Gretel Verhoek
Gerry Waldston, früher Waldstein
Werner Weigl
Siegbert Weinberger
Die Welt
Agnes Wergin
Roselotte Winterfeldt,
    geb. Lehmann
Elfriede Wolff
Fritz A. Wolff
Raymond Wolff
Lili Wronker
Brenda Zobris

Leihgeber

Bundesrepublik Deutschland
Allgemeine Jüdische Wochen-
    zeitung, Berlin
Archäologisches Landesmuseum
    Mecklenburg-Vorpommern,
    Lübstorf
Archiv zur Geschichte der
    Max-Planck-Gesellschaft, Berlin
Klaus und Renée Arons
Bankhaus Sal. Oppenheim jr. Cie.,
    Köln
Bayerische Staatsbibliothek
    München
Berlinische Galerie, Landes-
    museum für Moderne Kunst,
    Architektur und Photographie
Andrzej Bodek
Naomi Bodemann-Ostow
Ursula Böhme
Michael Brenner
Micha Brumlik
Deutsches Historisches Museum,
    Berlin
Deutsches Museum, München
Deutsches Technikmuseum Berlin
Felix Escher
Gabriela Fenyes
Filmmuseum Potsdam
Freie Universität Berlin, Präsidium
Thomas Friedrich
Fürst zu Salm-Salm

Henry Gawlik
Gedenkstätte Buchenwald,
    Weimar-Buchenwald
Georg-Kolbe-Museum, Berlin
Joachim Haberland
Hamburger Kunsthalle
Familie Hartwig
Manuel Herz
Historisches Archiv der
    Hapag-Lloyd AG, Hamburg
Historisches Museum der Pfalz,
    Speyer
Historisches Museum Dinkels-
    bühl
Alex Hochhäuser
Susanne Horst
Jewish Claims Conference
    Nachfolgeorganisation, Berlin
Jüdische Gemeinde zu Berlin
Jüdisches Museum Rendsburg
Jugendbegegnungsstätte Anne
    Frank, Frankfurt am Main
Margarete Kaczmarczyck
Gisela und Dieter E. Kesper
Kestner-Museum Hannover
Hans-Dieter Kirchholtes
Elisa Klapheck
Kloster Stift zum Heiligengrabe,
    Stiftskirche, Heiligengrabe
Helmut Köhler
Kölnisches Stadtmuseum
Cilly Kugelmann

Simone Ladwig-Winters
Landesarchiv Berlin
Landesarchiv Schleswig-Holstein,
    Schleswig
Landeshauptarchiv Schwerin
Landesmuseum Mainz
Leiser Handelsgesellschaft mbH
Literatur- und Kunstinstitut
    Hombroich
Hanno Loewy
Peter Loewy
Magnus-Hirschfeld-Gesellschaft
    e.V., Forschungsstelle zur
    Geschichte der Sexualwissen-
    schaft, Berlin
Mendelssohn-Gesellschaft Berlin
Militärhistorisches Museum der
    Bundeswehr in Dresden
Montfort-Museum Tettnang
Museum für Angewandte Kunst,
    Frankfurt am Main
Museum für Hamburgische
    Geschichte
Museum für Kunst und Kultur-
    geschichte der Stadt Dortmund
Museum für Naturkunde der
    Humboldt-Universität zu Berlin
    · Institut für Mineralogie
    · Institut für Systematische
    Zoologie
Museum im Gotischen Haus,
    Bad Homburg v. d. Höhe
Museumsdorf Cloppenburg –
    Niedersächsisches Freilicht-
    museum

Prof. Dr. Kurt Nemitz
Neues Stadtmuseum,
    Landsberg am Lech
Oderlandmuseum Bad Freienwalde
Peter Oelsner
Horst Olbrich
Heiner Otterbach
Paul-Ehrlich-Institut, Langen
Philharmonischer Chor Berlin
Bernd Philipsen
Babette Quinkert
Andreas Reinke
Reiss-Museum Mannheim
Gert Rosenthal
Naomi Tereza Salmon
Sammlung Deutsche Bank
Sammlung Raymond Wolff
Jakob Schenavsky
Schleswig-Holsteinische Landes-
    museen Schloss Gottorf,
    Schleswig
Florian Schmaltz
Daniel Schnapp
David Schnapp
Richard Chaim Schneider

Bernd Schulz
Senatskanzlei Berlin
SPD Landesverband Berlin/
    Kreis Kreuzberg
Spielzeugmuseum Nürnberg
Staatliche Museen zu Berlin –
    Preußischer Kulturbesitz
    · Münzkabinett
    · Museum Europäischer Kulturen
    · Museum für Vor- und Früh-
      geschichte
Staatsanwaltschaft beim Land-
    gericht Frankfurt am Main
Staatsbibliothek zu Berlin –
    Preußischer Kulturbesitz
    · Musikabteilung
      mit Mendelssohn-Archiv
    · Orientabteilung
Stadt Ichenhausen
Stadt Leimen
Stadtarchiv Ludwigsburg
Stadtmuseum Düsseldorf
Marie-Louise Steinschneider
Stiftung Archiv der Akademie
    der Künste Berlin
    · Archivabteilung Darstellende
      Kunst
    · Historisches und
      Verwaltungsarchiv
    · Kunstsammlung

Stiftung Ehemalige Synagoge
    Ichenhausen
Stiftung „Neue Synagoge Berlin –
    Centrum Judaicum"
Stiftung Stadtmuseum Berlin
Theaterwissenschaftliche Samm-
    lung/Universität zu Köln
Todesmarschmuseum Belower
    Wald, Stiftung Brandenburgi-
    sche Gedenkstätten, Wittstock
Cord Christian Troebst
Volksbund Deutsche Kriegs-
    gräberfürsorge e.V., Kassel
Volkstheater Rostock
Moishe Waks
Susanne Willems
Württembergische Landes-
    bibliothek, Stuttgart
Württembergisches Landes-
    museum, Stuttgart
Christine Zahn
Zentralarchiv zur Erforschung der
    Geschichte der Juden in
    Deutschland, Heidelberg

Frankreich
Musée Alsacien, Strasbourg
Société d'Histoire des Israélites
    d'Alsace et de Lorraine,
    Strasbourg

Grossbritannien
Judie Cole
Sir Alexander Goehr
MEMORIAL SCROLLS TRUST/
    Westminster Synagogue,
    London
Richard B. Tait

Israel
Mary-Clare Adam Murvitz
Chava Amit
The Central Archives for the
    History of the Jewish People,
    Jerusalem
Yitzhak Einhorn
Dr. Uriel P. Federbush
Gross Family Collection
The Israel Goor Theatre Archives
    and Museum, Jerusalem
The Israel Museum, Jerusalem
Gabriel Levin
Rachel & Jonathan Moller
Michael Oppenheimer
Salomon Pappenheim
Mirjam Rosenberg
Sammlung Ilan Roth
Torben Samson
The Society for the Commemo-
    ration of Max I. Bodenheimer
    and Hannah Henriette Boden-
    heimer in Jerusalem

Kanada
Beth Tzedec Reuben & Helene
Dennis Museum/ Cecil Roth
    Collection, Toronto

Niederlande
Prof. Dr. W. D. H. Asser
Collection of the Jewish Historical
Museum, Amsterdam

Österreich
Arnold Schönberg Center, Wien
Österreichisches Theatermuseum,
    Wien

Polen
Staatliches Museum Auschwitz-
    Birkenau, Oświęcim

Schweiz
Cordula Maria Herbst-Stenger
Stephen Herz
Philosophisches Seminar der
    Universität Zürich, Hermann
    Cohen-Archiv
Schweizerisches Israelitisches
    Alters- und Pflegeheim
    Lengnau

USA
Sibylle Ehrlich
Friends of the Jewish Museum
    Berlin, Princeton
Leonard und Brigitte Freed
Prof. Dr. John H. Herz
Alice Hirschler
Sadie Hofstein, geb. Rurka
Otti E. Jarislowsky,
    geb. Arons
Stephen A. Jarislowsky
The Jewish Museum New York
Judaica Collection of
    Chaim und Naomi Steinberger
Leo Baeck Institute, New York
Mikael Levin
Abe Malnik
Ernest Michael
Hans Eugen Panofsky
Alina Rocha Menocal und
    Christopher Rossbach
Arthur A. Schwartz

Vatican
Biblioteca Apostolica Vaticana

*Unser Dank gilt ebenso den Stiftern
und Leihgebern, die ungenannt
bleiben möchten*

Stand: Juli 2001

Wir danken für die Mitarbeit und die Unterstützung bei diesem Buch

den Wissenschaftlichen MitarbeiterInnen der Dauerausstellung
Bernd Braun, Simone Erpel, Dr. Felix Escher, Dr. Jörg H. Fehrs,
Thomas Friedrich (Wiss. Leitung), Miriam Goldmann, Karin
Grimme, Sarah Hiron, Dr. Uri Kaufmann, Maren Krüger, Sibylle
Kußmaul, Dr. Hanno Loewy, Léontine Meijer, Horst Olbrich,
Dr. Sylvia Rogge-Gau, Barbara Rösch, Dr. Jutta Strauss,
Jan-Christian Schwarz, Raymond Wolff und Christine Zahn

den MitarbeiterInnen des Jüdischen Museums Berlin
Claudia Assmann, Dr. Vera Bendt, Inka Bertz,
Christiane Birkert, Naomi Bodemann-Ostow, Dr. Iris Blochel,
Helmuth F. Braun, Lothar Brokof, Nurcan Bulut,
Georg Burgstaller, Nigel Cox, Barbara Decker, Joshua Derman,
Dr. Arno Dettmers, Dr. Martina Dillmann, Gelia Eisert,
Gisela Freydank, Michal S. Friedlander, Regina Gelbert,
Hartmut Götze, Ken Gorbey, Kai Gruzdz, Edda Herzog,
Michael Hinz, Veronique Hinzberg, Sabine Hollburg,
Annette Jobst, Barbara Kersting, Stephanie Kluth, Katharina
Koch, Kathleen Köhler, Henriette Kolb, Waltraud Kratzenberg,
Cilly Kugelmann, Sabine Kühl, Ariane Kwasigroch,
Gisela Lemke, Theresia Lutz, Eveline Mahler, Leonore Maier,
Gisela Märtz, Marion Meyer, Aubrey Pomerance, Timo
Reinfrank, Hanne Reinhardt, Miriam Rossius, Margarete Sabeck,
Karin Sakowski-Middelhoek, Peter Sauerbaum, Bettina Schob,
Christina Scholten, Petra Schramm, Eva Söderman,
Ulrike Sonnemann, Antje Spielhagen, Dr. Gerhard Stahr,
Marie-Luise Surek-Becker, Jürgen Thuns, Dr. Sabine Vogel,
Ernst Wittmann, Kathrin Zinkmann und allen weiteren
MitarbeiterInnen des Jüdischen Museums Berlin

und außerdem
Prof. Dr. Michael Brenner, Ingke Brodersen, Dr. Rüdiger
Dammann, Rainer Groothuis, Sabine Haack, Jutta Harms,
Andrea Köhrsen, Hanna Kronberg, Gabriele Kronenberg,
Andreas Krüger, Petra Kruse, Birgit Lütticke, Maja Majer-Wallat,
Rebecca Morrison, Dr. Michael Naumann, Ulli Neutzling,
Antje Pratesi, Prof. Dr. Monika Richarz, Prof. Dr. Reinhard
Rürup, Petra Rösgen, Ernestine von Salomon, Andrea Scrima,
Ralf Schnarrenberger, Dr. Tilman Spengler, Heinz-Josef Stork,
Darrell Wilkins, Petra Winderoll und Jens Ziehe

Das Jüdische Museum Berlin dankt allen Institutionen und
Personen, die das Museum bei der Vorbereitung der Dauerausstellung beraten und unterstützt haben. Besonderer Dank
gilt den Stiftern und Leihgebern sowie dem wissenschaftlichen
Beirat.

Wissenschaftlicher Beirat der Stiftung Jüdisches Museum Berlin
Prof. Dr. Wolfgang Benz, Berlin
Prof. Dr. Michael Brenner, München
Prof. Dr. Dan Diner, Leipzig und Beer Sheva
Prof. Dr. Saul Friedländer, Tel Aviv und Los Angeles
Prof. Dr. Michael A. Meyer, Cincinnati
Prof. Dr. Monika Richarz, Hamburg
Prof. Dr. Reinhard Rürup, Berlin
Prof. Dr. Peter Schäfer, Berlin und Princeton
Prof. Dr. Fritz Stern, New York

Ein wissenschaftlicher Bestandskatalog ist in Vorbereitung.

© 2001 by Stiftung Jüdisches Museum Berlin

Herausgeber: Stiftung Jüdisches Museum Berlin
Direktor: Prof. Dr. W. Michael Blumenthal

„*Geschichten einer Ausstellung*"

Text Ingke Brodersen und Rüdiger Dammann in
in Zusammenarbeit mit den wissenschaftlichen Mitarbeiter-
Innen des Jüdischen Museums Berlin

Geschichten aus dem Learning Center
Sabbatai Zwi – Der falsche Messias Jan-Christian Schwarz
Ländliche jüdische Küche Uri Kaufmann
Gespräche beim Tee – die Berliner Salons Jutta Strauss
Bertha Pappenheim Léontine Meijer und Barbara Rösch
Die Judengasse in Frankfurt Jörg H. Fehrs
Nesthäkchen und der Nationalismus Sylvia Rogge-Gau
Ostjuden im Ruhrgebiet Sibylle Kußmaul
Exil in Shanghai Simone Erpel, Sarah Hiron und Christine Zahn

Tradition und Wandel Michal Kümper

Architektur Helmuth F. Braun, Leiter Wechselausstellungen
Achsen Leonore Maier, wissenschaftliche Mitarbeiterin Archiv
Gallery of the Missing Ken Gorbey, Projektdirektor
Die Sammlung Inka Bertz, Leiterin Sammlung und Wissenschaft
Das Archiv des Leo Baeck Instituts Aubrey Pomerance, Leiter des
    Archivs des Leo Baeck Instituts im Jüdischen Museum
Bildung Cilly Kugelmann, Leiterin Bildung
Rafael Roth Learning Center Jutta Strauss, wissenschaftliche
    Leiterin Rafael Roth Learning Center
Wechselausstellungen Helmuth F. Braun, Leiter Wechselaus-
    stellungen
Museum Blindenwerkstatt Otto Weidt Ariane Kwasigroch und
    Kai Gruzdz, wissenschaftliche Mitarbeiter Museum Blinden-
    werkstatt Otto Weidt

Übersetzungen
Text Andrea Scrima
Moderne, Judenfragen, Gegenwart Rebecca Morrison
Geschichten aus dem Learning Center Ann Robertson
Willkommen, Die Ausstellungen, Gallery of the Missing
    Miriam Mandelkow
Grußwort, Achsen, Architektur, Abteilungen des Museums, Glossar,
Zitate und Gedichte Darrell Wilkins

Redaktion, Bildredaktion Signe Rossbach und Kathrin Kollmeier

Titelmotiv Im Hachschara-Lager Schniebinchen bei Sommerfeld
    in der Niederlausitz, vermutlich 1938, Stiftung Jüdisches
    Museum Berlin, Foto Herbert Sonnenfeld

Gestaltungskonzept groothuis & consorten, Hamburg
Reproduktion EINSATZ Creative Production, Hamburg
Druck Neue Stalling, Oldenburg
Schrift Legacy (ITC)

Wir bedanken uns für das finanzielle Engagement bei der Herstellung
dieses Ausstellungsbegleitbuches bei den folgenden Firmen:
EINSATZ Creative Production, Hamburg
Neue Stalling, Oldenburg

Gefördert durch den Beauftragten der Bundesregierung für
Angelegenheiten der Kultur und der Medien

ISBN 3-00-008282-4